浙江文化名人传记精选修订丛书
原 主 编：万 斌
执行主编：卢敦基

天下为主

黄宗羲传

吴光 著

浙江人民出版社

图书在版编目（CIP）数据

天下为主 ：黄宗羲传 / 吴光著. -- 杭州 ：浙江人民出版社， 2024. 12. -- ISBN 978-7-213-11792-3

Ⅰ. B249. 3

中国国家版本馆CIP数据核字第2024N7N193号

天下为主：黄宗羲传

TIANXIA WEIZHU HUANG ZONGXI ZHUAN

吴 光 著

出版发行	浙江人民出版社（杭州市环城北路177号 邮编 310006） 市场部电话:(0571)85061682 85176516
责任编辑	钱 丛
责任校对	杨 帆
责任印务	程 琳
封面设计	王 芸
电脑制版	杭州天一图文制作有限公司
印 刷	杭州钱江彩色印务有限公司
开 本	710毫米×1000毫米 1/16
印 张	16.5
字 数	248千字
插 页	6
版 次	2024年12月第1版
印 次	2024年12月第1次印刷
书 号	ISBN 978-7-213-11792-3
定 价	68.00元

“浙江文化研究工程成果文库”总序

有人将文化比作一条来自老祖宗而又流向未来的河，这是说文化的传统，通过纵向传承和横向传递，生生不息地影响和引领着人们的生存与发展；有人说文化是人类的思想、智慧、信仰、情感和生活的载体、方式和方法，这是将文化作为人们代代相传的生活方式的整体。我们说，文化为群体生活提供规范、方式与环境，文化通过传承为社会进步发挥基础作用，文化会促进或制约经济乃至整个社会的发展。文化的力量，已经深深熔铸在民族的生命力、创造力和凝聚力之中。

在人类文化演化的进程中，各种文化都在其内部生成众多的元素、层次与类型，由此决定了文化的多样性与复杂性。

中国文化的博大精深，来源于其内部生成的多姿多彩；中国文化的历久弥新，取决于其变迁过程中各种元素、层次、类型在内容和结构上通过碰撞、解构、融合而产生的革故鼎新的强大动力。

中国土地广袤、疆域辽阔，不同区域间因自然环境、经济环境、社会环境等诸多方面的差异，建构了不同的区域文化。区域文化如同百川归海，共同汇聚成中国文化的大传统，这种大传统如同春风化雨，渗透于各种区域文化之中。在这个过程中，区域文化如同清溪山泉潺潺不息，在中国文化的共同价值取向下，以自己的独特个性支撑着、引领着本地经济社会的发展。

从区域文化入手，对一地文化的历史与现状展开全面、系统、扎实、有序的研究，一方面可以借此梳理和弘扬当地的历史传统和文化资源，繁荣和丰富当代的先进文化建设活动，规划和指导未来的文化发展蓝图，增强文化软实力，为全面建设小康社会、加快推进社会主义现代化提供思想保证、精神动力、智力支持和舆论力量；另一方面，这也是深入了解中国文化、研究中国文化、发展中国文化、创新中国文化的重要途径之一。如今，区域文化研究日益受到各地重视，成为我国文化研究走向深入的一个重要标志。我们今天实施浙江文化研究工程，其目的和意义也在于此。

千百年来，浙江人民积淀和传承了一个底蕴深厚的文化传统。这种文化传统的独特性，正在于它令人惊叹的富于创造力的智慧和力量。

浙江文化中富于创造力的基因，早早地出现在其历史的源头。在浙江新石器时代最为著名的跨湖桥、河姆渡、马家浜和良渚的考古文化中，浙江先民们都以不同凡响的作为，在中华民族的文明之源留下了创造和进步的印记。

浙江人民在与时俱进的历史轨迹上一路走来，秉承富于创造力的文化传统，这深深地融汇在一代代浙江人民的血液中，体现在浙江人民的行为上，也在浙江历史上众多杰出人物身上得到充分展示。从大禹的因势利导、敬业治水，到勾践的卧薪尝胆、励精图治；从钱氏的保境安民、纳土归宋，到胡则的为官一任、造福一方；从岳飞、于谦的精忠报国、清白一生，到方孝孺、张苍水的刚正不阿、以身殉国；从沈括的博学多识、精研深究，到竺可桢的科学救国、求是一生；无论是陈亮、叶适的经世致用，还是黄宗羲的工商皆本；无论是王充、王阳明的批判、自觉，还是龚自珍、蔡元培的开明、开放，等等，都展示了浙江深厚的文化底蕴，凝聚了浙江人民求真务实的创造精神。

代代相传的文化创造的作为和精神，从观念、态度、行为方式和价值取向上，孕育、形成和发展了渊源有自的浙江地域文化传统和与时俱进的浙江文化精神，她滋育着浙江的生命力、催生着浙江的凝聚力、激发着浙江的创造力、培植着浙江的竞争力，激励着浙江人民永不自满、永不停息，在各个不同的历史时期不断地超越自我、创业奋进。

悠久深厚、意韵丰富的浙江文化传统，是历史赐予我们的宝贵财富，也是我们开拓未来的丰富资源和不竭动力。党的十六大以来推进浙江新发展的实践，使我们越来越深刻地认识到，与国家实施改革开放大政方针相伴随的浙江经济社会持续快速健康发展的深层原因，就在于浙江深厚的文化底蕴和文化传统与当今时代精神的有机结合，就在于发展先进生产力与发展先进文化的有机结合。今后一个时期浙江能否在全面建设小康社会、加快社会主义现代化建设进程中继续走在前列，很大程度上取决于我们对文化力量的深刻认识、对发展先进文化的高度自觉和对加快建设文化大省的工作力度。我们应该看到，文化的力量最终可以转化为物质的力量，文化的软实力最终可以转化为经济的硬实力。文化要素是综合竞争力的核心要素，文化资源是经济社会发展的重要资源，文化素质是领导者和劳动者的首要素质。因此，研究浙江文化的历史与现状，增强文化软实力，为浙江的现代化建设服务，是浙江人民的共同事业，也是浙江各级党委、政府的重要使命和责任。

2005年7月召开的中共浙江省委十一届八次全会，作出《关于加快建设文化大省的决定》，提出要从增强先进文化凝聚力、解放和发展生产力、增强社会公共服务能力入手，大力实施文明素质工程、文化精品工程、文化研究工程、文化保护工程、文化产业促进工程、文化阵地工程、文化传播工程、文化人才工程等“八项工程”，实施科教兴国和人才强国战略，加快建设教育、科技、卫生、体育等“四个强省”。作为文化建设“八项工程”之一的文化研究工程，其任务就是系统研究浙江文化的历史成就和当代发展，深入挖掘浙江文化底蕴、研究浙江现象、总结浙江经验、指导浙江未来的发展。

浙江文化研究工程将重点研究“今、古、人、文”四个方面，即围绕浙江当代发展问题研究、浙江历史文化专题研究、浙江名人研究、浙江历史文献整理四大板块，开展系统研究，出版系列丛书。在研究内容上，深入挖掘浙江文化底蕴，系统梳理和分析浙江历史文化的内部结构、变化规律和地域特色，坚持和发展浙江精神；研究浙江文化与其他地域文化的异同，厘清浙江文化在中国文化中的地位和相互影响的关系；围绕浙江生动的当代实践，深入解读浙江现象，总结浙江经验，指导浙江发展。在研究力量上，通过课题组织、出版资助、重点研究基地建设、加强省内外大院名校合作、整合各地各部门力量等途径，形成上下联动、学界互动的整体合力。在成果运用上，注重研究成果的学术价值和应用价值，充分发挥其认识世界、传承文明、创新理论、咨政育人、服务社会的重要作用。

我们希望通过实施浙江文化研究工程，努力用浙江历史教育浙江人民、用浙江文化熏陶浙江人民、用浙江精神鼓舞浙江人民、用浙江经验引领浙江人民，进一步激发浙江人民的无穷智慧和伟大创造能力，推动浙江实现又快又好发展。

今天，我们踏着来自历史的河流，受着一方百姓的期许，理应负起使命，至诚奉献，让我们的文化绵延不绝，让我们的创造生生不息。

2006年5月30日于杭州

目录

小　引　“自料不下古之名家”

清康熙三十四年七月三日（1695年8月12日），中国思想文化史上一位杰出的思想家、史学家和文学家在乡间草庐与世长辞，享年86岁[①]。他，就是梨洲先生黄宗羲。这位学术大师在逝世前写给学生万承勋[②]的信中，讲了四条“可死”的理由，他说：

> 年纪到此，可死；自反平生虽无善状，亦无恶状，可死；于先人未了，亦稍稍无歉，可死；一生著述未必尽传，自料亦不下古之名家，可死。如此四可死，死真无苦矣！[③]

是的，黄宗羲是怀着死而无憾的心情离开人世的。在他辞世329年以后的今天，我们来对照他的四条“可死”标准，评判他的“自料”，可以说他颇有自知之明，既不自夸，也不自卑：他享年86岁，可谓高寿了；他毕生努力实践儒家的道德人格，堪称明朝的忠臣、黄门的孝子、儒生的良师、学者的益友，虽然没有成就什么惊天动地的伟业，却也没有做过什么祸国殃民的坏事，因此可

---

① 本书涉及论述对象的年龄计算，均依传统算法，以虚岁计。

② 万承勋，字开远，晚号西郭。浙江鄞县人。为万言之子、黄宗羲之孙女婿、全祖望之中表兄弟，著有《冰雪集》6卷。

③ 沈善洪、吴光主编：《黄宗羲全集》第11册，浙江古籍出版社2005年版，第82页。以下引用《黄宗羲全集》均据此本，不另注版本出处。

黄宗羲画像

以问心无愧地告别人世；他身为因改革朝政而被迫害致死的东林党人黄尊素的长子，虽然未能继承父业完成其改革弊政的遗志，也未能在父亲生前尽一份孝心，因此不免有一份未了之情，但他能秉承父亲遗命，在兵荒马乱、颠沛流离的艰苦生活中奉养母亲以终天年，也算是对先人“稍稍无歉”了；他后半生致力于讲学著书，既培养了许多学生，建立了一个有特色、有影响的学派，又为世人留下了百余种、千余卷、数千万字的著作，称得上是“著述弘富，不输古人”，可惜生前身后迭遭水火之灾，加上连绵不断的兵祸与统治者的文字狱禁，使其遗著散亡大半，未能尽传。但仅从流传下来的数百万字著作对于后世的巨大影响来看，黄宗羲对人类精神文明宝库的贡献，确实不下古之名家。中国民主启蒙的历史，蕴含着黄宗羲的一片心血；浙江“文献名邦”的称号，铭刻着梨洲先生的一份贡献。特别是在政治思想领域，以及在总结整理宋、元、明三代学术思想史方面，黄宗羲的伟大成就，甚至是前无古人的。他以丰硕的著述成果，成就了一位文化巨人和伟大思想家的不朽声名。

梨洲先生黄宗羲，一个值得大书特书的人。他属于浙江思想文化史，也属于中国思想文化史！

第一章　家世背景：从文化世家到亡国破家

竹桥黄氏，文化世家

明神宗万历三十八年八月八日（1610年9月5日），黄宗羲出生在浙江省余姚县通德乡黄竹浦（今余姚市明伟乡浦口村）的一个书香门第。①

黄竹浦又名竹桥，为黄氏家族聚居之地，故当地又称黄氏家族为“竹桥黄氏”。根据祖先留下的谱牒资料、传说以及黄宗羲本人的考证，“竹桥黄氏”的始祖黄万河由于战乱，于南宋绍兴年间从慈溪的竹墩迁移到余姚的竹桥，在此定居下来。传到黄宗羲已是第十七代了。

竹桥黄氏虽非名门望族，却也算得上是文化世家，其间比较著名者，有在元朝曾任余姚州州判的七世孙黄茂，明朝成化年间的诗画家黄翊，弘治年间任国子祭酒、正德年间任吏部尚书的黄珣，嘉靖年间曾任景州太守的诗人黄尚质，以及黄宗羲的祖父黄曰中、父亲黄尊素。现根据黄宗羲亲自编定的家乘著作《黄氏家录》所记黄氏先人的生平事迹，择其佼佼者介绍如下：

始祖黄万河，字时通，号安定，别号鹤山。原籍金华。南宋建炎四年

---

① 关于黄宗羲出生地黄竹浦的确切地理位置，当地黄氏后裔及黄宗羲研究学者持不同观点，大体有两种意见：一方认为在今明伟乡前园村，另一方认为在今明伟乡浦口村。笔者比较倾向浦口村之说。参阅叶树望《竹桥黄氏述略》，徐仲力、诸焕灿《黄竹浦略考》，两文均载于吴光主编：《黄宗羲论——国际黄宗羲学术讨论会论文集》，浙江古籍出版社1987年版。

(1130)，其父任庆元府通判，金人陷城，死节。万河避兵慈溪之竹墩，南宋绍兴年间迁余姚竹桥。遂为竹桥黄氏始祖，族谱尊称其为“万二府君”。

七世孙、名儒黄茂，字茂卿。读书善辩说。曾从学于名儒吴澄，毅然以道自任。讲学于本邑，弟子成才者甚众。晚年，登元泰定元年（1324）进士，授余姚州州判。其治以人伦为本，孝悌为先，爱民下士，百姓怀之。享年82岁。

十世孙、经学家黄伯川，字德洪。尝为蒙师教授。明天顺六年（1462）举于乡，次年会试时遭遇火灾，遂不再应试。除建宁府教授。以熟知《礼经》闻名，士子以得出其门为荣。晚年徜徉山水之间，与诗人倪宗正等相唱和，有诗文传世。

明名臣黄珣（1438—1514），字廷玺，明成化、正德间人。成化十六年(1480)、十七年（1481），举乡试第一、殿试一甲第二。授翰林院编修。弘治十七年（1504），升任国子祭酒。正德二年（1507），任南京吏部尚书，因与同僚上疏批评朝政而得罪了宦官刘瑾，被勒令致仕。死后被追赠“太子太保”，谥“文僖”。著有《东山文集》《素庵诗集》等，已散佚。黄宗羲辑其残篇为《文僖公集》，收入《黄氏捃残集》，并撰《文僖公集序》以志其事。[①]

画家黄翊，字九霄，号菊泉子，明成化、正德间人，安定公十世孙。能诗善画，尤以画菊闻名，故自号菊泉子。《黄氏家录》称“姚江画学，盖始自菊泉子”，可谓推崇备至。

十一世孙、孝义黄玺，字廷玺，号小雷。明宣德、正统间人。其兄大雷出外经商10年未归，小雷乃跋涉万里，历经艰难困苦，终于得偿所愿，奉兄归乡。黄宗羲曾作《万里寻兄记》赞其义举（载于《黄宗羲全集》第10册)，《明史·孝义传》也载其事。

十三世孙、诗人兼画家黄尚质，号醒泉。嘉靖二十八年己酉（1549）举于乡，曾任息县知县、景州太守。族人尊称其为景州公。在任期间，修建董仲舒书院，改周亚夫祠，并为文记之，见称于时。致仕后，与浙东名士山阴陈鸣野、

① 黄珣属于竹桥黄氏十世孙，迁居彭桥，故其事迹不载于《黄氏家录》,但编入了《竹桥黄氏宗谱》卷首之“像容”“像赞”。今据《黄氏捃残集》所载《文僖公集序》补入。详见吴光：《黄宗羲著作汇考》,（台北）学生书局1990年版，第232—234页。

徐文长，鄞县沈嘉则，余姚杨秘图等过从频密，“倡和无虚日”。有《景州诗集》传世。

安定公第十五世孙黄曰中，也就是黄宗羲的祖父，号鲲溟。因为儿子被追赠为“太仆寺卿”，所以“父以子贵”，也被追封为“太仆寺卿”，后人尊称其为“封太仆公”。他精通五经、诸子，尤善治《易》，是当时闻名的经学家。他以《周易》教授吴兴，时人尊称其为“大师”。据说，当时“三吴弟子经其指授者，皆为名士。每试出，私第其高下，榜发，无不合者”[①]。其为人狷介刚直，疾恶如仇。凡乡邑利害争讼之事，曰中能够出以公心，敢言人所不敢言，往往讼事得以平息。当时阉党气焰嚣张，其党羽中有某尚书，嗾使其僮客越境追人，“（鲲溟）公呼僮客杖之，曰：‘吾非杖汝，聊以此寄汝主耳！’”[②]可见其刚正不阿的性格。其子尊素被捕入诏狱，曰中与尊素同入京师辩白，受到魏忠贤严刑拷问，后设计逃脱。尊素被害以后，曰中乃大书“尔忘句践杀尔父乎”八字贴于墙壁上，以激励孙子宗羲为父申冤报仇。这种豪杰任侠的精神对于黄宗羲豪杰性格的形成是有相当大影响的。

除以上诸人之外，竹桥黄氏还涌现了众多人才，如御史公黄均保、道南先生黄韶、鹤溪先生黄嘉爱、半山先生黄嘉仁等，均为当时名士，且有诗文传世。这都证明，竹桥黄氏家族是名副其实的文化世家。迄今尚保存在国家图书馆、中国科学院图书馆以及杭州、宁波和余姚图书馆、文保所的大量竹桥黄氏著作文献，则是这个文化世家的实物证据。[③]

东林中坚，惨遭迫害

家族先贤的思想品格与学术成就固然对黄宗羲有相当大的影响，但对黄宗

---

① 《竹桥黄氏宗谱》卷十一《人物列传・封太仆公》，余姚梨洲文献馆藏民国十五年（1926）惇伦堂刻本。

② （清）黄炳垕撰，王政尧点校：《黄宗羲年谱》，中华书局1993年版，第61页。

③ 详见浙江古籍出版社2005年版《黄宗羲全集》第1册《黄氏家录》及第10册、第11册所载有关序文、题词，并参见余姚梨洲文献馆藏刻本《黄氏捃残集》《竹桥黄氏宗谱》与《姚江逸诗》有关黄氏家族的诗文，中国科学院图书馆所藏《黄氏家集》等文献资料。

羲的成长、性格与思想成就影响最大的，恐怕还是他的父亲黄尊素、母亲姚氏和业师刘宗周。

黄宗羲的父亲黄尊素（1584—1626），是明末东林党的著名人物。尊素字真长，号白安，登万历四十四年（1616）壬子科进士。次年授宁国府（治所在今安徽省宣城县）推官职。他在任不畏强权而秉公执法，颇得民望。天启三年（1623），奉调入京，任山东道监察御史。

当时的明王朝，自万历中期以后，政治日益腐败，执政大权往往掌握在阴险小人或者宦官集团手中。尤其是明熹宗天启年间，皇帝朱由校昏庸无能，宦官魏忠贤勾结熹宗的乳母客氏狼狈为奸，操纵朝政，并与魏广微、崔呈秀等无耻官员沆瀣一气，结为死党，形成了一个极其腐朽专制的政治集团。这个政治集团以司礼太监魏忠贤为首，他被尊为“九千岁”，其下有“五虎”“五彪”“十狗”“十孩儿”“四十孙”，时人斥之为“阉党”。阉党结党营私、肆无忌惮地迫害正直官员，穷奢极欲地攫取民脂民膏，因而大大激化了社会矛盾以及统治阶级的内部矛盾，加速了大明王朝的灭亡。

但在黑暗腐败的政治浊流行将吞噬整个明王朝时，也有一股政治清流在与之对抗，这就是东林党。其实东林党并非一个有组织的政治党派，而是一批聚集在东林书院的讲学之士以及一批仰慕东林士风、有志政治改革的中下层官员。早在万历三十二年（1604）前后，曾任吏部员外郎的革职官员顾宪成（1550—1612），便集结同志好友高攀龙、钱一本等人，在家乡无锡县宋儒杨时讲学的旧址，恢复修葺了东林书院。他们以讲学为名，讽议朝政，裁量人物，于是朝士慕其风者多遥相唱和，逐渐形成了一个很有影响的政治派别——东林党。东林党人大多是正直的官僚士大夫，他们主张改革弊政，要求减轻人民的赋税负担，基本上代表了中小地主阶级和新兴市民阶级的利益。黄尊素便是东林党人中一位相当重要的智囊型人物。

天启年间，东林党和阉党的斗争日趋激烈。天启五年（1625），魏忠贤大兴冤狱，逮捕了曾任左副都御史的东林党领袖杨涟（1572—1625）以及御史左光斗等6人，并用酷刑将他们杀害。次年二月，又将应天巡抚周起元、左都御史高攀龙以及周顺昌、缪昌期、李应升、周宗建、黄尊素等朝廷命官逮捕入狱。

阉党还按照《水浒传》一百单八将的“天罡星”“地煞星”排名次序，比拟编造了所谓《东林点将录》，罗织莫须有的罪名，迫害东林党人。又指使其爪牙，以极其残暴的手段，将这10多名正直官员害死在公堂上或牢狱中。

面对阉党的残酷迫害和酷刑折磨，黄尊素毫不畏惧、坚贞不屈。当时，朝廷下达逮捕令后，执行抓捕任务的缇骑先在苏州抓了东林党人周顺昌。苏州百姓数万人聚众喊冤，并痛打了缇骑官兵，打死缇骑2人，其余官兵狼狈逃窜。但带头抗官的顾佩韦、马杰等5位义士被官府杀害了。

黄尊素听说苏州抗官事件后，不愿因激发民变而招致无辜民众的牺牲，因此主动抄小路去郡城绍兴投案。余姚县令祁逢吉误以为他逃跑了，于是亲自率兵上门抓捕。尊素乃致书县令，指责说：“抱头鼠窜，岂免一死？昂首伸眉，落得骨头香耳！君何小视海内男子也？”[①]可见，黄尊素当时已经做好了昂首伸眉、从容赴死的思想准备。

黄尊素等人是以“贪污受贿”的罪名被诬告入狱的。黄尊素被捕后，刑讯逼供者问他：“贪赃几何？”黄尊素厉声回答说：“清风明月，名山大川，皆吾赃私。何必问乃公！”他与同难诸臣坚贞不屈，酷刑之后，仍然高谈狱中，慷慨怒骂，继以诗歌，并且在自己受刑拷打之后，又甘愿代替难友李应升接受酷刑。阉党深知黄尊素等终究不肯屈服，于是指使狱卒将他们陆续杀害。尊素于天启六年（1626）六月初一日死于诏狱，年仅43岁。他在遇难前写了一首《正命诗》，诗云：

> 正气长留海岳愁，浩然一往复何求！
> 十年世路无工拙，一片刚肠总祸尤。
> 麟凤途穷悲此际，燕莺声杂值今秋。
> 钱塘有浪胥门目，唯取忠魂泣镯镂。[②]

---

① 《黄宗羲全集》第1册，第417页。

② 《黄忠端公集》卷五《诗略·正命诗》，明崇祯间初刻、光绪十三年（1887）重刻姚江黄氏正气堂刊本。

在这首绝命诗中，他把自己比作春秋战国时期的吴国忠臣伍子胥，而将阉党奸臣小人比作吵闹不休的“燕莺”，表达了作者忧国忧民的浩然正气和宁死不屈的风节。

崇祯元年（1628），朱由检（1611—1644）即位后，采取了一系列镇压阉党、平反冤狱的政治措施，如钦定逆案，诛杀魏忠贤、崔呈秀，流放或罢斥阉党党羽及其依附官员，追赠或恢复受迫害的东林党人的官爵，下诏祭奠、厚葬被迫害致死者，等等。东林党人的冤案终于得到昭雪，黄尊素也被追封为太仆寺卿，崇祯十七年（1644）追谥“忠端”。[①]其遗著有《文略》《诗略》《说略》等，后由黄宗羲编定为《黄忠端公集》6卷刊行于世。

黄宗羲的母亲姚氏，是一位出身官宦家庭的大家闺秀，一个典型的贤妻良母。其从祖父官至太仆寺卿，其父为乡绅乡饮大宾。她16岁出嫁，33岁守寡，87岁逝世，一生虽然屡受诰封，而几经变乱，饱受丧夫失子、颠沛流离之苦。黄宗羲曾著文沉痛记述其母人生遭遇：

> 古来章妻、滂母，受祸不过一时。而太夫人始遭东林党祸，继之以复社党锢，又继之以乱亡。捕狱则操兵到门，避寇则连绳贯掌。覆巢之后，复遇覆巢。辛苦再立之户墉，频经风雨，一生与艰危终始。[②]

正因为“一生与艰危终始”，所以也锻炼了黄母坚忍不拔的意志与“出淤泥而不染”的高洁品格。这一点，我们从这位姚太夫人留存不多的诗篇中可知一二。现存《竹桥黄氏宗谱》中收录了姚太夫人四首《咏蒲扇》诗：

其一

挺出淤泥不染尘，清寒彻骨世无邻。
何人采织还成扇？留取遗风拔后人。

---

① 关于黄尊素追谥“忠端”之年，分别有崇祯十五年（1642）、十七年（1644）和“福王时”之说，今依黄尊素八世孙黄炳垕所著《黄忠端公年谱》之说。

② 《黄宗羲全集》第10册，第545页。

其二

世间物件看无定，百炼偏成绕指柔。
何似芄蒲经织后，能将九夏变三秋。

其三

经纨彩箑制缤纷，画阁兰堂争媚人。
却爱蒲葵存素质，不随时样伴贫身。

其四

矮檐溽暑来无避，轻翼蝇蚊作意骄。
赖汝威风长在手，驱除令我免烦嚣。

短短几行诗，描画出了一位不同流俗、高洁素雅、安贫乐道、外柔内刚的贤德夫人形象。这些优良品格，对黄宗羲道德人格的形成产生了潜移默化的影响。

出身于这样一个书香门第和正直官吏家庭的黄宗羲，他的人生道路和个人命运也就必然地和家国的命运不可分割、息息相关了。

内忧外患，天崩地解

崇祯皇帝朱由检即位之初，诛阉党，用正人，颇有点励精图治的架势。然而大厦将倾，独木难支。明王朝的整个统治体系已经近于解体，难以挽回了，整个国家机器也已经衰朽得不堪一击。何况崇祯皇帝也不是什么明主圣君，而是一个刚愎自用、专制独裁的孤家寡人。所以，明朝的灭亡不是是否可能，而是势在必然，至于亡于何时、假手何人，则只是时机问题而已。

纵观明代政治，万历中期以前较为清明，自万历十四年（1586）明神宗朱翊钧（1563—1620）常以“头昏眼黑，力乏不兴”为由不上朝理政以来，政治日益腐败，最后落到不可收拾的地步。概括而言，明朝有五大弊政：一是皇帝荒淫无度，长期不理朝政，以致大权旁落。史载神宗深居内宫20余年，未尝一次接见大臣。有的说，到万历四十三年（1615），神宗不见廷臣已25年。虽然未必尽然，但也算得上空前绝后了。二是宦官专权，朝臣结党。宦官专权几至颠覆社稷者，如明英宗时期的王振，酿成“土木之变”，英宗被俘；明武宗时期的刘瑾，招致了安化王的叛乱；明熹宗时期的魏忠贤，则铸成了中国封建王朝政治史上最惨烈的迫害、杀戮大臣的冤案。在朝臣结党方面，自万历“怠政”以来，朝臣们通过“争国本”（册立太子之争）、“京察大计”（官员考核）等事件分派结党，逐渐形成了以宣城籍官员汤宾尹为首的“宣党”、以昆山籍官员顾天峻为首的“昆党”，以及以亓诗教为首的“齐党”、以应震为首的“楚党”、以姚宗文为首的“浙党”，其中尤以宣、昆、浙三党势力最大。他们之间虽然钩心斗角，但在反对东林党这一点上是一致的。尤其是在天启年间（1621—1627），三党与阉党沆瀣一气，迫害东林党官员，可谓臭名远扬，所以史家将宣、昆、齐、楚、浙党贬为“邪恶派”，将东林党人誉为“正直派”，大致是名副其实的。[①]三是设立厂（东厂、西厂、内行厂）、卫（锦衣卫）。厂卫机构实际上是皇帝专制、宦官专权的特务组织，此制虽创立于明初，但在明末更趋完善，其罪恶真是罄竹难书。四是除传统的赋税之外，明神宗还向各地特派矿监、税监，到处搜刮民脂民膏，鱼肉百姓，从而大大激化了社会矛盾，激起了各地特别是商品经济较发达地区的人民的反抗。到明末，又有所谓“辽饷”“练饷”之征，更是激发起大规模农民起义，加速了明王朝的灭亡。五是吏治腐败，官员贪污成风。关于当时官吏的贪腐成风，吏科给事中韩一良上崇祯皇帝的一封奏疏中有一段很典型的话，他说：

> 皇上平台召对，有“文官不爱钱”一语。然今之世局，何处非用钱之地？今之世人，又何官非爱钱之人。皇上亦知文官不得不爱钱乎？何者？

---

① 关于明朝后期“正直派”与“邪恶派”的分野及其斗争，参见汤纲、南炳文合著的《明史》下册第十五章第二节、第十六章第一节，上海人民出版社1991年版。关于明末党争的来龙去脉及其后果，详见谢国桢：《明清之际党社运动考》，中华书局1982年版；［日］小野和子：《明季党社考》，日本同朋舍1996年版。

彼原以钱进，安得不以钱偿？……诸臣言蠹民者，俱归咎守令之不廉。然州县亦安得廉？俸薪几何？上司票取……冲途过客，动有书仪，多则十金以上……岁送不知几许。至巡按荐谢每百金，旁荐五十金，其例也……遇考满朝觐，或费至三四千金……而欲守令之廉，得乎？……臣两月内，辞书仪可五百余金。臣寡交犹然，余可推矣。今日之势，欲求人之独为君子，已必不能！①

“何官非爱钱之人”“而欲守令之廉，得乎”“欲求人之独为君子，已必不能”这几句话，充分暴露出造成贪腐的制度性根源。这贪腐之风，就像癌症一样，已经侵入整个国家肌体，人既求独为君子而不能，则国之败亡亦必然也。

而直接促成明王朝走向土崩瓦解的最大“内忧”，是以高迎祥、李自成、张献忠为领袖的农民起义，最大的“外患”则是崛起于北方边疆地区的满、蒙少数民族政权——后金与清。

天启七年（1627）和崇祯元年（1628），由于连年灾荒，加上地方豪强日益加剧的土地兼并、高利盘剥，以及官府的苛捐杂税与兵饷摊派，处在社会最底层的农民实在活不下去了，于是揭竿而起，举起了反抗朝廷的义旗。明末农民起义首先爆发于最贫困、灾荒最严重的陕北地区，起义军领袖主要有高迎祥、王自用、李自成、张献忠等。高迎祥自称“闯王”，为各路义军之最大首领，崇祯八年（1635），战败被俘，遇害。李自成继称“闯王”，数年之间，起义军很快扩展到西北与中原数省，深受民众欢迎。队伍迅速壮大起来，最后于崇祯十七年（1644）三月攻占首都北京，推翻了腐朽的明朝中央政权，崇祯皇帝山穷水尽，走投无路，被迫自缢于煤山以谢列祖列宗。当时，李自成在进军北京途中，提出了“均田免赋”口号，推行“三年免征”“五年不征”的经济政策，还编制了宣传义军政治理想的歌谣到处传播。歌词曰：

吃他娘，着他娘，吃着不尽有闯王；

① （清）谈迁著，张宗祥点校：《国榷》卷八九，中华书局1988年版，第5448页。

不当差，不纳粮；

朝求升，暮求合，近来贫汉难存活，

早早开门拜闯王，管教大小都欢悦！[①]

这正反映了农民革命的朴素要求和民心所向。然而，这次农民革命虽然推翻了明王朝中央政权，短暂地建立了大顺政权，可惜未能巩固胜利果实，最终在明军残余势力和入关清军的联合夹击下遭到了失败。

除了农民起义外，明朝最大的“外患”是东北少数民族政权崛起。满洲族人原称女真族，在两宋时期建立过金国，后为蒙古所灭。明朝将女真族分为海西女真、建州女真和野人女真，设立建州卫，并任命女真首领为指挥使、都督以统治女真各族。努尔哈赤父、祖三代均受明封任建州卫都指挥使。女真族在努尔哈赤领导下日渐强大，于是叛明自立，于万历四十四年（1616）建立（后）金政权。20年后（1636），又在皇太极领导下改国号为“清”，改族名“女真”为“满洲”，并将“可汗”称号改为“皇帝”。清政权在皇太极时期东征朝鲜，西结蒙古，南抗明朝，降服明朝大将孔有德、耿仲明、尚可喜、洪承畴，用反间计使崇祯冤杀了守边大将袁崇焕，取得了一系列军事、政治上的胜利。最后于崇祯十七年（1644）四月，由摄政王多尔衮统帅的清军在亡明降将吴三桂（时任明宁远总兵，降清后受封为“平西王”）的导引下大举入关，打败李自成农民军，定都北京，改年号为顺治。接着，清政权平定了中原、东南和西南各族人民的抗清斗争，镇压了南明小朝廷福王（江苏）、鲁王（浙江）、唐王（福建）、桂王（西南）政权的武装抵抗，从而重建了大一统的君主专制王朝。

明朝的覆灭，清朝的建立与巩固，对于忠于封建正统的亡明士大夫而言，自然是“天崩地解”、翻天覆地的大变化，是亡国破家的大灾难。尤其像黄宗羲这样接受儒家传统教育、明于“夷夏之辨”而不甘受“夷狄”奴役的正义之士，更是视“亡国”为奇耻大辱，因而不惜毁家疏财，积极投身于反清复明的武装斗争。而当抗清失败、复明无望时，他们痛定思痛，于是开始认真反思其斗争

① 转引自业师尚钺主编：《中国历史纲要》第六章第五节，人民出版社1980年版，第354页。

失败的原因，从思想上、文化上、制度上去寻找深层的原因，进而从对旧制度的批判中设计未来理想社会的蓝图。

这便是造就一位伟大启蒙思想家的文化背景和社会历史背景！

第二章　社会实践：反阉与抗清

瑞梦无验，别号寄意

黄宗羲（1610—1695），字太冲，号南雷，世称梨洲先生。这是他的正式称呼。但他还有乳名和许多别号，了解一下其含义也不失为一件趣事。

宗羲之名与太冲之字是其父祖辈定的。据《竹桥黄氏宗谱》记载，宗羲之“宗”是黄氏（李家塔支）第十七世的排辈，宗羲是尊素长子，其弟为宗炎、宗会、宗辕、宗彝。“羲”取“羲和”之意，在古代传说中，“羲和”或指太阳，或指驾驭太阳车的神。“冲”与“和”相配，“太冲”即最高的和谐境界，语出《庄子·应帝王》“太冲莫胜”之句。《淮南子·诠言训》亦曰：“聪明虽用，必反诸神，谓之太冲。”总之，黄宗羲的名与字蕴含着对神仙境界与社会和谐境界的向往。

另据宗羲七世孙黄炳垕所著《黄梨洲先生年谱》记载，黄宗羲出生前夕，父亲黄尊素曾为他推算生辰八字的“禄命”，认为“配合极佳”，母亲姚氏则梦见了象征富贵吉祥的瑞兽——麒麟，故为他取了个乳名叫“麟”。然而，黄宗羲一生千灾百难，祸患不断，哪儿谈得上什么富贵吉祥！母亲那个瑞梦并没有在儿子身上得到应验。所谓“八字”，所谓“祥瑞”，无非是望子成龙的父母的美好愿望，甚至是一种可望而不可即的幻觉罢了。人生的命运并非是老天爷（或曰佛祖、上帝）的先天赐予，而是后天的际遇，还得靠自己去把握。

对于自己出生时就确定的名字虽然做不了主，但在人生经历中确定若干与自己命运相联系的字号、别号则是可以自己做主的。黄宗羲在一些重要著作中除以南雷为号外，还为自己起了一些有趣的别号，例如梨洲老人、梨洲山人、鱼澄洞主、蓝水渔人、双瀑院长、双瀑院住持、古藏室史臣，等等，这些倒是颇能反映他的人生真实经历及其性格志趣。这些字号，就像近现代某些名人的笔名一样，大都有其来由，寓意深刻。上述别号，除了"古藏室史臣"外，都与黄宗羲家乡所在的四明山及其神仙隐士传说有关，今择要介绍。

根据黄宗羲《四明山志》的描述，四明山又名句（音 gōu）余山、鬼藏山，其称四明山，首见于《唐书·地理志》。其地理位置在余姚县南，"有山二百八十峰，西连上虞，东合慈溪，南接天台，北包翠竭，中峰最高，上有四穴，若开户牖以通日月之光，故号四明"[①]。这里所谓"中峰"，即余姚境内的大俞山，峰顶石岩旧称"石窗"，今称"四窗岩"，可通日月之光，"四明山"的名称即由此而来。

在黄宗羲以前，虽然有不少文人、隐士、高僧、道士为四明山吟诗作赋，撰文立记，但无人为四明山写过山志。黄宗羲于明崇祯十五年（1642）偕弟宗炎（字晦木）、宗会（字洋望）遍游此山，寻觅古迹，考稽事实，乃博采前人记载，订伪存真，充实新闻，辑成《四明山志》初稿。31年后，重新修改定稿，成《四明山志》9卷，次年又作自序1篇。所以，他对四明山的历史、景观烂熟于心，以四明山地名、景物乃至仙真隐逸为号也就不足为怪了。

"南雷"之号，源于四明山的大雷、小雷两峰及山下的"南雷里"村落。宗羲记南雷山来历说：

有山曰大雷、小雷。唐陆龟蒙曰："谢遗尘者，有道之士也，尝隐于四明之南雷。一旦访余来，语不及世务，以山中之奇者，令各赋诗，余因作《九题》。"盖鲁望因遗尘而知有四明，后人则因鲁望而知有遗尘。四明山之大雷峰有三处：一鄞，一奉化，一余姚。鲁望言遗尘隐于南雷，不言隐于

① 《黄宗羲全集》第2册，第283页。

大雷。唯余姚雷峰之下名南雷里，其可证者宋之《会稽志·晋咸宁间南雷庙碑》是也。……且大小雷峰在余姚邑南，故曰南雷。[①]

黄宗羲《老母八旬谢祝寿诸君子》一诗中有“前朝忠节数南雷”句，下注曰：“余所居乡名。”[②]可见，清朝所称通德乡，在明朝以前是称南雷乡或南雷里的。此地曾是唐代名士谢遗尘隐居之地，宗羲也曾长期避居于此，故以南雷为号。其文集名自定为《南雷文案》《南雷文定》，诗集则称《南雷诗历》，其中即隐含着“前朝忠节之士”的深意。

“梨洲”别号的渊源，则比“南雷”之号更加复杂而有趣。黄宗羲在其名作《留书·题辞》和《明夷待访录·题辞》中署名“梨洲老人”，在《女孙阿迎墓砖》《怪说》以及《南雷诗历》之《题简石骑虎图》诗中皆自称“梨洲老人”，在为祭奠夫人叶氏而写的《庭诰》中则自称“梨洲山人”，其时间段在清顺治十年（1653）至康熙十五年（1676）前后，即宗羲44岁至67岁之间。就他享寿86岁而言，其时正当盛年，何以自称“梨洲老人”呢？原来“梨洲老人”之名，也与四明山密切相关。据《四明山志》之《自序》、卷一《名胜》、卷七《诗括》等篇记载，四明山号称（道教）“第九洞天”，其南有梨洲山，号称“第五十九福地”，而“梨洲”之名，则因传说中晋朝孙绰兄弟拾得仙人遗留的仙梨而来。黄宗羲记其来历说：

梨洲山：晋孙兴公与兄承公同游于此，得梨数枚。人迹杳然，疑为仙真所遗，故名。其地曰梨洲。兴公《天台赋》曰：“涉海则有方丈、蓬莱，登陆则有天台、四明，皆玄圣之所游化，灵仙之所窟宅也。”是盖身逢玄怪，非虚言也。杜光庭《福地记》曰：“四明山在梨洲，魏道微上升处，为第五十九福地也。”四明既在第九洞天之数，而又列福地者，此专指梨洲为言也。[③]

---

① 《黄宗羲全集》第2册，第330页。

② 《黄宗羲全集》第11册，第267页。

③ 《黄宗羲全集》第2册，第298—299页。

宗羲又录明人汪纶《梨洲山》诗来加强神仙传说，诗云：

莲花纷向日边开，云影长依斗柄回。
北引群峰朝禹穴，南分诸岭上天台。
梨因孙绰来时见，桃是刘纲去后栽。
风景恍然人世外，但闻鸡犬石岩隈。①

但黄宗羲自号“梨洲老人”“梨洲山人”，最直接的灵感应当是来源于唐代文人施肩吾的《登四明山》诗和《忆四明山人》诗。《四明山志·灵迹》记曰：

施肩吾，分水（今属桐庐）人。（唐）元和中，举进士，退隐洪州之西山，终身不仕。尝游四明山，与其隐士道流相习。后遇旌阳，授以丹方，仙去。《登四明山》诗：“半夜寻幽上四明，手攀松桂触云行。相呼已到无人境，何处玉箫吹一声？”“梨洲老人命余宿，杳然高顶浮云平。下视不知几千仞，欲晓不晓天鸡声。”《忆四明山人》诗：“爱彼山中石泉水，幽声夜落虚窗里；至今忆得卧云时，犹自涓涓在人耳。”②

这里的“元和”是唐宪宗李纯的年号，那是一个藩镇作乱的年代。看来施肩吾是厌恶战乱而“终身不仕”并与隐士道者为伍的，黄宗羲或出于对施肩吾人格的欣赏与结局的感慨，而自比于指点迷津的“梨洲老人”与“四明山人”，因而为自己起了“梨洲老人”“梨洲山人”的别号，以表达自己宁居山林、不仕新朝的气节。对于“梨洲老人”别号的政治含义，全祖望《书〈明夷待访录〉后》引黄宗羲孙女婿万承勋的话解释说，梨洲著《明夷待访录》时，“是岁为康熙癸卯，年未六十，而自序称‘梨洲老人’。万西郭为予言：‘征君自壬寅前，鲁阳

① 《黄宗羲全集》第2册，第434—435页。
② 《黄宗羲全集》第2册，第372页。

之望未绝；天南讣至，始有潮息烟沉之叹；饰巾待尽，是书于是乎出。盖老人之称所自来已。’”当然，以“梨洲老人”为号的另一个原因，则是由于他家居梨洲山下，其父黄尊素在43岁便撒手人寰，自己则超过了父亲的年寿，故愧称“梨洲老人”了。从其《四十初度》与《书年谱上》两首诗可知其愧恨之情，在此恕不赘述。

“茭湖鱼澄洞主”的别号，直接取自于四明山“茭湖鱼澄洞”之名。黄宗羲于康熙十二年癸丑岁（1673）改定《四明山志》之后，于次年甲寅岁补写了《四明山志自序》。序曰四明山为“第九洞天，丹山赤水。其中福地，重书叠纪，茭湖北矗，梨洲南峙，大隐东面，姚江之砥”，落款自署“甲寅岁花朝茭湖鱼澄洞主黄宗羲书”。这里的茭湖、梨洲、大隐都是四明山的山峰名称，在余姚境内。《四明山志》卷一《名胜》记曰：

> 茭湖山：……《云笈七签》曰：“第六十三福地，茭湖渔澄洞，在古姚州西。始，皇先生曾隐此处。”而后知即余姚之茭湖也……茭湖为山名，鱼澄为洞名……元王孚避地于此。①

这个“皇先生”即指汉代从牧羊童得道成仙的金华人皇初平（一作黄初平，俗称黄大仙）。王孚无考，大概是一位避地隐居的文人。黄宗羲以“茭湖鱼澄洞主”自号，当有避地隐居之意。

黄宗羲在其地理著作《今水经序》落款自署“甲辰除夕双瀑院长黄宗羲书”，在其政治史著作《汰存录・题辞》落款自署“双瀑院住持识”。这个“双瀑院”，因余姚境内化安山（属四明山脉）有瀑布“双瀑泉”而得名，黄宗羲曾长期在此读书写作。《四明山志・名胜》记其胜曰：

> 化安山：古谓之剡中。……其僧寺即化安寺也。余祖元州判茂卿府君，读书寺中，乃吴草庐之弟子。……有撑水，宋《会稽志》所谓“化安瀑布”

① 《黄宗羲全集》第2册，第331页。

也。其流悬空而下，有石隔之，分为二道，各十余丈，汇为池曰喷珠池。……余有诗云："古寺荆榛灭旧蹊，近来一字出新泥。秦山鹅鼻无消息，犹胜秦碑没处稽。"（原注：山僧掘地得碎石中有"院"字，乃古碑也。）①

据此，可知"双瀑院"并非一个正式的书院，而是古化安寺的遗迹所在，因山里和尚挖出一块带有"院"字的残碑，故梨洲命其名为"双瀑院"，并自封为"双瀑院长""双瀑院住持"，实有自嘲之意。宗羲还在其诗文中多次记述了他在"双瀑院"读书论道、会见同志朋友的情景，如《邓起西墓志铭》曰："当辛丑，余读书双瀑院，起西来访。双瀑万山之中，人迹殆绝。"②按：邓起西名大临，别号丹丘。江苏常熟人。曾参与江阴人民抗清斗争，失败后遁入道门。辛丑岁即顺治十八年（1661），梨洲《送万季野贞一北上》诗云："不放河汾声价倒，太平有策莫轻题！……重阳君渡卢沟水，双瀑吾被折角巾。"③按：此诗作于己未岁（康熙十八年，1679），时逢梨洲弟子万斯同、万言应征北上纂修《明史》，黄宗羲虽支持他们"以布衣参史局"，但告诫弟子不要折节降志，向新王朝进献治国良策，并表示自己宁愿在双瀑院当一书生，读书终老。他作于康熙二十年（1681）的《二欠诗》曰："昔住双瀑院，烟火无交涉。……终朝不破口，天然自妥帖。……我意清如许，僧笑藏书箧。……丈夫足与目，岂为城市设！……拟将一笠去，鹤影横江瞥。……归来再读书，眼界自然别。此愿不能果，吾母年已耋。……不幸母弃养，老矣吾躄躠。"④此诗也反映了黄宗羲清贫自守，不与世俗同流合污的高洁品格。

"蓝水渔人"的别号，见于宗羲著作《冬青树引注》重注本的"题辞"落

① 《黄宗羲全集》第2册，第329—330页。
② 《黄宗羲全集》第10册，第427页。
③ 《黄宗羲全集》第11册，第282页。
④ 《黄宗羲全集》第11册，第338页。

款，云“癸卯中夏蓝水渔人识”[①]。可知，黄宗羲的《冬青树引注》重注本“题辞”作于康熙二年癸卯岁（1663）。当时，宗羲居住在蓝水[②]之畔（作于同年的《明夷待访录自序》有“今年自蓝水返于故居”之句）。《四明山志·名胜》记曰：

> 三女山：相传有三女浴于水滨，为雷所击，化为三峰，亭亭相望。此臆说也，以三峰妩媚，故名三女耳。余尝有阁对之，题其柱曰：“清溪千顷开妆镜，晴虹万丈作缠头。”可想其景矣。其水为蓝溪，自龚村会大兰三十六岙之水，出杨洋黄竹浦，注于江。[③]

这便是“蓝水渔人”别号的来历。

“古藏室史臣”的别号，见于宗羲著作《弘光实录抄自序》，其落款为“古藏室史臣黄宗羲识，时戊戌冬十月甲子朔”。按戊戌岁即顺治十五年（1658），其时距浙东抗清斗争彻底失败已经5年，黄宗羲曾在监国鲁王麾下官至“左副都御史”，是忠于前明王朝的言官，故自号“古藏室史臣”。他在另一部记载南明史迹的专著中自署“左副都御史某书”，并在每篇卷末评语中冠以“史臣曰”三字，也表明了他忠于前朝的政治立场。

总之，黄宗羲为自己取的这些别号，虽然颇有些仙风道骨，或者隐晦曲折，但表达了他宁居山林为隐士、不仕新朝做贰臣的民族气节，以及清贫自守、锐意读书著述以为后世留书立言的高尚情操。

---

① 据笔者考证，黄宗羲的《冬青树引注》始注于崇祯十一年（1638），改定于康熙二年（1663）。今《黄宗羲全集》仅收录《冬青树引注》初注本，其卷首“题辞”无落款。浙江图书馆所藏康熙四十一年（1702）壬午平湖陆大业所刻谢翱《晞发集》附卷，落款如上述。请参阅拙著《黄宗羲著作汇考》之十六《〈西台恸哭记注〉与〈冬青树引注〉合考》，台湾学生书局1990年版，第118页。

② 蓝水又名蓝溪，源出于四明山之三女峰。

③ 《黄宗羲全集》第2册，第328页。

锥刺阉党，名震京师

当父亲黄尊素被录取为新科进士时，黄宗羲刚刚7岁。这一年，母亲又生下二弟宗炎。对于黄家而言，真可谓双喜临门。次年，父亲授宁国府推官职，年仅8岁的黄宗羲便跟随父母远离家乡，在父亲的任所读书识字。天启二年（1622），黄宗羲13岁，为了参加郡城绍兴的童子试，从安徽宣城回到余姚。次年应试，以优异成绩补为仁和县博士弟子员（县学秀才）。这一年，父亲奉调入京，任山东道监察御史，14岁的黄宗羲又跟随父母前往北京的御史官邸。当黄尊素携妻带儿开始其坎坷而险恶的宦海生涯时，少年黄宗羲也就从小培养起关心国事、分辨忠奸的强烈政治意识。他一面刻苦读书，一面从父辈的政治生涯中领略人生的道理，以求将来成为经世应务的有用人才。

《黄梨洲先生年谱》“四年甲子，公十五岁”条记载说：

> 时逆奄窃政，党论方兴。杨忠烈涟、左忠毅光斗、魏忠节大中诸公，与忠端公为同志，常夜过邸寓，屏左右论时事，独公在侧，故得尽知朝局清浊之分。①

然而，东林党人得以经常聚会、密室论政的时间并不长久。天启五年（1625）三月，黄尊素即因上疏弹劾魏忠贤与皇帝奶妈客氏而被撤职削籍，回到余姚。祸不单行，时隔一年，即天启六年（1626）三月，阉党大兴冤狱，将高攀龙、周顺昌、缪昌期、周宗建、李应升、黄尊素等七君子陆续逮捕押解至京城。高攀龙不甘受辱，投水自杀。其他正直官员均被严刑拷问，折磨致死。黄尊素就是在诏狱里被阉党指使的狱卒害死的。当时，尊素年仅43岁，宗羲年仅17岁。

当父亲在郡城被捕押解至京城时，宗羲满怀悲愤，到绍兴送行。当时被削

① 《黄宗羲全集》第12册，第20页。

籍在家的黄尊素的好友蕺山先生刘宗周也赶来送别，并在萧寺为之饯行。临别时，父亲谆谆嘱咐儿子拜刘蕺山为师，刻苦攻读经史，以了解古今治乱兴亡的历史教训，成为对国家有用之才。宗羲牢记父训，依依惜别亲人。不料泣别之日，便成永诀之时。

不久，黄尊素被害的凶信传到余姚家中，全家老少悲痛万分。宗羲的祖父黄曰中愤怒写下"尔忘句践杀尔父乎"八个大字贴在墙上，激励孙儿为父报仇雪冤。

天启七年（1627），明熹宗朱由校驾崩，其弟朱由检即位，改元崇祯。崇祯元年（1628）正月，黄宗羲满怀对祸国殃民的魏忠贤阉党集团的深仇大恨，身藏尖锐铁锥，写下奏疏，离家赴京，为父申冤。但当他跋涉数千里到达京师时，政局已经起了很大变化。崇祯帝为巩固政权，已于正月底下诏罢了阉党魁首魏忠贤、崔呈秀的官，迫使他们自杀，并宣布其罪状，戮尸示众。二月，平反了天启朝的冤案，恢复被诬陷诸臣的官爵，抚恤死难诸臣家属。黄尊素被赠以太中大夫、太仆寺卿（三品）官衔，赐葬银300两予以祭葬。但当时阉党余孽尚存，还有可能死灰复燃。宗羲于是上书崇祯皇帝，请求诛杀许显纯、崔应元、曹钦程、李实等阉党余孽。崇祯下旨，命令刑部"作速究问"。五月，刑部会审许显纯、崔应元等，黄宗羲出庭作证。在威严的刑部公堂上，黄宗羲突然取出长锥猛刺许显纯，刺得这个当年不可一世的奸臣遍身血污，狼狈不堪。但他狡辩说，自己是万历皇后的外甥，根据法律可以减刑。黄宗羲义正词严地驳斥说："显纯与阉党拘难，忠良尽死其手，当与谋逆同科。夫谋逆则以亲王高煦、宸濠尚不免于戮，况皇后之外亲乎！"审讯结果，宣判许、崔两人死刑。黄宗羲当众痛打了崔应元，拔了他的胡须，以祭祀先父的亡灵。宗羲又与死难忠臣周宗建之子廷祚、夏之令之子夏承一起抓来当年直接害死忠臣的凶手狱卒，将他们乱棍打死。宗羲又在与阉党分子李实对簿公堂时，愤怒揭露李实对他行贿以求免死的罪恶行径，并再次锥刺阉臣。

审判结束后，黄宗羲与死难诸家子弟一起，在诏狱中门祭奠忠魂，哭声如雷，声震内廷。崇祯帝知道后，也难过叹息。

黄宗羲入京讼冤、锥刺阉党的英勇事迹，轰动了整个京城，也传遍朝野上下。年轻的黄宗羲，给人们留下了大智大勇大孝大义的深刻印象。

加盟复社，反奸驱阮

青年时期的黄宗羲，在赴南京、杭州等地游学期间（约为崇祯三年至十七年，1630—1644），经人介绍加入了盛极一时的知识分子文化团体——复社，并且积极参与了复社领袖发起的驱逐阉党余孽阮大铖的重要政治斗争。

明朝末叶，文人结社之风遍于大江南北，一批志同道合的文人学士，组成一个团体，推举一两名才华出众者充当领袖，定期或不定期地举行集会，或者饮酒作乐、吟诗弄文，或者高谈阔论、讽议朝政，当时称这种集会叫“文会”“社集”，又叫“社盟”“社局”“坊社”等。到天启、崇祯年间，随着东林党和阉党的斗争日益激烈，文人结社也就愈益带上了浓厚的政治色彩。

在各种文社中，以江苏太仓人张溥、张采领导的复社成员最多，范围最广，影响最大。张溥字天如，号西铭，崇祯三年（1630）庚午科进士。与同里张采（字受先，号南郭）皆有文名，时称“娄东二张”。他们先是加入常熟人杨彝（字子常）和金坛人周钟（字介生）主导的“应社”，后又说服各地社会领袖，于天启五年（1625）将10多个文社联合为一个，定名“复社”。加入这个文人社会联合组织的，有江北匡社、中州端社、松江几社、莱阳邑社、浙东超社、浙西庄社、武林读书社、黄州质社、江南应社、江西则社、吴门羽朋社等，其成员达2000多人，其影响面覆盖江苏、浙江、安徽、江西、福建、湖广、贵州、山东、山西等省。①

复社的兴起，本以“尊经复古”“兴复古学”为宗旨。陆世仪《复社纪略》引张溥之言曰：

> 自世教衰，士子不通经术，但剽耳绘目，几幸弋获于有司，登明堂不能致君，长郡邑不知泽民，人材日下，吏治日偷，皆由于此。溥不度德，

---

① 谢国桢：《明清之际党社运动考》，中华书局1982年版，第133—135页。

> 不量力，期与四方多士，其兴复古学，将使异日者务为有用，因名曰复社。①

可见，创办复社的初衷，是要改变浮华文风，引导士子通经致用。但随其影响扩大，逐渐添加了政治色彩，以致卷入明末党争。赞成者目为清流，争相标榜，会集其门下；反对者视为东林余孽，必欲除之而后快。

黄宗羲对于复社的作风与行为，虽也有些微词，但还是持肯定态度，并且积极参与了复社的集会。

崇祯三年庚午岁（1630），张溥召集了复社金陵大会。正在南京准备参加科举考试（乡试）的黄宗羲，便由复社骨干周镳（字仲驭，金坛人）介绍加入了复社。在南都游学期间，黄宗羲与复社主要成员陈子龙（字卧子）、吴伟业（字骏公）、沈寿民（字眉生）、冒襄（字辟疆）、陈贞慧（字定生）等结为文友，时相过从。宗羲晚年所作《思旧录》回忆他与张溥的交往说：

> 张溥，字天如，太仓人。戊辰（崇祯元年），相遇于京师。庚午（崇祯三年），同试于南都，为会于秦淮舟中，皆一时同年，杨维斗、陈卧子、彭燕又、吴骏公、万年少、蒋楚珍、吴来之（自注：尚有数人忘之）。其以下第与者，沈眉生、沈治先及余三人而已。余宿于天如之寓。甲戌（崇祯七年），余与冯研祥同至太仓，值端午，天如宴于舟中，以观竞渡，远方来执贽者纷然。②

由此可见，黄宗羲与张溥等复社名士，是颇为惺惺相惜、意气相投的。

崇祯六年至七年（1633—1634），宗羲还在杭州多次参加了孤山读书社（又名武林读书社，隶属复社）的活动，与江浩、张岐然、沈寿民、沈士柱等一班名士读书论学。在这前后，黄宗羲很可能与其弟宗炎、宗会及宁波好友万泰

---

① 谢国桢：《明清之际党社运动考》，中华书局1982年版，第134页。

② 《黄宗羲全集》第1册，第364页。

（字履安）、陆符（字文虎）等在家乡余姚组织过“梨洲复社”，因为在现藏于上海图书馆古籍部的黄宗羲《南雷杂著》手稿真迹原件上留下了“梨洲复社”的藏书印章。

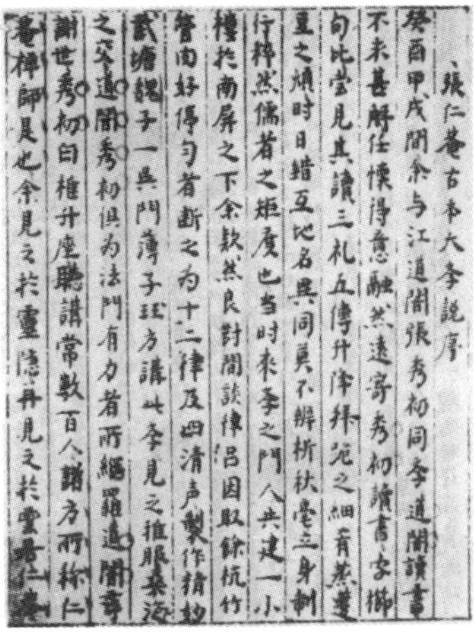

黄宗羲《南雷杂著·张仁庵古本大学说序》手稿真迹，原件现藏于上海图书馆古籍部

他在《黄复仲墓表》中称赞“三吴有复社，天下之才士清流多入其中”[①]，在《刘瑞当先生墓志铭》中记曰：

> 崇祯间，吴中倡为复社，以网罗天下之士，高才宿学多出其间，主之者张受先、张天如。东浙冯留仙、邺仙与之枹鼓相应。皆喜容接后进，标榜声价，人士奔走，辐辏其门。……其间模楷之人，文章足以追古作，议论足以卫名教，裁量人物，讥刺得失，执政闻而意忌之，以为东林之似续也。
>
> 当是时，慈水才彦雾会，姜耑愚、刘瑞当、冯玄度、冯正则、冯簟溪诸子，莫不为物望所归，而又引旁近县以自助。甬上则陆文虎、万履安。姚江则余兄弟晦木、泽望。盖无月无四方之客，亦无会不诸子相征逐也。呜呼，盛矣！[②]

从上述资料中，我们可以得知四点信息：第一，复社是一个知识分子联合型的文化团体，以复兴经学、卫护名教为己任；第二，在复社旗帜下网罗了大江南北的大多数高才宿学、清流之士，可谓人物之盛；第三，复社之士也继承了东林党人“裁量人物，讥刺得失”的议政传统，因此遭到执政者的猜忌；第四，黄宗羲在南京、杭州、宁波、余姚等地都参与了复社活动，是当之无愧的复社名士。

---

① 《黄宗羲全集》第10册，第270页。

② 《黄宗羲全集》第10册，第335—336页。

但黄宗羲较之张溥、张采、周钟、周镳、吴应箕、刘应期（字瑞生）等文坛领袖，毕竟属于后进之士，因此在复社的地位并不显赫，参与的集会也不算多。他在加盟复社以后参与的唯一比较重要的政治活动，就是带头联名发布《留都防乱公揭》（简称《留都防乱揭》），开展驱逐阉党余孽阮大铖的斗争。

张溥领导的复社，虽不免混入个别士林败类，但总的来说是坚持改革朝政、反对阉党乱政的文人社团。

阮大铖，字圆海，安徽怀宁（今安庆市）人，万历四十四年（1616）进士，天启朝任职行人司，进《百官图》投靠魏忠贤，成为阉党走狗文人。崇祯二年（1629）确定"逆案"（客魏集团）六等罪犯时，他与冯铨、顾秉谦等128人被列为第五等同谋犯，处以"徒三年，赎为民"的处罚，而避居于怀宁老家。但他贼心不死，仍图东山再起。崇祯五年（1632），由他幕后操纵，在怀宁成立了"中江文社"，企图与复社抗衡。只是由于复社名士方以智（字密之）的揭露，中江文社才昙花一现，作鸟兽散。这时，李自成领导的农民起义军攻占了安徽大部分地区，阮大铖逃到南京避难，又暗中招纳亡命徒，用金钱美女收买复社人士和当局官僚，招摇撞骗、自鸣得意，大有死灰复燃、卷土重来之势。

阮大铖的行径，激怒了复社志士。他们认为，阮大铖图谋复出，很可能成为第二个魏进忠（忠贤），必须将他赶出南京，才能消除隐患。于是，在崇祯十一年（1638）秋七月，复社人士在周镳主导下，共推吴应箕（字次尾，安徽贵池人）起草，由东林领袖顾宪成之孙顾杲（字子方）代表东林子弟、黄宗羲代表天启朝遇难的忠臣子弟带头署名，发布了声讨阮大铖罪行的《留都防乱公揭》。

《留都防乱公揭》就像一篇战斗檄文，义正词严，慷慨激昂。它淋漓尽致地揭露了阮大铖"献策魏珰，倾残善类""招纳亡命""阴险叵测"的丑恶嘴脸，表达了复社志士"但知为国除奸，不惜以身贾祸"的凛然正气。他们宣言："若使大铖罪状得以上闻，必将重膏斧质，轻投魑魅。即不然，而大铖果有力障天，威能杀士，杲亦请以一身当之，以存此一段公论，以寒天下乱臣贼子之胆！"①

① 谢国桢：《明清之际党社运动考》，中华书局1982年版，第148—150页。

这篇公揭的发表，在当时确实起了“寒乱臣贼子之胆”的作用。阮大铖吓得“杜门咋舌欲死”，于是溜到南京城外牛首山的寺庙中躲避了好几年。揭文也大长了正人君子的志气。黄宗羲与一班复社文人、东林弟子举行了桃叶渡大会，痛斥阮大铖的罪行，引起社会上的普遍震撼，就连烟花女子、梨园子弟也不愿演唱阮大铖写的颇有文采的《燕子笺传奇》了。

然而，对社会邪恶势力的道德谴责，如果没有强大的正义力量做后盾，是起不了多大实际作用的。明末复社志士的悲剧在于，整个封建统治阶级已经腐败透顶，分崩离析，明王朝已经病入膏肓，无可救药，政局已经不堪收拾。一批文弱书生（他们可能是社会上一些头脑清醒、人格高尚的知识分子）的大声疾呼，也只能是落个“有心杀贼，无力回天”的结局。

就在《留都防乱公揭》发表6年以后，即崇祯十七年（1644）春，明中央王朝就被李自成领导的农民起义军推翻了。接着，清兵入关，打败了农民军。清王朝定都北京。五月，与阮大铖狼狈为奸的明凤阳总督马士英因拥戴福王即位有功，独揽军政大权，并起用阮大铖为兵部侍郎。由马、阮掌控的弘光政权不但不积极准备抗清，反而大肆镇压正直官员和复社志士。阮大铖故伎重演，就像当年向魏忠贤进献《百官图》、编造《东林点将录》那样，编造了一份《蝗蝻录》，诬指东林党人为蝗，复社人士为蝻，并按《留都防乱公揭》的联名名单一一搜捕复社人士，企图一网打尽。他首先以“从贼”罪名杀害了与农民军有过联系的复社领袖周钟，又牵连周钟的堂兄周镳，将周镳害死在狱中。那些列名公揭的复社人士或被杀，或被捕，或逃亡，黄宗羲与顾杲一起被捕入狱。第二年五月，清军攻下南京，弘光政权瓦解，黄宗羲才得以乘乱脱身，回到家乡。宗羲晚年回忆此事时讽刺说：“弘光南渡，止结得《留都防乱公揭》一案也。”[①]这桩公案虽然了结，而黄宗羲“半生濒十死”的艰苦经历，还只是开了个头。

---

① 《黄宗羲全集》第10册，第394页。关于复社驱阮一案，诸本记载略有出入，而黄宗羲系亲身经历，所记较为可靠。详见《黄宗羲全集》第10册，第395—397页。

毁家抗清，十死无怨

黄宗羲晚年曾作《怪说》一文，回忆说：

> 自北兵南下，悬书购余者二，名捕者一，守围城者一，以谋反告讦者二三，绝气沙墠者一昼夜，其他连染逻哨之所及，无岁无之，可谓濒于十死者矣！①

这是梨洲先生在抗清斗争中所历艰险的真实写照。

明崇祯十七年甲申岁（清顺治元年，1644）三月，李自成农民军攻占北京，崇祯皇帝在煤山上吊自杀，宣告了明朝中央政权的覆灭。接着，李自成兵败山海关，退回北京，草草登基称帝，改国号为“大顺”。前明总兵吴三桂招引清兵大举入关。清军在摄政王多尔衮率领下打败了李自成农民军，很快占领北京，建立了全国性的大清政权。次年五月，清军挥师南下，很快就占领陪都南京，瓦解了南明弘光政权的统治。接着，豫亲王多铎率部向浙江推进。六月十三日，杭城失守，明军溃散，潞王朱常涝投降。当时黄宗羲在杭州见到友人熊开元（字鱼山），两人“感慨时事，呜咽而别”。黄宗羲的老师刘宗周得知潞王投降、杭城失守的消息后，感到明朝大势已去，他也无力回天了，于是痛哭说：“这是我以身殉国的时候了。”从此开始绝食。黄宗羲听说恩师绝食，急忙从余姚步行200里路赶到绍兴郊外的山村探望。到达时，宗周已绝食20天了。宗羲不敢大哭，只是热泪盈眶地向老师诉说来意。宗周已经奄奄一息，唯有点头而已。探望之后，宗羲又徒步返回余姚，侍奉母亲暂避乡下观望形势。

这年闰六月初九日，原明九江道佥事孙嘉绩（字硕肤）和吏科给事中熊汝霖（字雨殷）号召民众冲进县衙，杀了清廷委任的余姚县令王元如，从而在浙东地区举起了第一面反清的义旗。参加起义的民众积极响应，几天之内，队伍

---

①《黄宗羲全集》第11册，第70页。

就发展到数千人。余姚首义，震撼了浙东，起义很快蔓延到绍兴、宁波、慈溪等府县。六月十一日，绍兴府秀才郑遵谦杀了清朝招抚使，在绍兴举义，并推举原明大理寺丞章正宸（字格庵）出面主持大局。十二日，原明刑部员外郎钱肃乐（字希声）等在宁波聚众举义。本来已准备降清的定海总兵王之仁也率兵响应，主动接受肃乐约束。还有原明兵部尚书张国维也在家乡积极组织乡民，武装抗清。六月二十七日，各路义军从台州迎接鲁王朱以海到绍兴，打出监国旗号，以顺治三年（1646）为监国鲁王元年。于是，长达8年（1645—1653）的浙东抗清斗争开始了。

当熊汝霖、孙嘉绩在余姚举兵反清时，黄宗羲立即积极响应，他与弟弟宗炎、宗会商议，变卖家产以作抗清经费，集合了家乡黄竹浦一带600多名青壮年农民组成一支义军，跟随熊汝霖、孙嘉绩的义军去迎接鲁王朱以海。当时，人们称黄宗羲兄弟领导的黄竹浦义军为"世忠营"，期望他们像南宋抗金名将韩世忠那样在抗清斗争中建功立业。次年二月，鲁王任命黄宗羲担任兵部职方司主事。宗羲请求以"布衣"从军，但未获准许。不久，又因大臣柯夏卿与孙嘉绩等人交相举荐，改任黄宗羲为监察御史兼职方司主事。

在追随监国鲁王抗清期间，黄宗羲提出了不少深谋远虑的战略主张，也提出过许多积极进取的策略，但大部分都未被采纳。

鲁王政权建立不久，几十支义军北渡钱塘江，虽曾屡次挫败清军，但主将王之仁、方国安等目光短浅，一味图保自己实力，主张以钱塘江为界"划江而守"，甚至提出"划地分饷"的分裂性政策。这年（1645）十一月，曾经祸害了南明弘光政权的马士英和阮大铖率残兵败将逃到浙东，投奔鲁王麾下大将方国安，还想朝见鲁王。鲁王没有同意，把这事拿到君臣会议上讨论。群臣义愤填膺，大多主张杀马士英以正其罪。但督师熊汝霖担心马士英挑拨方国安，以致酿成意外，就出面调和说："现在不是杀马士英的时候，还是让他立功赎罪吧。"时任兵部主事的黄宗羲坚决反对这种不分是非的和稀泥态度，对熊汝霖说："（士英）非不当杀，（诸臣）但不能杀耳。然《春秋》之义，孔子亦岂能杀陈恒？固不可言不当杀也。”[①]熊汝霖只好认错。

这年十二月，为宣示鲁王继承明朝政权的正当性，鲁王铸造了“大明通宝”钱币发行于浙东。黄宗羲则受命编制了《监国鲁元年丙戌大统历》，由鲁王颁行于浙东地区。

监国鲁王元年（1646），鲁王政权以绍兴为根据地，继续与清军对抗，也曾取得几场小战役的胜利，如该年三月，“王之仁率水师袭战，乘风碎北船数十只。郑遵谦获铁甲八百余副”；四月，“王正中率师渡海盐，破澉浦城”，也算小胜。但大将王之仁坚持保守策略，不思进取。黄宗羲曾致书王之仁，指出保守策略的危险性，他分析说：“诸公何不沉舟决战，由赭山直趋浙西？而日于江上放船鸣鼓，攻其有备，盖意在自守也。蕞尔三府，以供十万之众，北兵即不发一矢，一年之后，恐不能支，何守之为！”又说：“崇明江海之门户，曷以兵扰之，亦足分江上之势。”[②]之仁与行朝诸臣虽然同意黄宗羲的看法，却不能付诸实践。

该年五月，鲁王加封督师孙嘉绩、熊汝霖为东阁大学士，但无实权。孙嘉绩将所部火攻营交给黄宗羲指挥。宗羲便与王正中联合，组成一支3000人的队伍，又联合查继佐所部义军，一同西行渡海，驻扎在潭山。浙西抗清义军的首领陈潜夫（南明太仆寺卿）、宋大定（尚宝司卿）、吴乃武（兵部主事）等率军与黄宗羲军会师，并自愿受其约束。这支义师队伍十分严整，前锋直抵乍浦城下。宗羲又与城内义士孙爽约定，准备里应外合，夺取乍浦。但这时清军主力已抵乍浦不远，且已做了渡江东进准备，因此王正中部作战失利。五月底，钱塘江水位猛降，而守卫南岸的方国安却恃险无备，清军乘夜策马过江，致使浙师大败。六月初一，清军占领绍兴，大臣张国维、主将王之仁战死。方国安劫持鲁王朱以海出逃，后与马士英、阮大铖一起降清。

这次败绩，史称“浙河兵溃”或“江上兵溃”。黄宗羲非常痛心地评论说：

---

① 《黄宗羲全集》第2册，第129页。

② 《黄宗羲全集》第12册，第6页。

> 当义旗初建，士民喟然有吞吴、楚之气，方、王肯受约束，趋死不顾利害，竟渡钱塘江。此时，北师之席未暖，三吴豪杰，寻声而响臻，未必不可与天下争衡也。某尝与王之仁言："公等不从赭山以下进师，而攻其有备，意盖在自守也。蕞尔两府，以供十万之众，即北师坐视不发一矢，一年之后，亦涤地无遗类矣。"之仁韪其言而不能用，日与两督师争长短，一死不足赎也。①

江上兵溃，对浙东抗清事业是个沉重打击，但黄宗羲的抗清斗志并没有丝毫动摇。他毅然率领残部500余人退入浙江的四明山区，驻军杖锡寺内，意在结寨固守，作为抗清根据地。六月二十日，为了访求鲁王的下落，黄宗羲化装外出。临行，告诫部将茅瀚、汪涵要团结山民，严禁部众骚扰民众。但宗羲走后，部下不听节制，抢夺粮食，激起民愤。山民烧毁了杖锡寺，茅、汪二将被烧死，余众也被清兵围歼。宗羲无营可归，不得不潜回余姚家中，伺机再起，又因清政府悬赏捉拿他的缉捕令一再下达，宗羲被迫奉持老母，携带妻儿，避居化安山丙舍。1648年，又回到黄竹浦故居隐居。

鲁王朱以海得知方国安将出卖自己投降清朝，遂从营中逃出，在张名振、郑彩等人保护下，先到舟山，再南下入闽，在海上重立监国旗号。其部下也曾一度收复福建沿海三府一州二十七县。但由于鲁王政权内部文武臣僚相互倾轧，以致得地复失。监国鲁王四年（清顺治六年，1649）七月，鲁王由闽入浙，驻军于健跳所（今属浙江省临海市）的海面上。黄宗羲闻讯前往归队。鲁王任命他为左佥都御史，接着又提升他为左副都御史。这时，黄宗羲多么希望鲁王政权大有作为！他上书鲁王，极力推荐在四明山抗清斗争中建立战功的王翊，请求鲁王委以重任。但这个建议遭到定西侯张名振的反对，鲁王也只给了王翊河南御史的虚衔。

这时的黄宗羲虽然名列大臣，却无兵权，政策建议又不被采纳，实际上是英雄无用武之地。于是，他每日与礼部尚书吴钟峦（字峦稚）坐在海船之中，

---

①《黄宗羲全集》第2册，第131页。

读书论学之外，就潜心研究、注解《授时历》《西洋历》《回回历》等历书。这年八月，听说清政府下令，将所有不肯降顺的明朝官员的家属登记上报，黄宗羲担心母亲受到株连，叹息说："主上以忠臣之后仗我，我所以栖栖不忍去也。今方寸乱矣，吾不能为姜伯约矣。"[①]于是，黄宗羲上书鲁王，请求回家奉养母亲，以尽人子之孝。鲁王亦准其所请，同意他改换姓名回家料理。不久，鲁王移驻舟山，又召宗羲返朝。宗羲以抗清大局为重，回到了监国行朝。

监国鲁王四年（清顺治六年，1649）冬天，鲁王听从荡胡伯阮进和定西侯张名振的上疏建议，任命澄波将军阮美为使臣出使日本，请求日本派兵援明。同时，任命兵部右侍郎冯京第及左副都御史黄宗羲作为监军官员同行。他们从舟山普陀出发，渡海到达长崎和撒斯玛岛（一译萨斯玛，即日本九州南端的鹿儿岛）。虽然受到日本藩王的接待，然而藩王并未答应派兵。根据黄宗羲《行朝录·日本乞师》的记载，日本不愿或不能派兵援明的原因主要有三个：一是由于当时日本发生杀死西洋传教士的案件，西洋人借机复仇，"大舶载炮而来，与日本为难，日本讲解始退"，南明乞师的时机不对，故"不得要领"而返；二是使者队伍里有被日本驱逐的中国僧人，日本因此不愿派兵；三是日本自宽永时代[②]以来，"承平久矣，其人多好诗书……故老不见兵革之事，本国且忘武备，岂能渡海为人复仇乎！"[③]所以，南明政权多次乞师日本都以失败告终。出使归来以后，宗羲在行朝人微言轻，势单力薄，眼见事不可为，故不再在行朝任职，而回故乡隐居。

监国鲁王五年（清顺治七年，1650），清军加紧镇压四明山和舟山地区的抗清志士，对查获与义师有牵连的人及其家属，或逮捕囚禁，或立即杀害。黄宗羲与四明山抗清名将冯京第、王翊，均被悬赏通缉。但宗羲并未放弃抗清斗争，

---

① 《黄宗羲全集》第12册，第7页。

② 宽永是日本后水尾天皇、明正天皇、后光明天皇共用的年号，相当于明熹宗天启四年至清顺治元年即公元1624年至1644年间，实权掌握在德川幕府的第三代将军德川家光（1604—1651）手里。

③ 民国学者梁启超与近人谢国桢对梨洲乞师之说有所质疑，认为时间不对。然而翁洲老民之《海东逸史》、全祖望之《梨洲先生神道碑文》、黄炳垕之《黄梨洲先生年谱》、李聿求之《鲁之春秋》均确认其事。拙著《黄宗羲遗著考（二）·行朝录考》列举5条证据考定梨洲确有乞师日本之行，并撰著了《日本乞师记考》。详见《黄宗羲全集》第2册，第561—564页。

他曾携带鲁王密信（帛书）试图联络金华地区义师，但以失败告终。当年七月，清军进攻四明山寨的大兰山基地，义军被歼，首领冯京第、王翊均被杀害。

监国鲁王六年（清顺治八年，1651）夏秋之交，黄宗羲得知清军将进攻浙东抗清根据地舟山，于是秘密派人入海向鲁王报警。九月，清军果然大举进攻舟山。鲁王部下经过顽强抵抗之后，终因寡不敌众，被清兵攻下了舟山城。在舟山保卫战中，大将军阮进、刘世勋，都督张名扬等在杀伤敌兵千余人后壮烈牺牲，大学士张肯堂、礼部尚书吴钟峦等自杀殉国，吏部侍郎朱永佑、兵部尚书李向中等被捕后不屈而死。

鲁王失去根据地后，在定西侯张名振（字侯服）、兵部左侍郎张煌言（号苍水）等的保护下漂泊海上，依附于郑成功。鲁监国八年（清顺治十年，1653）三月，大势已去的鲁王朱以海在金门岛宣布取消"监国"称号，从而也宣告了浙东抗清斗争的彻底失败。黄宗羲痛定思痛，在其所著《行朝录·鲁王监国纪年》的末尾以"史臣"名义评论说：

> 史臣曰：上自浙河失守以后，虽复郡邑，而以海水为金汤，舟楫为宫殿，陆处者惟舟山二年耳。海泊中最苦于水，侵晨洗沐，不过一盏。舱大周身，穴而下，两人侧卧，仍盖所下之穴，无异处于棺中也。御舟稍大，名河船，其顶即为朝房，诸臣议事在焉。落日狂涛，君臣相对，乱礁穷岛，衣冠聚谈。是故金鳌橘火，零丁飘絮，未罄其形容也。有天下者，以兹亡国之惨，图之殿壁，可以得师矣！①

清顺治十一年（1654），已经投奔南明永历政权的定西侯张名振派出密使与黄宗羲等人联络，但密使行至天台即被清兵俘获，于是清政府又到处搜捕黄宗羲。顺治十三年（1656），慈溪抗清义士沈尔绪被人告发。清政府认为黄宗羲是主谋，又四处张榜缉捕黄宗羲。在这几年颠沛流离、艰难困苦的生活中，黄宗羲一家也累遭祸殃。其弟黄宗炎因为参与了四明山冯京第的抗清斗争，被清军抓

① 《黄宗羲全集》第2册，第141页。

获打入死牢，险些被处死，幸赖万氏友人设计营救才得以死里逃生。在顺治十二年（1655）末至次年四五月间，黄宗羲最疼爱的聪明伶俐的小儿子阿寿在除夕不幸夭亡，二儿媳孙氏和另一个孙子也都因遭逢乱世、家贫无力治病而相继离开人间。黄宗羲悲痛万分，破例为5岁夭亡的寿儿写下了《亡儿阿寿圹志》，并用6首哭儿诗作为墓志铭。儿媳客死他乡、孙儿又因出痘夭殇后，宗羲悲痛地写下了2首题名《子妇客死一孙又以痘殇》的悼亡诗，诗云：

> 朅来四月叠三丧，咄咄书空怪欲狂。
> 八口旅人将去半，十年乱世尚无央。
> 不知负行缘何事？如此忧心得不伤！
> 白日独行城郭内，莽然墟墓觉凄凉。
>
> 滑滑声来古渡边，两僮舁椟下江船。
> 干戈尚阻离人哭，风雨不飞买路钱。
> 遮骨蓬蒿怜一尺，惊心花鸟怨千年。
> 虽知聚散徒为尔，临水登高总泫然！[①]

这被乱世干戈阻断的人世亲情，岂不令人遗恨千年！难怪这位正值中年即已自称“梨洲老人”的思想家，要痛心疾首地批判揭露君主们“屠毒天下之肝脑，离散天下之子女，以博我一人之产业，曾不惨然”的滔天大罪，从而得出“为天下之大害者，君而已矣”的结论了。这既是黄宗羲理性思想的表达，也是梨洲老人亲身经历的感性体验。后来，在康熙元年壬寅（1662）二月与五月，黄宗羲本来已经支离破碎的龙虎山堂故居和黄竹浦故居接连遭遇火灾，他被迫前往蓝溪河畔的陆家埠暂居。他在《五月复遇火》一诗中写道：

> 局促返旧居，鸡犬共一轩。

① 《黄宗羲全集》第11册，第229页。

缩头床下雨，眯眼灶中燔。
南风怪事发，正当子夜前。
排墙得生命，再拜告九圆。
臣年已五十，否极不终还。
发言多冒人，举足辄违天。
半生滨十死，两火际一年。
莫言茅屋陋，宾客非等闲。
鬼目不相瞷，而逊华堂坚。
其理不可解，辨说空田田。
昨者刘伯绳，为我不安眠。
仆本方外人，岂终保丘园！①

虽然是“八口旅人将去半”并且“临水登高总泫然”，尽管“臣年已五十，否极不终还”，“半生滨十死，两火际一年”，但人生道路上的种种苦难与打击，并没有使这位梨洲老人低头屈服，反而磨砺了他的意志，丰富了他的社会经验，深化了他的理性思考。他在抗清斗争失败后，告别了刀光剑影的戎马生涯，而致力于讲学著书的学术事业。他在后半生近40年的人生经历中，用自己充满战斗激情的文笔，写下了大量有关政治、历史、哲学、文学的著作。这些著作闪耀着时代的光辉，记录了一位文化巨人的历史贡献，也奠定了黄宗羲作为伟大思想家的历史地位。

① 《黄宗羲全集》第11册，第246页。

第三章　学术活动：矢志著述，创立学派

从学蕺山，博览群籍

黄宗羲生长在书香门庭，从小就受到严格的家庭教育，养成了良好的读书习惯。他跟随父母在北京的御史官邸生活时，父亲每天都要他完成八股制义的功课，而宗羲喜欢偷看那些野史、小说。几十年以后，他在回忆母亲生平事迹的文章中追述当时读书的情景说：

> 宗羲此时年十四。课程既毕，窃买演义，如《三国》《残唐》之类数十册，藏之帐中。俟父母熟睡，则发火而观之。①

终于有一天，这些闲书被父亲发现了。父亲将此事告知母亲，母亲怕儿子耽误做八股文的功课，所以希望黄尊素出面禁止。但这位父亲还算开明，他说，如果禁止黄宗羲读野史、小说，可能会伤害他的豪迈之气，影响他的探索精神，还是让他用这类书去启发智慧吧！从此，母亲虽不反对儿子读小说，却经常偷看儿子读书时的心得批注，而且始终不让儿子知道父亲发现他偷看杂书这件事。此事说明宗羲在少年时代就不热衷科名，而喜欢博览群书、独立思考。其父母

① 《黄宗羲全集》第11册，第24页。

虽然望子成龙，却也给了他自由发展的空间。这对他后来揭露批判科举制度的流弊，提倡经史并重、切于民用的“经世”实学是有很大影响的。

崇祯元年（1628）秋天，黄宗羲护持着父亲的灵柩从北京回到家乡。正式办理丧事时，已经入冬了。父亲的好友蕺山先生刘宗周专程从绍兴来余姚吊唁亡友，他用衣袖拂去棺木上的仆仆风尘，不禁悲从中来，放声痛哭而去。当初，黄尊素被逮押送京城时，刘宗周亲自为之饯行。临别时，尊素谆谆嘱咐儿子要拜蕺山先生为师，刻苦攻读经史。次年春天，宗羲即遵照父亲遗训，到郡城绍兴拜刘宗周为师。同时，刻苦自学，博览群书，广交朋友，切磋学问。崇祯二年到崇祯十七年（1629—1644）这段时间，可以说是黄宗羲拜师、读书、游学、交友的黄金时期。其间虽参与了一场驱逐阉党余孽阮大铖的政治运动，但绝大多数时间是在读书学习。

黄尊素之所以训命儿子拜刘宗周为师，是因为刘宗周不仅是当时的大儒，而且是朝廷直臣、东林诤友，且与黄尊素私交甚笃。

刘宗周（1578—1645），字起东，号念台，学者称念台先生，因其讲学于蕺山，故又称蕺山先生。浙江绍兴人。他于万历二十九年（1601）登进士，在万历、天启两朝历官行人司行人、礼部主事、光禄寺丞、尚宝司少卿、太仆寺少卿、通政司右通政。他是最早弹劾宦官魏忠贤的官员，在天启元年（1621）魏阉羽毛未丰时，即上疏弹劾魏进忠和客氏，而被罚俸。天启五年（1625）二月，朝廷命他升任通政司右通政，他连上三疏辞官，并再次上疏弹劾魏忠贤，于是奉旨“革职为民，追夺诰命”。崇祯朝，历官顺天府尹（首都行政长官）、工部左侍郎、吏部左侍郎、都察院左都御史（相当于现在的监察部部长），又屡因忠正直谏而被革职夺官。南明弘光朝，复起为左都御史。弘光覆亡，浙江失守，刘宗周坚守臣节，绝食20日而死。死后，南明鲁王谥曰“忠端”，唐王谥曰“忠正”，清乾隆又追谥曰“忠介”。刘宗周虽然通籍45年，但在朝为官累计4年多，大半时间是在野讲学著书，曾先后讲学于绍兴证人书院和京师首善书院。其学以慎独、诚意为宗旨，而成为明末大儒。据董玚《蕺山弟子籍》记载，正式记名于蕺山先生门下的弟子有百余人，全祖望的《子刘子祠堂配享碑》则列举了“其学行不愧师门者三十五人”，其中多数在明清嬗替之际坚持大义大节，或殉国，或遇难，或守节隐居。其中比较著名者如顺天金铉（字伯玉）、山阴祁彪佳（号世培）、余姚章正宸（字羽侯）、孙嘉绩、武进吴钟峦、台州吴执御（字朗公）、松江陈子龙、嘉善陈龙正（号几亭）、会稽王毓蓍（字玄趾）、金坛周镳、海宁陈确（字乾初）、祝渊（字开美）、会稽王毓芝（紫眉）、余姚王业洵（字士美）、山阴秦弘佑（字履思）、诸暨陈洪绶（字章侯）、余姚黄宗羲、黄宗炎、黄宗会、董玚（原名瑞生）、余姚姜希辙（字二滨）、山阴张应鳌（字奠夫）、武进恽日初（字仲升）、嘉善魏学濂（字子一）、杭州冯悰（字俨公）、江浩、钱塘张岐然、长洲周茂兰（字子佩）、慈溪刘应期、桐乡张履祥（字考夫）等，皆为蕺山高徒，其学问、行事与名节均有可称者。

但黄宗羲这次跟随老师的时间很短，不过三四个月，就因刘宗周被重新起用为顺天府尹而暂时中断。①

崇祯三年（1630），黄宗羲寄身于南京叔父的官邸读书。当时，他叔父黄等素（字白厓）正在留都南京任应天府经历，黄宗羲侍奉祖母卢太淑人住在叔父官邸。于是，他一面读书，一面游学交友。他与很多文人名士就是在这一时期有了交情。如时任南京国子监照磨的番禺名士韩上桂性格豪爽，擅长诗赋，并向黄宗羲传授了诗法；时任南京工部右侍郎的文坛领袖何乔远（号匪莪，晋江人）主动吸收黄宗羲为诗社成员；金坛名士周镳介绍黄宗羲加入了复社。他的朋友、宣城名士沈寿民劝宗羲重理科举之业，准备应考。于是，他在南京参加了乡试。但满腹经纶的黄宗羲榜上无名，落第还乡。当他返乡途经京口（镇江）时，遇见了曾任内阁大学士的文震孟先生，文阁老邀请宗羲一起乘船到苏州。舟中，宗羲呈上落场答卷给文阁老看。文十分欣赏宗羲的才华，勉励他说："你以后当以古文鸣世，一时得失不足计也。"这次科举落第，对黄宗羲是极大的教育，使他看到了科举制度的弊端。此后，他虽然遵从母命而与宗炎、宗会兄弟

---

①按：（清）黄炳垕《黄梨洲先生年谱》"崇祯二年"条记载梨洲邀吴越名士60余人"共侍讲席，力摧石梁（陶奭龄）之说"，记述时间有误。考刘汋《蕺山刘子年谱》及梨洲《思旧录》等书，宗周于崇祯元年（1628）十一月受命"起升顺天府尹"，次年正月"疏辞，不允"，六月赴任，故无暇组织重大讲学活动。至崇祯四年（1631）三月，宗周赋闲在家，"始大会同志于陶石篑先生祠，因以证人名其社"，同主事讲学者有陶石梁，次年，始有石梁弟子另立白马会之事。

参加过两次乡试，但对时文制艺一类八股文章已无多大兴趣，也不将登第作为目标，而将读书重点放在苦读经史和诸子百家之书上。后来，宗羲在《明夷待访录》中严厉批判科举制度，指出“取士之弊，至今日制科而极”，认为当时取士制度只有科举一途，堵塞了许多豪杰之士的进取之路，因而提出了拓宽取士途径的“取士八法”。这些思想的产生，显然与他年轻时参与科举考试蒙受挫折的经历有着因果关系。

崇祯四年（1631）春，刘宗周再次被革职，回到家乡讲学著书。黄宗羲再次从学蕺山。这年三月，他与同邑名士陶奭龄（号石梁）共举越城证人之会（或称证人社，俗称证人书院），集合同志、门生大开讲会。刘宗周为证人社制订了社约、社规，并确定每月三日举行讲会，由刘蕺山与陶石梁担任主讲。三月三日的首次大会，来听讲的缙绅、学士竟有200多人，可见其盛况。但刘、陶为学宗旨不同，刘子主“慎独”，而陶氏则近禅，所以不久便分道扬镳。陶氏另立分会于白马山，开门授徒，所讲都是佛教因果之说。黄宗羲认为非常荒谬，力驳陶氏邪说。他又邀集吴、越名士40余人（一说60余人）至刘宗周门下听讲。从此，蕺山门人日益增多，“慎独”之说也得到广泛传播。但正如黄宗羲自己在数十年后总结从学蕺山的经历时所说：

> 先生与陶石梁讲学。石梁之弟子，授受皆禅，且流而为因果。先生以意非心之所发，则无不起而争之。余于是邀一时知名之士数十余人执贽先生门下，而此数十余人者，又皆文章之士，阔远于学，故能知先生之学者鲜矣。
>
> 先生诲余虽勤，余顽钝终无所得。今之稍有所知，则自遗书摸索中也。[①]

除两次从学刘蕺山之外，黄宗羲在崇祯时期的大部分时间还是自学与游学。当初，黄尊素在被押赴京的路上曾告诫宗羲说：“学者不可不通知史事。将架上

① 《黄宗羲全集》第1册，第341—342页。

《献征录》涉略可也。”（黄炳垕《黄梨洲先生年谱》）于是，宗羲遵照父亲遗训，开始有计划地读书。他先从明代十三朝《实录》读起，再读二十一史，“每日丹铅一本，迟明而起，鸡鸣方已，两年而毕”。他“通知史事”的目的当然是为了“致用”。他还钻研了“四书五经”等儒家经典，广泛研读了诸子百家之书，以及天文、地理、历法、数学、音乐、佛教、道教等方面的书籍，甚至对耶稣会教士传入的西方科学著作如历学、算学之书，也认真地做了研究，并写了10多种历算学研究专著。这为他以后成为博学多识的一代学术大师，奠定了坚实的知识基础。

根据黄宗羲《思旧录》以及全祖望《梨洲先生神道碑文》与黄炳垕《黄梨洲先生年谱》等资料的记载，崇祯二年至十五年（1629—1642），即黄宗羲20岁至33岁这段时间，是他读书、游学、论交的黄金时期。其读书交游的地域，以余姚、绍兴、杭州、苏州、南京五地为主，足迹遍布于浙、苏、皖数省。与其过从密切、友情笃厚的，上至名宦大臣，下至普通学子，数以百计。如他曾在崇祯三年、九年、十一年、十二年、十四年、十五年，多次游学、应试，结交了很多名士。与复社名士张溥、张采、周镳、杨廷枢（字维斗）、陈子龙、吴伟业、万寿祺（字年少）、沈寿民时相过从，常在秦淮河的小舟中举行文会，不仅参加何乔远的诗社，并与南中词人汪逸（字遗民）、林古度（字茂之）、黄居中（字明立）、林云凤（字若抚）、闵景贤（字士行）等相交甚契。还积极参与了崇祯十一年（1638）的复社名士声讨阮大铖的桃叶渡大会、崇祯十二年（1639）的南京国门广业社的文人集会，与江右张自烈（字尔公）、宣城梅朗中（字朗三）、宜兴陈贞慧、广陵冒襄、商丘侯方域（字朝宗）、桐城方以智过从甚密，几乎“无日不相征逐”。其中侯方域是花花公子，每当酒会，必定要招妓女陪酒，宗羲实在看不过去，就对主持人张尔公说：“朝宗的父亲还在坐牢，怎么能这样做呢？”尔公回答说：“朝宗的本性大概是不耐寂寞吧！”宗羲说：“如果一个人不耐寂寞，则亦何所不至！我辈不说，就是损友了。”尔公点头称是。以后，清兵南下，侯方域率先投降，大概也是“不耐寂寞”的必然结果吧。在众多坚持民族气节的复社名士面前，他真应验了黄宗羲的“损友”之说。而在这批名士中，与黄宗羲交往最密且最令梨洲老人难以忘怀者，莫过于安徽宣城的沈寿民、沈寿国兄弟了。宗羲在《思旧录》中追忆其交往始末说：

沈寿民，字眉生，宣城人，移寓南京。余十七岁遭难，往来都中……无暇更理经生之业，不读书者五年矣。庚午（崇祯三年），至南京，邂逅眉生，为之开导理路，谆谆讲习，遂入场屋。癸酉（崇祯六年），访我于黄竹，不遇而去。至武林，与余同寓孤山，诗酒流连月余。戊寅（崇祯十一年），余访眉生于宛陵……阮大铖党祸起，眉生变姓名至金华，不相闻问。然余逢急难，必梦投眉生之家，痛哭而醒。戊戌（顺治十五年），邹文江来，始得眉生消息，已返家园，作诗寄之。……庚戌（康熙九年），得眉生手书，余诗所谓"春尽来书岁暮收，从前犹胜竟沉浮"是也。

乙卯（康熙十四年），有客自长洲来，接眉生书云："知己之难久矣，梨洲先生之于弟，与弟之于梨洲先生，今世才一见耳。世路羊肠，跼天蹐地，不敢逾咫尺，先生悉此情哉！初意道驾西来，不腆敬亭，愿撰杖履，自此陟黄鹤，渡浙江，下严濑，买舟而东，拜吾太夫人堂下。日复一日，好音不续，此志渐颓。眼中之人老矣，而弟尤甚，奈之何哉！道旨愧未亲承，然于诸时贤传诵，颇窥什一。'古今生知惟尧，学知惟舜，大禹口口说艰说难，殆困知也。'旨哉言乎，佩服佩服！"书筒上书："四月廿日濑江寄。"而眉生之卒，在五月三日，相去仅十有二日，则此书是绝笔也。……

沈寿国，字治先，眉生弟也。庚午，同试南都。……戊寅，余至宛陵，宿于市肆，明日，欲抵安庆。治先知之，来肆中，将余襆被强搬去，拉予同入城，则麻孟璇、梅朗三、徐律时、颜庭生十余人，已角巾葛袍，出迎于路矣。遂寓徐乾岳之家，款留近十日。将行，出宿治先家。余卧后，治先发吾拜匣，空无所有，以五十金置其中，锁如故。迟明，余始知之，谓治先曰："此子会银也，凡人窘则举会，奈何以饷余乎？"治先曰："子途中不比吾家中也。"……以肩舆送至池洲，又寓书青阳吴空之钟馈金，其交情如此。[①]

① 《黄宗羲全集》第1册，第352—354页。

这生动揭示了黄宗羲与沈寿民兄弟的深厚友谊。宗羲更在《感旧》诗中印证了与沈氏兄弟的亲密友情："敬亭二沈最交亲，一别于今十二春。已脱从前钩党祸，如何犹作不归人？"[①]

又如在杭州时，黄宗羲与武林读书社诸君子如张岐然、江浩、冯悰、闻启祥（字子将）、严调御（字印持）等交往甚笃。他们经常读书论文于杭州城中、孤山脚下。当时，黄宗羲对《十三经注疏》颇感兴趣，并且重视经传之名物象数。此外，宗羲还疏证了《汉书·地理志》，并研究乐律，撰写了《律吕数义》[②]。读书社的人们敬佩他深得《论语》《周易》之精髓，讲论儒家经典时能够"凿空新义，石破天惊"。

在家乡余姚，黄宗羲与甬上（今宁波市）名士陆符、万泰订交。他与陆符、万泰最称至交，不但序其文、为之写作墓志铭，而且在自己的诗文中多次称述其交情，对两人的诗文、人格推崇备至。其《万悔庵先生墓志铭》（写于顺治十六年已亥宗羲五十岁时）记曰：

> 予束发出游，于浙河东所兄事者两人，曰陆文虎、万履安。两人皆好奇，胸怀洞达……世间嵬琐解果之士，文虎直叱之若狗；履安稍和易，然自一揖以外，绝不交谈，其人多惶恐退去。……诗坛文社，三吴与浙河东相闭隔，而三吴诸老先生皆欲得此两人为重，浙河东风气渐开，实由此两人。
>
> 文虎既死，履安只轮孤翼，然其好奇日益甚。……大兵渡浙，一时士人讳言受职，皆改头换面充赋有司，而公车之征，先生独不行。当是时，先生遁迹榆林，丧其夫人，已又丧其太夫人，翰林之书卷青毡，荡于兵火。

---

① 《黄宗羲全集》第11册，第223页。

② 《黄宗羲全集》第10册，第457页。按：宗羲在文中自称"余疏《汉书·地理志》"："余著《律吕数义》，仁庵与薄子珏、魏子一取余杭竹管肉好均者，截为十二律及四清声，吹之以定黄钟"，今梨洲遗著中未见其汉志疏证及律吕著作，仅黄百家、全祖望著录了《律吕新义》。盖因少时之作不足传世，而《律吕新义》则《律吕数义》之改本也。

先生一病三年，炊烟屡绝，形废心死，然友人高中丞在狱，予弟晦木犯难，犹能以奇计出之。先生既无心于当世，庙堂著作，坊瓦摸勒，凡士林之所矜贵者，一不以寓目。……间或出游，则多与失职之人聚于野店僧寮，闻一奇事，咨嗟而乐道之……

先生讳泰，字履安，晚年自号悔庵。……举崇祯丙子乡试，郁然领袖名士。十年流落，饥渴寒冻，未尝不为江湖所传诵，正复不恶。然方其盛时，交游满地，事有不可言，风波消铄且尽，先生间行过之，荒台天末，彷徨而不能去。先生即好奇乎？而抑郁憔悴，已见之于发容矣。盖先生本用世之才，售答俄顷，悬然天得，置之寂寞，非其所长，而乃忍人之所不能忍，斯真可谓之好奇者也。……自文虎死后，先生始为诗文。文虎之诗以才，先生之诗以情，皆有可传。当其渡岭，则酸咸苦辣之味尽矣。……忆晦冥之际，予过甬上，文虎新死，先生病疟，翦烛相对，凄惋欲断，是日先生之疟为之不发。十年以来，岁必相过再三。每一会合，破涕收泪，竟不知其身在困顿无聊之中也……[①]

其《陆文虎先生墓志铭》（写于康熙十六年丁巳宗羲六十八岁时）记曰：

陆文虎先生卒三十有二年，其丧尚在浅土，未亡友黄某泫然而叹曰："是余之罪也夫！"乃告于世之为郭元振者，而使契家子万斯大董其事，某月某日葬于城西之外，忆其平生崖略而志之。

先生讳符，字文虎。陆氏世为宁波望族。……四岁时，大父引置膝上，口授以杨忠愍草疏传奇，先生对客辄抗声高唱，意若深慨慕之者。……先生风貌甚伟，胸贮千卷，謦欬为洪钟响，一时士大夫听其谈论，皆以为陈同甫、辛幼安复出……举（崇祯）壬午顺天乡试，监国时赐进士出身，授行人司行人，奉使闽中，不果行。……丙戌（顺治三年）十月初十日卒，年五十。……

① 《黄宗羲全集》第10册，第297—299页。

> …………
>
> 余束发出游，吴来之谓子乡陆文虎志行士也，归而纳交于先生。从此左提右挈，发明大体，击去疵杂，念终身偲偲之力，使余稍有所知者，眉生与先生二人而已。在武林两京，余晨出循通衢委巷搜鬻故书，薄暮一僮肩负而返。先生邀之要路，信宿还书，必向余述其梗概，如此盛事，于今那复可得！……[①]

由这两篇墓志铭，我们可知黄、陆、万三人交情之深厚。他们不仅是共读诗书的文坛至交，而且是共同抗清的战友。后来，黄宗羲作回忆旧友的《感旧》诗14首，其中有2首写他与陆符、万泰的友情，其一曰："高谈不见陆文虎，深识难忘刘瑞当。岂料一时俱夺去，浙东清气遂销亡。"[②]其九曰："甬上风流尽雁行，履安今日鲁灵光。两年贫病存形骨，一夕西窗截疟方。"[③]足见梨洲对青年时期朋友的真挚情感。

这个时期，黄宗羲不辞辛苦，四处访书、读书、抄书。其刻苦读书，广搜博求的精神是非常感人的。全祖望《梨洲先生神道碑文》写道：

> 公遂自明十三朝实录，上溯二十一史，靡不究心，而归宿于诸经。既治经，则旁求之九流百家，于书无所不窥者。愤科举之学锢人生平，思所以变之。既尽发家藏书读之，不足，则抄之同里世学楼钮氏、澹生堂祁氏，南中则千顷斋黄氏、吴中则绛云楼钱氏。穷年搜讨，游屐所至，遍历通衢委巷，搜鬻故书。薄暮，一童肩负而返，乘夜丹铅，次日复出，率以为常。[④]

黄炳垕《黄梨洲先生年谱》"崇祯十四年辛巳"条记黄宗羲在南京读书的情形说：

---

① 《黄宗羲全集》第10册，第347—351页。

②③ 《黄宗羲全集》第11册，第223、224页。

④ 《黄宗羲全集》第12册，第3页。

之南中，主黄比部明立居中家。千顷堂之书，至是翻阅殆遍。……朝天宫有《道藏》，公自《易》学以外，有干涉山川者，悉手抄之。闻焦氏书欲售，公急往讯，因不受奇零之值而止。与宣城梅朗三共晨夕者数月。一日出步燕子矶，看渔舟集岸，斜阳挂网，有言某家多古画，公与朗三往观，二更而返。……都御史方孩未震儒过访，谓公曰："君文有师法，不落世谛，真古文种子也。"①

黄宗羲读书日博，学问日进，交游日广。由于父亲英年早逝，身为长子，自然承担起教导兄弟的职责。数年之内，其弟宗炎、宗会各自学有所成，名闻乡里，于是学界就有了"东浙三黄"的称号，以此称扬黄氏三兄弟的道德文章。各地慕名求教问学者纷至沓来，蔚为盛况。当时一些宿学老儒，听说黄太冲的大名，都竞相邀请他到家里或到官邸切磋学问。例如经学家何栋如（字天玉），以精通《周易》闻名，尤其注意君子小人消长的变化。他住在南都乌龙潭的木牌蓬屋里，听说黄宗羲从学刘蕺山，颇能会通刘蕺山的心性之学与黄道周的周易象数之学，于是特邀黄宗羲到家里论学，还因为请人到家里演戏唱曲而开玩笑地对宗羲说："我不像尊师念台先生那样因直谏而挨板子，你不必感到惊讶。"又如时任礼部侍郎的文坛名家钱谦益（字受之，号牧斋，常熟人），也主动与宗羲结交，讨论文史之学。后来，梨洲曾多次到常熟钱氏绛云楼读书作文，牧斋视其为知音，临终前夕，还以"殁后文字"相托。

著书留言，经世致用

黄宗羲的一生，经历了86个春秋。我们可以把他的一生划分为两个阶段：前半生，从明万历三十八年到清顺治十年（1610—1653），即他44岁以前，是其读书学习并从事政治实践时期；后半生，从顺治十年到康熙三十四年

① 《黄宗羲全集》第12册，第28页。

（1653—1695），即从44岁到逝世止，是其讲学著书时期。之所以以1653年为分界点，是由于这一年是浙东抗清斗争宣告失败之时，也是黄宗羲写下第一部重要著作，可称为《明夷待访录》前身的《留书》（又称《明夷留书》）之年。这两件事是黄宗羲步入人生新阶段的一个重要标志。

告别了抗清斗争前线的黄宗羲，虽未结束颠沛流离的动荡生涯，但他已开始冷静地总结明朝灭亡的历史教训了。他纵观历代治乱兴亡的历史，尤其是明朝兴亡史，决心为后人留下一些有益于经世治国的文章，于是在同年（1653）九月，写下了一部很重要的政治思想著作，即《留书》1卷8篇①，8篇篇名是：《文质》《封建》《卫所》《朋党》《史》《田赋》《制科》《将》，合为一卷。当时只是手稿，没有刊刻。时过10年，即康熙二年癸卯（1663），黄宗羲在《留书》原稿基础上加以扩充，写成《明夷待访录》（一名《待访录》）2卷26篇，于康熙十二年癸丑岁（1673）刊刻，但刻本由于忌讳而未敢流行，后来连同刻板亦烧毁了。到乾隆年间，慈溪郑氏二老阁主人郑性、郑大节父子重刻《明夷待访录》，剔除了原属《留书》的《文质》《封建》《卫所》《朋党》《史》5篇，故今本《明夷待访录》只有1卷21篇，而被剔除未刻的五篇则由郑氏另抄一册留传下来，此即天一阁藏郑性抄本。5篇未刻的原因，是因为其内容有直接指斥清统治者为“虏”“酋”“夷狄”“伪朝”的文字，并提出了“三代以后，乱天下者无如夷狄矣”②的尖锐批判，如果流传开来被清朝统治者发现，则是有被杀头甚至灭族的危险的。故全祖望《书明夷待访录后》说：“《明夷待访录》一卷……原本不止于此，以多嫌讳弗尽出。”《留书》的郑性抄本，存目8篇，存文5篇，

---

① 在我们因编辑《黄宗羲全集》而重新发现《留书》之前，已故著名明清史专家谢国桢先生在1957年春至宁波访书时，已经从当地藏书家冯贞群先生伏跗室藏书中亲见《留书》传抄本，并著录于其著《黄梨洲学谱·著述考》（上海商务印书馆1957年修订版）。谢曰：“《留书》一卷……是书分《文质》《封建》《卫所》《朋党》《史》五篇。鄞县冯氏伏跗室藏，是亦居传钞本。重印《明夷待访录》时，应附于后。”按：谢国桢（1901—1982），河南安阳人，著名明清史专家，尤详晚明史料。著有《黄梨洲学谱》《顾宁人学谱》《明清之际党社运动考》《明末清初的学风》《增订晚明史籍考》等。其《黄梨洲学谱·著述考》多引梨洲本人及后人序跋以证之，较为可信。然所列梨洲书目既非全豹，且有讹误，学者当审慎引用。

② 《黄宗羲全集》第11册，第4页、第5页、第10页、第11页。

另3篇有目无文，据抄者跋尾称："先生《留书》八篇，其《田赋》《制科》《将》三篇见《待访录》，兹不具载。"但现存《明夷待访录》无上述3篇名，而只有《学校》《取士》《田制》《财计》《方镇》《兵制》等相近的篇名，可能是作者将《留书》扩写为《待访录》时做了调整，将3篇改写为6篇，也可能是将三篇改名为《田制》《取士》《方镇》而收入《待访录》了。

关于《留书》与《明夷待访录》的关系，在黄宗羲为门人万斯选（字公择）所存余稿写的题跋中有明确交代。跋文说："癸巳秋，为书一卷，留之箧中。后十年（癸卯）续有《明夷待访录》之作，则其大者多采入焉，而其余弃之。甬上万公择谓尚有可取者，乃复附之《明夷待访录》之后。是非予之所留也，公择之所留也。"这篇题跋，保存在冯贞群《伏跗室书目》中。现存的《留书》一卷五篇郑性校抄本，也是由伏跗室收藏，后转归宁波天一阁的。过去以为亡佚了，我们在20世纪80年代开始编辑《黄宗羲全集》时，才又在天一阁书库中重新发现并收入全集第11册，其中《文质》《封建》2篇，又由生活于清嘉庆、同治年间的二老阁后人郑祐抄入了《南雷文抄》。其另一个《留书》5篇抄本，则由日本学者小野和子教授在山西省博物馆发现。这更确证了《留书》郑性校抄本的可靠性。

黄宗羲《留书·自序》说：

> 古之君子著书，不惟其言之，惟其行之也。仆生尘冥之中，治乱之故，观之也熟；农琐余隙，条其大者，为书八篇。仰瞻宇宙，抱策焉往？则亦留之空言而已。自有宇宙以来，著书者何限，或以私意搀入其间，其留亦为无用。吾之言非一人之私言也，后之人苟有因吾言而行之者，又何异乎吾之自行其言乎？是故其书不可不留也。①

这说明作者写书的目的，是要总结历史上的"治乱之故"，著书立说，留待后人去实行。"留书"的含义，就是"为后人治国留言之书"。其内容，则突出反映

① 《黄宗羲全集》第11册，第1页。

了黄宗羲对明朝腐朽政治的批判和对清朝政权的仇视，反映了他对中央集权的君主专制制度弊病的认识及对地方自治制度的肯定。但他当时的思想水平，还只停留在反清民族主义，而没有上升到民主启蒙思想的高度。时隔10年，即康熙元年至二年（1662—1663）间，南方各地的抗清斗争相继失败，清王朝的统治趋向稳固，黄宗羲对恢复明室已不抱任何幻想，但他并不承认新王朝统治的合法性。在他看来，当时依然是“乱运未终”，治世有待未来。所以，他在《留书》8篇基础上写下了《明夷待访录》2卷。在《明夷待访录》中，黄宗羲的政治思想发生了质的飞跃。他不再像《留书》那样仅仅把批判的矛头指向明王朝和来自“夷狄”的清王朝，而是指向了秦、汉以来统治中国的整个君主专制制度，从政治、经济、法律、军事、教育、文化等各个方面提出了具有民主启蒙思想倾向的政治大纲，从而奠定了黄宗羲作为伟大启蒙思想家的历史地位。①

在清朝顺治、康熙时代，黄宗羲经历了母丧、妻死、弟亡、子夭的家庭变故，又因故居累遭水火而多次迁徙，还由于家境贫困而四方奔走谋生。然而比起过去栖身于穷岛荒谷、濒临十死的险恶生活来，总算稳定得多了。他的绝大多数著作，就是在这个时期完成的，一些昔日所写的专著初稿和诗文集，也在这个时期做了重新修改和编订。②

黄宗羲一生著述弘富，涉及领域也很广阔，举凡经学（含哲学、政治学）、史学、文学、历学、算学、地理学乃至金石、音律、文字学等领域，都有著作成果，可惜由于迭遭水火之灾、战乱之劫以及清朝文网的禁锢，致使其中不少著作散佚损毁，今人已经无法搜罗齐全。虽然如此，我们还是可以从现存梨洲遗著实物以及历代学者的著录、考证、年谱、传记中了解梨洲著作的总体情况。笔者在主编《黄宗羲全集》的过程中，在综合辨析梨洲子弟后学如黄百家、邵廷采、全祖望、黄炳垕及近现代史家黄嗣艾、谢国桢、洪焕椿等人有关黄氏遗

---

① 关于《留书》与《明夷待访录》的写作背景及其相互关系，详见拙著《黄宗羲著作汇考》，第1—10页。

② 黄宗羲在青年游学时期，也曾撰著几种著作，如《律吕数义》《四明山古迹记》《历代甲子考》《西台恸哭记注》《黄氏家录》《黄氏捃残集》等，均作于40岁以前。入清以后，宗羲对旧作大多做了修改补充，甚至改了书名，《律吕数义》改名《律吕新义》，《四明山古迹记》改名《四明山志》，等等。详见拙著《黄宗羲著作汇考》。

著的著录基础上，对黄宗羲的著作情况作了全面系统的考证辨析，撰写了《黄宗羲遗著考》7篇长文，分别附录于《黄宗羲全集》第1、2、6、8、9、11、12册之书末，又在此基础上撰成《黄宗羲著作汇考》一书，由台北学生书局单行出版。据笔者考证，梨洲著作总计有112种、1300余卷，不下2000万字。这些作品并非全属本人撰著，其中19种近千卷约计1000万字，是由黄宗羲主持编选的宋、元、明人著作。如按著作性质分类，则梨洲遗著大体可分三类：一是文选汇编类，如《明文案》《明文海》《明史案》《宋元文案》等，共19种，约1000卷；二是自撰专著类，如《明夷待访录》《明儒学案》《宋元学案》《易学象数论》《孟子师说》《行朝录》《弘光实录》《四明山志》《历学假如》等，共65种，约300卷；三是自著诗文集类，如《南雷文案》《南雷文定》《南雷杂著》《南雷诗历》等，共28种、70余卷（其中多数是重复结集，如删其重出者，则只有40余卷）。现在尚存者，有文选10种、895卷，专著28种、211卷，诗文集18种、67卷，总计尚存56种、1172卷，其中属于宗羲本人撰著的仅存46种、200余卷。其他都已亡佚难寻。限于篇幅，本书不能一一叙述各种梨洲遗著的详情，只能选择几种影响较大且有代表性的著作略作介绍。

黄宗羲对后世影响最大并最受重视的著作，除了前述《明夷待访录》外，就是《明儒学案》了。《明儒学案》62卷，约百万字，是黄宗羲编撰的明代学术思想史专著。

关于《明儒学案》的成书年代，一般论著都据黄宗羲《明儒学案序》所谓“书成于丙辰之后”一语，认定为康熙十五年丙辰岁（1676）。也有学者认为《明儒学案》的完稿时间“当在康熙二十四年（1685）”[①]。但据本人考证，《明儒学案》的成书时间，并非康熙十五年（1676），也非康熙二十四年（1685），而是在康熙十七年至十八年（1678—1679）间。其证据有三：第一，黄宗羲所谓“书成于丙辰之后”，应理解为“丙辰”岁稍后几年。第二，由黄宗羲亲自选定的《南雷文定附录 · 交游尺牍》中，汤斌（字孔伯，号潜庵）致黄宗羲函说：

① 陈祖武：《黄宗羲生平事迹丛考 · 关于〈明儒学案〉成书时间的几个问题》，转引自拙著《黄宗羲著作汇考》，第17页。

“史局既开，四方藏书大至，独先生著述弘富，一代理学之传，如大禹导山导水，脉络分明，事功文章经纬灿然，真儒林之巨海，吾党之斗杓也。”①信中所谓“史局既开”指康熙十七年（1678）诏征博学鸿儒、设明史馆纂修《明史》事，当时汤斌也应征参与了《明史》修纂。信中所指“一代理学之传”，显然是指《明儒学案》，因为在黄宗羲著作中只有这部书当得起如此高的评价。而汤斌写信之年正在浙江乡试正考官任上，当时宗羲之子百家携父函至杭州拜访汤斌，如果汤斌没有见到过这部“一代理学之传”，是做不出“如大禹导山导水”和“儒林巨海”之类评价的。由此可证，《明儒学案》的成书之年，必定在康熙二十年（1681）以前。第三，《明儒学案》最末两卷是卷六十一《东林学案四》、卷六十二《蕺山学案》。前者记宗羲之父黄尊素以及东林学者顾宪成门人吴钟峦、高攀龙门人华允诚、陈龙正等人学行，后者记宗羲之师刘宗周学行。从编撰次序看，这两卷成书应当最晚，而其记事则透露了该书成书时间。如卷六十一《宗伯吴霞舟先生钟峦》传末说：“同处围城，执手恸哭。某别先生，行三十里，先生复棹三板追送，其语痛绝。……今钞先生《学案》，去之三十年，严毅之气尚浮动目中也。”据全祖望《梨洲先生神道碑文》和黄炳垕《黄梨洲先生年谱》，宗羲在顺治六年（1649）自舟山返故居，吴钟峦驾船送别。由此下推30年，即康熙十七年（1678），与传文所称“今抄先生《学案》，去之三十年”印合，证明此卷《学案》当撰成于康熙十七年（1678）。而据《明儒学案》末卷《蕺山学案·小序》记载，宗羲同门友恽日初曾撰《刘子节要》，请宗羲作序，但宗羲认为“日初亦便未知先师之学”，予以谢绝。至撰《蕺山学案》时，宗羲乃感叹“惜当时不及细论，负此良友”。这说明宗羲撰《蕺山学案》时，日初已经逝世。考《清史列传》卷六十六《恽日初传》：日初字仲升，江南武进（今江苏省常州市）人，卒于康熙十七年（1678），年七十八。这说明黄宗羲《明儒学案》的成书时间，又不会早于康熙十七年（1678）。综合以上证据，大致可断定《明儒学案》的成书应在康熙十七年至十八年（1678—1679）间。②

---

① 此信写于康熙二十年（1681）（另见于《汤子遗书》卷五，题名《答黄太冲》）。

② 关于《明儒学案》的成书年代考证，详见拙著《黄宗羲著作汇考》，第17—19页。

《明儒学案》在中国学术思想史上，有着特殊的历史贡献和重要价值，概言之有二：

第一，它系统整理了一代学术思想史资料，开创了一种新的史学体裁——学案式的断代学术史体。

中国的学者历来有重视总结学术思想发展演变史的传统，在明代以前，大体上通过三种方式进行这种总结：一是修史，如《史记》以后各代正史的《儒林传》《文苑传》《艺文志》《经籍志》，等等；二是编纂类书、丛书，如唐、宋、明、清的《艺文类聚》《太平御览》《永乐大典》《四库全书》，等等；三是由思想家、史学家个人撰写总结性著作，如《庄子·天下篇》、司马谈的《论六家要旨》、刘歆的《七略》、朱熹的《伊洛渊源录》，等等。但在上述著作中，有的仅是史料汇编或著录汇辑，而非学术思想史；有的虽可称作学术思想史，然而对学派、人物的记载很不系统全面，或着重叙其生平而略论宗旨，或重视思想宗旨而忽略其生平，并缺乏对各家各派思想资料的辑录和保存。而自宋至明，学术发展很快，讲学之风盛行，学派林立，人物众多，宗旨各别，异说蜂起，在总结和整理如此纷繁复杂的学术演变史时，单靠旧形式的资料汇编或传记式、概论式的学术史体裁，显然已经不能满足新形势的需要。于是，突破旧形式、创立学术史书新体裁成为必要。特别是在遭逢朝代更替的明清之际，无论是统治者还是“亡国士大夫”，都感到有必要从政治上、思想上、学术上认真总结有明一代兴亡的历史经验和教训。而身历“亡国之痛”的黄宗羲，既是一位自觉地以总结历代“治乱之故”、保存历史文献为己任的史学家和思想家，又是一位博学多才、熟谙各家各派学术“宗旨离合之故”的学术大师。因此，创立学术史新体裁的重任历史性地落在了黄宗羲身上。

在黄宗羲之前，王阳明的再传弟子刘元卿曾著《诸儒学案》一书8卷（未见传本，书名见《明史·艺文志》及《明史·刘元卿传》），黄宗羲的老师刘宗周曾著《皇明道统录》7卷（今佚），与宗羲同时代的学者孙奇逢（字启泰）著有《理学宗传》、周汝登（字继元）著有《圣学宗传》等通史体学术史著作。这些著作无疑对《明儒学案》的定名、定体有着重要的启迪作用。但从著作规模的宏大、搜集资料的完备、编纂体例的严整、评论各家得失的客观等方面看，上述著作都无法与《明儒学案》相提并论。

《明儒学案》共立学案19个，分卷62卷，上起明初吴与弼、陈献章、薛瑄，中经王学各派及湛若水等，下至明末东林学者顾宪成、高攀龙、刘宗周等，论列学者200余人，系统记载和评论了明代儒学各主要流派、各重要学者的生平、事迹、著作及其学术思想的演变情况。每个学案中，首列小序1篇，次立个人小传，次载传主著作、语录或书函，其间夹附编者按语和评论，条理清晰，结构严整，师承分明，宗旨历然。全书之首，列《明儒学案发凡》1篇，以申明著书之宗旨；次列《师说》1篇，以示对刘宗周学术观点的尊重；19个学案又以王阳明及其后学所占比重最大，以突出明代学术重心之所在。这一切表明，《明儒学案》确实可称为中国第一部学案式的断代学术思想史专著。

第二，黄宗羲通过《明儒学案》的编著，建立了以“一本而万殊”的真理论为指导、以“会众以合一”的方法论为归宿，从而全面把握和整理学术演变史的辩证学术史观。

黄宗羲在《明儒学案·发凡》以及某些学案的“按语”中，提出了编纂学术史的指导思想和方法论原则，从而建立了具有普遍理论意义的学术史观。他在《发凡》中说：

> 学问之道，以各人自用得着者为真。凡倚门傍户、依样葫芦者，非流俗之士，则经生之业也。此编所列，有一偏之见，有相反之论。学者于其不同处，正宜着眼理会，所谓一本而万殊也。以水济水，岂是学问！①

在黄宗羲看来，学术发展的客观状况是“一本而万殊”的，真理即在各种“有一偏之见，有相反之论”的争鸣中求得，因此作为学术思想史的整理者和总结者，应当善于把握各家学术宗旨的殊异之处，以透露其人“一生之精神”。这个“一本而万殊”的原则，既是黄宗羲观察和把握学术发展千差万别情况的指导原则，也是一种以“求异”为目标的微观分析方法。但作为一种科学的辩证学术

---

① 《黄宗羲全集》第7册，第6页。

史观，仅仅着眼于理会各家学术之异是不够的，还必须有会通万殊使归一本的综合归纳能力。正如道光年间刊刻《明儒学案》的莫晋评论该书特色时所说："理虽一而言不得不殊，入手虽殊而要归未尝不一。读是书者，诚能不泥其迹，务求自得之真，向身心性命上作印证……庶不负先生提倡之苦心也夫！"[①]这便是分析与归纳相结合的方法。黄宗羲在《明儒学案》卷五二《诸儒学案·张邦奇传》论穷经方法时强调了"会通"（即归纳）方法的意义，他说："夫穷经者，穷其理也。世人之穷经，守一先生之言，未尝会通之以理，则所穷者一先生之言耳！"他更在《万充宗墓志铭》中明确地将他的这个"会通之以理"的穷经方法概括为"会众以合一"，他说：

士生千载之下，不能会众以合一，山谷而之川，川以达于海，犹可谓之穷经乎？自科举之学兴，以一先生之言为标准，毫秒摘抉，于其所不必疑者而疑之，而大经大法，反置之而不道。[②]

这个"会众以合一"的方法，虽然是讲穷经方法，但同样适用于学术史的整理，我们完全可以视之为黄氏学术史观的重要组成部分。一个历史学家或思想史家，如果对浩如烟海的学术资料缺乏"会众以合一"的学术归纳能力，那么他就写不出好的学术史著作。即便能够成书，也无非是材料的堆积，未必得其要领。而黄宗羲编纂《明儒学案》，"皆从全集纂要钩玄，未尝袭前人之旧本"，正是因为在实践中贯穿了"一本万殊"与"会众合一"有机结合的学术史观。

对于黄宗羲《明儒学案》的学术价值，梁启超在《中国近三百年学术史》中给予了极高评价，他说：

中国有完善的学术史，自梨洲之著学案始。……所以《明儒学案》这部书，我认为是极有价值的创作。将来做哲学史、科学史、文学史的人，

① （清）莫晋：《明儒学案序》，见清道光元年（1821）会稽莫晋、莫阶校刻《明儒学案》卷首。

② 《黄宗羲全集》第10册，第417页。

> 对于他的组织虽有许多应改良之处，对于他的方法和精神是永远应采用的。[①]

梁氏这一评论，确有先见之明。自梁氏以后至于今，很多人都在效仿《明儒学案》的形式编纂新的学术史著作，如《清儒学案》《朱子新学案》《现代新儒家学案》等，真应了“榜样的力量是无穷的”这句当代名言。当然，我们在肯定《明儒学案》的历史价值时，也毋庸讳言其缺陷。从包括明代在内的中国学术发展更广阔的背景和丰富的内容看，《明儒学案》还只是一部明代儒学史，并未包括明代的佛、老之学和其他所谓“异端”之学，因此严格地说还不能算完整的断代学术史。它在材料取舍、学案编排、学术得失的评价等方面，虽然有其系统性、客观性的优点，但也未免带有王学门户之见和世俗偏见，例如，它过分突出了王阳明学派的主流地位，而对明初至明中叶朱子学的演变注意不够，对属于王学异端的著名学者李贽既不立案，也不立传，这反映了著者的学术偏见。今人或以“疏忽”为梨洲辩解，也是有“为贤者讳”的嫌疑的。

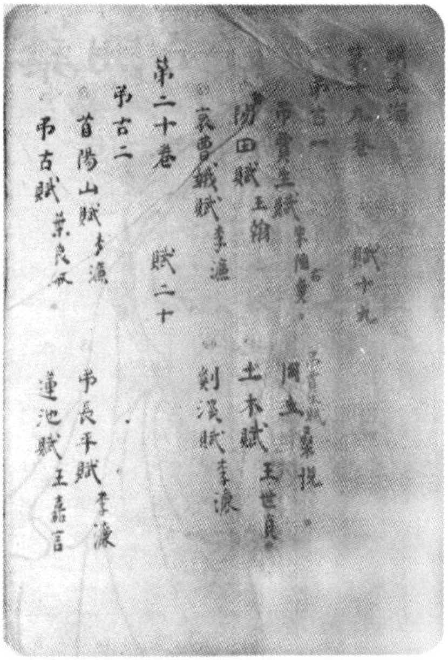

黄宗羲《明文海·目录》手稿真迹，原件现藏于浙江省宁波市天一阁文物保管所

《明文案》和《明文海》，是黄宗羲主编的书中费时最长、用力最勤的两部明人文选。两书的关系是，先是由黄宗羲编辑了《明文案》207卷，后由其子黄百家根据家藏文集作了增补，成217卷本，最后又因在昆山徐氏传是楼搜集了大量明人文集，而由黄宗羲在《明文案》基础上扩编

① 梁启超：《梁启超论清学史二种：清代学术概论·中国近三百年学术史》，复旦大学出版社1985年版，第148—149页。

为《明文海》480卷。

明代从洪武年间（1368）朱元璋建国至崇祯十七年（1644）朱由检亡国，近300年历史。其间，文人学士固然不计其数，刊刻行世之文集也有数千家之多，但正如黄宗羲所说："三百年人士之精神，专注于场屋之业，割其余以为古文，其不能尽如前代之盛者，无足怪也。"[①]当然也有不少好文章，有所谓"情至之语"，而埋没于应酬讹杂之内，堆积于几案之上，谁会去认真看呢？黄宗羲认为，明朝虽亡，但一代文章决不可废弃。为了保存有明一代文章之精华，反映时代之精神，他不辞劳苦烦琐，从康熙七年（1668）起，就开始搜集整理明人文集，经过7个寒暑的搜集筛选，到康熙十四年（1675），终于编定了一部洋洋207卷、约400万字的《明文案》。他对这部文选非常满意，述其编辑缘起云：

> 某自戊申（康熙七年）以来即为明文之选，中间作辍不一，然于诸家文集搜择亦已过半，至乙卯（康熙十四年）七月，《文案》成，得二百七卷……
>
> …………
>
> 试观三百年来，集之行世藏家者不下千家，每家少者数卷，多者至于百卷，其间岂无一二情至之语？而埋没于应酬讹杂之内，堆积几案，何人发视？即视之而陈言一律，旋复弃去，向使涤其雷同，至情孤露，不异援溺人而出之也。有某兹选，彼千家之文集庞然无物，即尽投之水火不为过矣！[②]

关于《明文案》扩编为《明文海》的过程及其传抄情况，黄百家《明文授读序》[③]云：

---

① 《黄宗羲全集》第10册，第19页。

② 《黄宗羲全集》第10册，第18—19页。

③ 《明文授读》62卷系黄宗羲从所编《明文海》中精选文献百篇以授儿子百家攻读之书，其价值在于收录了黄宗羲评语230余条，其中175条为《明文海》所无。此书亦无稿本，仅存康熙三十八年（1699）鄞县张锡琨味芹堂刻本一种，国家图书馆、中国科学院图书馆、上海图书馆、浙江图书馆、宁波天一阁等均有藏本。

> 庚申（康熙十九年）岁，蒙今上有遗献之征，既以老病不能赴，又奉特旨：凡黄某所有著述有资明史者，著该地方官抄录来京，宣付史馆。于是藩司毅可李公俾胥吏数十人缮写，不孝入署校勘，而《文案》亦在其中。
>
> 丁卯岁，不孝入都门，故相国立斋先生监修明史，以史志数种见委。简阅史馆中书，此《文案》固在也。……己巳，书成。先生复招不孝入都，再至史馆，已不见所谓《文案》，盖有潜窃之而去者矣！……逮后，先夫子究以有明作者如林，歉于未尽，亲至玉峰，搜假司寇健庵先生传是楼明集，得《文案》以外所未有者，又如我家藏之数汗数牛而归，缀以红楮，第其甲乙，复还玉峰。宫詹果亭先生命诸佐史，茧指录出，亲正亥鱼，以寄先夫子。于是复合《文案》而广之，又有《明文海》之选，为卷凡四百八十，为本百有二十，而后明文始备。

昆山徐秉义（号果亭）所撰《明文授读序》亦云：

> 姚江梨洲黄先生初有《明文案》之选，其所阅有明文集无虑千家，搜罗广矣，犹恐有遗也，询谋于余兄弟伯氏（按指其兄徐乾学，号健庵），细检传是楼所藏明集，复得《文案》所未备者三百余家。先生惊喜过度，侵晨彻夜，拔粹摭尤，余亦手抄目勘，遥为襄理，于是增益《文案》而成《文海》。

由以上资料可知，《明文案》成书后，于康熙十九年庚申岁（1680）由官方奉旨抄写一部进呈明史馆。此本后来被人偷走，但抄本尚有多种，稿本仍存黄家。康熙二十八年己巳（1689）以后，宗羲又亲至昆山徐乾学家，借抄传是楼所藏明人文集300余家，于是在《明文案》基础上扩编而为《明文海》480卷。百家序谓“复合《文案》而广之”为《文海》，徐序所谓“增益《文案》而成《文海》”，显然是指将《明文案》原稿本与新得传是楼抄稿本合并为一书，而成《明文海》稿本。于是，后世便只有《明文海》稿本而不再另有独立于《明文海》稿本之外的《明文案》稿本了。然自20世纪30年代浙江图书馆举办“乡邦文献展览会”以来，浙江图书馆古籍部、宁波天一阁，乃至当代学界某些人误将浙图、天一阁所藏《明文案》清抄本判定为“黄宗羲《明文案》稿本”，实是未加详审、人云亦云之故，应予纠正。[①]

黄宗羲于康熙十四年（1675）编成《明文案》207卷以后，又继续四处访书、抄书、搜集明人文集，终于在康熙三十二年（1693）84岁高龄时，编定了《明文海》480卷。书成以后，他对儿子百家说，“非此不足存一代之书”[②]，可见他对此书文献价值的高度重视。

《四库全书总目》评论《明文海》之得失云：

> 明代文章，自何、李盛行，天下相率为沿袭剽窃之学。逮嘉、隆以后，其弊益甚。宗羲之意，在于扫除摹拟，空所依傍，以情至为宗。又欲使一代典章人物俱借以考见大凡。故虽游戏小说家言，亦为兼收并采，不免失之泛滥。然其搜罗极富，所阅明人文集几至二千余家。如桑悦《北都》《南都》二赋，朱彝尊著《日下旧闻》搜讨未见，而宗羲得之以冠兹选。其他散失零落，赖此以传者尚复不少。亦可谓一代文章之渊薮，考明人著作者必当以是编为极备矣！[③]

这段话对于宗羲选文宗旨及其得失之评论是大体恰当的，而对其搜讨之广、阅览之博以及该书文献价值的高度评价，也说明《提要》作者慧眼独具。根据现存《明文海》残稿和几种清抄本可以确认：此书是由黄宗羲亲自编定目录，由其门人子弟抄录剪辑而成。宗羲在搜集资料和编选过程中，在明人文集原书

---

① 笔者曾撰《〈明文案〉考——兼驳〈明文案〉“尚存稿本”说》一文，以文献实物证据辅以逻辑推理否定了《明文案》“尚存稿本”之说，断定《明文案》原稿本已合并到《明文海》稿本，因此后世只存《明文海》稿本而不再另有什么《明文案》稿本了。拙文刊于《儒学与浙江文化》一书，中国广播电视出版社1993年版。又见拙著《黄宗羲著作汇考》之廿七《明文案考》。

② 《黄宗羲全集》第11册，第199页。

③ 《四库全书总目·集部总集类·明文海提要》，《四库全书总目》下册卷一九〇，中华书局1965年影印本，第1729页。

及入选篇目上写了许多评语和批注。这类批注的内容，或简记明文作者之生平事迹，或讨论其文章得失优劣，或评论其为学功力之浅深，都是随文批评，而由黄百家移录至各篇末尾。移录时，百家又从其他梨洲著作如《思旧录》《明儒学案》《南雷文定》等书中选录了不少评语，并作补注。今浙江图书馆收藏的《明文海》黄氏续抄堂抄本中，保留了黄宗羲的评语批注及黄百家的补注，它们不但有助于明史的研究，而且对研究黄宗羲本人的思想具有极其重要的价值。[①]

《宋元学案》（原名《宋元儒学案》），是《宋儒学案》与《元儒学案》的合称，该书是继《明儒学案》以后又一部大型断代体学术史专著，对于了解宋元思想学术的来龙去脉及各家各派的思想宗旨与学说内容具有极大的史料价值。就著作权而言，《宋元学案》实际上是由黄宗羲搜集资料、起例发凡、确定方向而由其子弟后学陆续编纂而成的，其中出力最多的是黄百家、全祖望、王梓材三人，其他参与编纂、修订者还有梨洲门人杨开沅、顾諟，梨洲五世孙黄璋，慈溪后学冯云濠等。该书自康熙中叶开始至道光十七年（1837）由王梓材、冯云濠最后定稿，前后经历了一个半世纪；而自王、冯定稿初刻以后至今广泛流行，又经历了一个半世纪，其编纂、刊刻、出版过程与版本情况均相当复杂，在此难以详述，仅略作简介。

首先，《宋元学案》的草创之功，应归于黄宗羲、黄百家父子。据黄百家《先遗献文孝公梨洲府君行略》载，梨洲所著《明儒学案》等“皆有成书”，“其未成者，《宋元儒学案》《宋元文案》，已有稿本，未经编辑，遗命不孝百家成之”[②]。全祖望《梨洲先生神道碑文》则说梨洲晚年“于《明儒学案》外，又辑《宋儒学案》《元儒学案》，以志七百年来儒苑门户；于《明文案》外，又辑《续宋文鉴》《元文抄》，以补吕、苏二家之阙；尚未成编而卒”[③]。由此可以证明两点：第一，《宋元学案》为宗羲晚年著作，已有原始稿本而未编辑成书；第二，

① 笔者主编《黄宗羲全集》时，据浙江图书馆藏《明文海》续抄堂抄本辑录了181条黄宗羲评语，编为《明文海评语汇辑》1卷，又据《明文授读》味芹堂刻本辑录了175条黄宗羲评语，编为《明文授读评语汇辑》1卷，收入《黄宗羲全集》第11册。而流行较广的《四库全书·明文海》却全部删除了黄宗羲评语与黄百家补注。由此可证，四库本并非善本。

② 《黄宗羲全集》第11册，第416页。

③ 《黄宗羲全集》第12册，第11页。

编纂《宋元学案》是在完成《明儒学案》《明文案》之后，与编集《宋元文案》的计划大致同步进行。

通过对现存《宋元学案》的黄氏家传补稿本（黄璋校订稿本）、冯氏醉经阁初刻本和后世流行的诸刻本比对可知，经过全祖望、王梓材整理定稿的《宋元学案》属于黄氏原本而经全氏修订的有67卷58个学案，其余33卷32个学案则系全祖望增补本（全氏补本）。这67卷黄氏原本中，保留了黄宗羲案语65条，分列于33卷；黄百家案语208条，分列于43卷；其他梨洲弟子杨开沅、顾諟、张采有案语50条。5人合计案语323条，分列67卷。可见，编纂《宋元学案》的首要功绩，应归于黄宗羲和黄百家父子。

黄宗羲在初步编定《明文案》《明儒学案》之后，便着手搜集宋元人文集，编辑了《宋集略》《元集略》(后定名为《宋元文案》)，以便为编撰《宋元学案》做准备。而《宋元学案》的始编之年，不会早于康熙二十五年（1686）宗羲77岁之时。其后时断时续，加上其他大量文字编辑工作（如编辑《明文海》、删定《南雷文定》等），以及晚年操劳家务、辗转病榻，致使该书未能成编，最后由私淑全祖望、后学王梓材等继承其未竟之业，完成了《宋元学案》100卷的编撰、刊行工作。[①]

黄宗羲的史学著作，除上述《明儒学案》《宋元学案》之外，最重要的是《行朝录》《弘光实录钞》和《四明山志》。《弘光实录钞》是关于南明小朝廷——南京弘光帝短暂历史的实录，与《行朝录》可以称作记载南明史的姊妹篇。《行朝录》则记载了南明小朝廷隆武帝、永历帝、监国鲁王的始末历史，而以鲁事记载最详。

《弘光实录钞》又名《弘光实录》，凡4卷。它基本上是逐日记录弘光朝时事，故又名《弘光日录》。其卷首自序落款署名“古藏室史臣黄宗羲”，并署“时戊戌冬十月甲子朔”，则知成书时间在清顺治十五年戊戌岁（1658）十月。书中涉及黄尊素的地方均讳其名而称“黄忠端”或“臣父黄忠端”，更确证此书

① 有关《宋元学案》缘起、成书及版本情况的考证，详见拙著《黄宗羲著作汇考·宋元学案补考》；并见拙文《黄宗羲反清思想的转化——〈与徐乾学书〉的考证与说明》，台北《文星》1987年4月号。

作者是黄宗羲。我们通过《弘光实录钞序》可以清楚了解黄宗羲的写书动机及其对弘光朝覆灭原因的分析评论。序云：

> 寒夜鼠啮架上，发烛照之，则弘光时邸报，臣畜之以为史料者也。年来幽忧多疾，旧闻日落。十年三徙，聚书复阙。后死之责，谁任之乎？先取一代排比而纂之，证以故所闻见，十日得书四卷，名之曰《弘光实录钞》。为说者曰："实录，国史也。今子无所受命，冒然称之，不已僭乎？"臣曰："国史既亡，则野史即国史也。陈寿之《蜀志》，元好问之《南冠录》，亦谁命之？而不谓之国史，可乎？……今以一人之闻见，能保其无略乎？其曰钞者，非备而钞之也，钞之以求其备也。"臣既削笔洗砚，慨然而叹曰："帝之不道，虽竖子小夫，亦计日而知其亡也。然诸坏政，皆起于利天下之一念。归功定策，怀仇异议，马阮挟之以翻逆案，四镇挟之以领朝权，而诸君子亦遂有所顾忌而不敢为，于是北伐之事荒矣。迨至追理三案，其利灾乐祸之心，不感恩于闯贼者仅耳。……呜呼！南都之建，帝之酒色几何，而东南之金帛聚于士英；士英之金帛几何，而半世之恩仇快于大铖。曾不一年，而酒色、金帛、恩仇不知何在？论世者徒伤夫帝之父死于路而不知也。尚亦有利哉？①

可见，黄宗羲写作此书的目的，旨在以个人之力，保存一代之史，以补国史（明史）之阙。他认为弘光朝"计日而亡"的主要原因，一是弘光帝朱由崧之失道，二是大臣马士英的专权及阉党余孽阮大铖图谋推翻逆案，三是文武臣僚的内斗不和，所以弘光朝不到一年就烟消云散了，留下来的只是几份残破邸报与一片破碎山河而已。岂不悲哉！

明王朝虽然覆灭，但明朝一代历史不可不留。在清初，尤其是康熙时期政权稳定以后，无论是官方还是民间学者，都很重视修纂《明史》的工作。清廷在顺治二年（1645）下诏开设明史馆，但成效甚微，直到康熙十七年（1678）

① 《黄宗羲全集》第2册，第1—2页。

诏征博学鸿儒，次年重组《明史》编纂班子，延请了一批大学者如万斯同、朱彝尊、毛奇龄等人参与修史，才取得较大进展。当时，朝廷曾两次征聘黄宗羲出山，但均被拒绝，康熙皇帝因而慨叹"人才难得"。然而，黄宗羲虽然屡辞清廷征召，不肯亲身参与官修《明史》，但对纂修《明史》之事仍然十分关心。他不仅支持万斯同以布衣入史局，而且向主持修史者致书答疑，提了不少建议，又向明史馆移交了部分家藏史料，还同意让儿子百家参加修史工作。而更重要的是，黄宗羲自己就抱有纂辑《明史》之志，并且付诸实施。他除了大量收集明人文集，编辑了《明文案》《明文海》外，还编纂了《明史案》244卷，《行朝录》与《弘光实录钞》即其中之二。对此，史家全祖望、钱林都曾论及。全祖望《梨洲先生神道碑文》称梨洲"辑《明史案》二百四十四卷，有《赣州失事》一卷，《绍武争立记》一卷，《四明山寨记》一卷，《海外恸哭记》一卷，《日本乞师记》一卷，《舟山兴废》一卷，《沙定洲纪乱》一卷，《赐姓始末》一卷"。《赣州失事》以下8卷，即属今存《行朝录》（12卷）之主要篇名。钱林《文献征存录·黄宗羲传》记云：

> 宗羲虽不与修《明史》，然史官著作常转咨之，因起《明史条例》：年月依国史，官爵世系取家传，参详是非兼用稗官杂说。是时史馆初置，颇引召雅徒凡数十人。鄞县万斯同称一时南董，见宗羲说施行之。……又《明史案》二百四十二卷，条举一代之事，供采摭，备参定也。①

由全、钱两氏记载可以推知，黄宗羲确有私修《明史》之志。可惜《明史案》原书今已亡佚，无法详考，我们只能从现存《行朝录》窥其一斑了。

《行朝录》是黄宗羲记载隆武帝、永历帝和监国鲁王三个南明小朝廷始末的历史专著。该书现存多个刻本、抄本，虽篇卷不尽一致，但其主体篇目是10篇，即《鲁纪年》《舟山兴废》《日本乞师》《四明山寨》，以上记鲁王朱以海与浙东抗清史实，较为详确；《隆武纪年》《永历纪年》《绍武争立》《赐姓始末》

---

① 《黄宗羲全集》第12册，第83—85页。

《赣州失事》《沙定洲之乱》，以上记隆武帝朱聿键、永历帝朱由榔、绍武帝朱聿𨮁以及福建、江西、两广、云南、贵州的抗清史实，不甚详备。

《四明山志》9卷，是黄宗羲记载四明山名胜古迹及历代文人墨客歌颂四明山景观的诗文之作，是一部富有人文气息的名山志。明崇祯十五年壬午（1642），33岁的黄宗羲偕弟宗炎、宗会遍游此山，寻觅古迹，考稽事实，博采前人记载，订伪存真，辑成《四明山古迹记》5卷，此即《四明山志》初稿。31年后，清康熙十二年癸丑（1673），64岁的梨洲老人修改旧稿，成《四明山志》9卷，次年又作自序1篇，署名"茭湖鱼澄洞主黄宗羲"。

黄宗羲的史学著作固然不少，但他并不限于史学，而是经史并重的学术大师。其经学著作也卓有成果，其中最重要的代表作是《易学象数论》和《孟子师说》。

《易学象数论》6卷，是黄宗羲重要的经学著作，也是在《周易》研究中廓清象数问题上伪科学迷雾的自然科学著作。其《易学象数论·自序》说：

> 夫《易》者，范围天地之书也。广大无所不备，故九流百家之学皆可窜入焉。自九流百家借之以行其说，而于《易》之本意反晦矣。……世儒过视象数，以为绝学，故为所欺。余一一疏通之，知其于《易》本了无干涉，而后反求之程传，或亦廓清之一端也。[①]

《四库全书总目·易学象数论提要》则具体地评论说：

> 盖《易》至京房、焦延寿而流为方术，至宋陈抟而歧入道家，学者失其初旨，弥推衍而轇轕弥增。宗羲病其末派之支离，先纠其本原之依托，……其持论皆有依据。盖宗羲究心象数，故一一洞晓其始末，而得其瑕疵，非但据理空谈、不能中其要害者比也。……然其宏纲巨目，辨论精

① 《黄宗羲全集》第9册，第1—2页。

详，与胡渭《易图明辨》，均可谓有功易道者矣！[①]

这说明，宗羲著《易学象数论》的宗旨，在于纠正“九流百家”，特别是宋、明理学家对于《周易》本意的曲解，廓清被后世儒者视为“绝学”的《周易》象、数方面的迷雾，以把易学从神秘主义中解放出来，恢复其“范围天地”，即宏观地认识世界的本来面貌。

黄宗羲的《易学象数论》在中国易学史上有着重要地位。在宗羲生前，能领悟其易学宗旨并有所阐发的，有宗羲的抗清战友王正中（1599—1667）和宗羲之弟黄宗炎。正中字仲扮，曾在余姚山中向宗羲请教律历、象数之学，并著《周易注》《律书详注》等书。黄宗炎在易学方面造诣颇深，著有《周易象辞》22卷、《寻门余论》2卷、《图书辨惑》1卷，其学术宗旨大略与《易学象数论》一致，且同被收入《四库全书》。稍晚于黄氏兄弟的，有德清胡渭（1633—1714，字朏明，号东樵），曾著《易图明辨》10卷，专辨宋儒所传太极、先天、后天诸说之谬，认为宋儒所谓《河图》《洛书》皆由道士陈抟所造，与《周易》本无关系。这同黄氏兄弟之论如出一辙，故梁启超曾说黄宗羲之《易学象数论》“力辨河、洛、方位图说之非，为后来胡朏明《易图明辨》的先导”[②]，不是没有道理的。

《孟子师说》7卷，是黄宗羲阐发其师刘宗周学术宗旨的一部经学力作，约撰成于康熙七年（1668）前后。黄宗羲在《孟子师说题辞》中批评了当时学者“此亦一述朱，彼亦一述朱”，盲目地跟从程朱理学而造成“学者愈多而学说愈晦”的现象，并自述其写作动机说：

先师子刘子于《大学》有《统义》，于《中庸》有《慎独义》，于《论语》有《学案》，皆其微言所寄。独《孟子》无成书。羲读《刘子遗书》，潜心有年，粗识先师宗旨所在，窃取其意，因成《孟子师说》七卷，以补

---

① 《黄宗羲全集》第9册，第280—281页。

② 梁启超：《梁启超论清学史二种：清代学术概论·中国近三百年学术史》，复旦大学出版社1985年版，第149—150页。

所未备。或不能无所出入，以俟知先生之学者纠其谬云。[1]

由此可见宗羲写作此书的目的，意在发明师说，补其未备。他在哲学思想上继承了老师刘宗周的理气一元论思想，进一步形成了自成系统的“理气心性”一元论；在政治思想上则继承了孟子的“民本”思想与“仁政”学说，提出了“国之所以治，天下之所以平，舍仁义更无他道”的政治学命题。

此外，黄宗羲还撰著了多种天文历算专著，如《授时历故》《历学假如》《新推交食法》《气运算法》《勾股图说》《开方命算》《测圆要义》等，还有《授书随笔》《子刘子行状》《思旧录》《破邪论》《今水经》等经史之学专著及大量诗文。他在这些著作中始终贯彻了“经世应务”“切于民用”的实学指导思想。

总之，黄宗羲在后半生中，特别是在康熙年间，勤奋著述，笔耕不辍。他的著作成就，无论是在数量上还是在质量上，都不亚于古之名家。而在他那个时代，能够在著作数量方面与之媲美的，恐怕只有王夫之一人而已。

讲学浙东，开创学派

黄宗羲不仅勤于写作，而且诲人不倦。他在清初长期讲学，培养了许多有用人才，并开创了学术史上一个重要学派——清代浙东经史学派。

黄宗羲的讲学活动主要集中在康熙二年至十八年（1663—1679），即他54岁至70岁这段时间。他先后到语溪（今属桐乡市崇福镇，明称崇德县，清改石门县）、海昌（今海宁市）、越城（今绍兴市）、甬上等地设馆讲学。而在这前后，无论是在余姚故居还是外出交游，都有许多求学者向他请教。他总是一一为之讲解，将平生学到的知识传授给别人。在20年间，拜他为师的人多达数百名，甚至不少地方官员也专门邀请他去讲学，或到他下榻处听讲。全祖望《梨洲先生神道碑文》记梨洲讲学之情形说：

---

① 《黄宗羲全集》第1册，第48页。

黄宗羲生前讲学处——龙虎草堂

问学者既多，丁未（康熙六年），复举证人书院之会于越中，以申蕺山之绪。已而东之鄞、西之海宁，皆请主讲，大江南北，从者骈集，守令亦或与会。已而抚军张公以下，皆请公开讲，公不得已应之，而非其志也。[①]

由此可见当时黄宗羲讲学的盛况及影响之大。这里，我们将他在语溪、海昌、越城证人书院与甬上证人书院的讲学情况略作叙述。

康熙二年（1663）四月至六月，黄宗羲应朋友吕留良的邀请，首次到语溪设馆讲学。在此，有必要对吕留良及其与黄宗羲的交往关系作一简述。

吕留良（1629—1683），又名光轮，字用晦，又字庄生，号晚村，别号耻斋老人。祖父吕熯娶明王室淮庄王女南城郡主为妻，任淮府仪宾。父亲吕元学曾任明太平府繁昌（今属安徽省）知县。吕留良为元学侧室杨氏遗腹子，从小由

① 《黄宗羲全集》第12册，第8页。

同父异母兄愿良及伯父元启抚育。吕留良自幼聪慧过人，崇祯时即有文名，并组织文社。明亡，与兄愿良、侄宣忠一起“散万金之家结客”，招募义勇，投入两浙抗清斗争。兵败后，宣忠被清兵杀害，留良则遁迹田园。顺治十年（1653），25岁的吕留良改名光轮，参加清廷科举考试，得诸生（秀才）第二名。此后从事时文评选，颇负盛名。顺治十六年（1659），留良结识了余姚名士黄宗炎，次年经宗炎介绍，又结识了黄宗羲和名医高旦中（名斗魁），相互引为知己。顺治十八年（1661），吕留良谢绝选事，设馆于城西家园之梅花阁，教子侄辈读书。康熙二年（1663），又盛情邀请黄宗羲执教于梅花阁。此后吕、黄与高旦中及本地名士吴之振、吴尔尧等经常在友芳园水生草堂雅集唱和，共同编选《宋诗钞》，从而在清初诗坛掀起了一股宗宋诗的风潮。在政治思想上，吕留良显然受到黄宗羲《明夷留书》与《明夷待访录》的影响，在复封建、辨夷夏、论君臣、尚民本等问题上的见解如出一辙，从而大大激活了吕留良的反清民族意识，促使他对自己往年“失脚”参与科举考试痛加反省。他在康熙四年（1665）所作《耦耕诗》中写道：

谁教失脚下渔矶，心迹年年处处违。
雅集图中衣帽改，党人碑里姓名非。
苟全始信谈何易，饿死今知事最微。
醒便行吟埋亦可，无惭尺素裹头归。

于是，吕留良断然放弃功名，归隐南村，行医之余，又重操选政，评选时文，通过评选时文宣传他的反清思想和社会改革理想。康熙十九年（1680），吕留良坚拒嘉兴知府的举荐，剃发入山，做了个“不参宗门，不讲义录，有妻有子，吃酒吃肉”的和尚。

吕留良卒于康熙二十二年（1683），享年55岁。死后50年，即雍正十年（1732），因受曾静文字狱案牵连，吕留良及其长子葆中、弟子严鸿逵被开棺戮尸，幼子毅中遭斩决，亲属流徙黑龙江宁古塔为奴。此案震惊全国，也成就了吕留良的反清名望。其著作多被清廷禁毁，传世者主要有《吕晚村先生文集》8

卷、《四书讲义》43卷。

吕留良与黄宗羲的关系比较复杂，他们始订交于顺治十七年（1660），初期过从甚密，如吕留良邀约黄宗羲赴崇德读书讲学，宗羲赠诗中有“书来相订读书期，不是吾侪太好奇。三代之治真可复，七篇以外岂无为！”的句子，吕留良回复黄宗羲的诗《次韵答太冲见寄》中则有“知交砥砺还坚忍，潇洒梨洲独好奇”的句子。但后来由于学术主张的分歧（黄尊王抑朱，吕尊朱反王），以及立身旨趣的不同，他与黄宗羲分道扬镳，甚至写了多篇指责黄宗羲人格的信函、诗文（文见《吕晚村文集》）。而黄宗羲在所编《南雷文定》《南雷诗历》中则隐去了吕留良的姓名字号，而保留了若干交往事迹，如《南雷诗历》中的《自梅花阁迁水生草堂次韵》《寄友人》《集饮水生草堂分得阳字》等诗就是写给吕留良、吴之振而隐其名的。

黄宗羲在语溪读书讲学，主要是寄寓在吕氏梅花阁，有时也住吴氏水生草堂，与吕留良讨论学问，并与吴之振、吴自牧父子一起选编《宋诗抄》。次年二月和十月，他又两度到语溪讲学；康熙四年（1665），再至语溪讲学，并与胞弟宗炎、学生万斯选一起拜谒了宋代崇德名士辅广之墓。辅广字汉卿，号潜庵。他是南宋理学家朱熹的弟子，又是黄氏家族先贤黄震的老师。宋宁宗庆元年间以朱熹理学为伪学下令严禁时，朱子门徒纷纷避祸离去，辅广却不为所动，所以朱熹称赞说：“当此时立得脚定者甚难，唯汉卿风力稍劲。”黄宗羲十分赞赏辅广“贫贱不能移，威武不能屈”的志节，在扫墓之后，感慨系之地写下了《拜辅潜庵先生墓》一诗，诗中有“一时伪禁人将散，千古微言赖所闻。弟子朱门无列传，凭谁好事记斯文”的句子。事后，黄宗羲“退而考于邑志，及其邑人所作《宗辅录》……为《辅潜庵传》”①。

康熙五年（1666），黄宗羲仍在语溪设馆教书。自康熙二年至五年（1663—1666），黄宗羲在语溪设馆教书以及与吕留良、吴之振等论学编诗，陆续经历3年。在此期间，他将吴之振家藏书几乎全部读遍，为他日后编著《宋元学案》《明儒学案》积累了大量史料。

---

① 《黄宗羲全集》第11册，第253页；《辅潜庵传》，载同册第31—33页。

黄宗羲在语溪讲学期间，曾到海昌访问特立独行的老同学陈确。

陈确（1604—1677），初名道永，字乾初，又字非玄。浙西海宁人。早年以孝友、文学称誉乡里。崇祯十七年甲申（1644），与同邑祝渊同受业于蕺山先生刘宗周。次年乙酉，蕺山、开美自尽殉国，乾初从此隐居山野，潜心著书。著有《大学辨》《性解》《禅障》《葬书》《家约》等论著及诗文集约50卷。晚年得拘挛顽疾，足不出户，卧病在床15年。卒于清康熙十六年丁巳（1677），享年74岁。黄宗羲为之撰写了墓志铭，称其"天才绝出""其学无所倚傍，无所瞻顾……遂多惊世骇俗之论""无愧为蕺山之徒"。[①]

黄宗羲与陈确的关系非比一般，他们都是蕺山先生的弟子，但同学时"所得尚浅"，并无深交。明亡之后，他们只有一次晤面深谈，即康熙五年丙午岁（1666），宗羲在语溪讲学期间偕同陆嘉淑（字冰修）到海昌去拜访陈确。其时，"先生已病废，剧谈终日而精神不衰"，临别，乾初以所著《葬论》示梨洲，可见双方意气相投。此后，又11年"不相闻问"。至康熙十五年丙辰岁（1676），梨洲至海昌讲学，与乾初互通书信，这是双方唯一一次书信往还，其内容以讨论"性善"问题与"理欲"关系为主。大致是梨洲对乾初论学宗旨提出驳论，而乾初坚持己见，故梨洲所作陈乾初墓志铭中称"鄙见不无异同，先生欣然往复"。

黄宗羲真正理解陈确，是在陈确死后细读其书而领悟其学术精神之后，所以他对所撰《陈乾初先生墓志铭》三易其稿[②]，对陈氏学术宗旨的理解由粗浅至

---

① 《黄宗羲全集》第10册，第360页、第361页。

② 关于黄宗羲改写《陈乾初先生墓志铭》的问题，梁启超的《中国近三百年学术史》之十二只知有2篇，称"第一篇泛泛叙他的庸德而已，第二篇才把他学术要点摘出"；钱穆《中国近三百年学术史》上册第二章批评了梁启超的疏误，称"梁氏只读《文约》改定稿，未看《文定》原稿……而不知应别有一篇泛叙庸德者，早经梨洲削去，在现行南雷各集中早已不见也"。然钱氏虽知大概，却并未睹其全貌。实际上，梨洲《陈乾初先生墓志铭》共有4篇，其一为丁巳初稿本，载于万斯大校订、朱人远点定的《南雷文案》康熙原刻本卷八（又载于《南雷余集》《南雷杂著稿》）；其二为丁巳重撰本（二稿），载于《四部丛刊·南雷集》所收《南雷文案》卷八；其三为改订本（三稿），载于康熙二十七年（1688）靳治荆校刻《南雷文定后集》卷三；其四为最后改定本，载于黄百家编、沈廷芳校刊的《南雷文定五集》卷三（又载于郑性刊行的《南雷文约》卷二）。钱氏只见后三种而未见《南雷文案》原刻本和《南雷杂著稿》原稿本，故所论未必全面。笔者主持《黄宗羲全集》第10册、第11册《南雷诗文集》编校时，已据原稿、原刻本收录了上述4种文本，读者可作比较研究。

于精细，对陈氏思想成就的评价由批评转而赞赏，我们也可从一个侧面看到黄宗羲晚年思想的转变。

陈确的学术思想有两大亮点，一是其《大学辨》，称“《大学》首章，非圣经也；其传十章，非贤传也”[①]；二是其天理人欲之辨，他指责周敦颐说：“周子无欲之教，不禅而禅。吾儒只言寡欲耳。圣人之心无异常人之心，常人之所欲，亦即圣人之所欲也。”又说：“确尝谓人心本无天理，天理正从人欲中见，人欲恰好处，即天理也。向无人欲，则亦并无天理之可言矣。”[②]这在当时而言，确实是惊世骇俗之论。对此，黄宗羲在陈确生前是不以为然的。他在康熙五年丙午（1666）会晤陈确后所写的《刘伯绳先生墓志铭》中批评陈确说：“子刘子既没，宗旨复裂。海宁陈确乾初，以《大学》有古本，有改本，有石经，言人人殊，因言《大学》非圣经也，自来学问，由正以入诚，未有由诚以入正者。”[③]显然，这时的黄宗羲是将陈确之论当作割裂师说的谬论的。他在康熙十五年（1676）写给陈确的《论学书》中也批驳了陈氏“天理人欲”之辨，说：

> 气质人心，是浑然流行之体，公共之物也。人欲是落在方所，一人之私也。天理人欲，正是相反，此盈则彼绌，彼盈则此绌。故寡之又寡，至于无欲，而后纯乎天理。若人心气质，恶可言寡耶？……以此而禅濂溪，濂溪不受也。必从人欲恰好处求天理，则终身扰扰，不出世情，所见为天理者，恐是人欲之改头换面耳。[④]

然而，当他细读了陈确的著作以后，改变了对陈氏理论的批评态度，在《陈乾初先生墓志铭》的重撰本（二稿）中自我反省说：“不肖羲蒙先师收之孤苦之中，而未之有得，环视刘门，知其学者亦绝少。……近读陈乾初所著，于先师之学十得之四五，恨交臂而失之也。”他在改稿中详细引述了陈乾初论心性、论

---

① （明末清初）陈确：《陈确集》下册，中华书局1979年版，第552页。

② （明末清初）陈确：《陈确集》下册，中华书局1979年版，第461页。

③ 《黄宗羲全集》第10册，第314页。

④ 《黄宗羲全集》第10册，第159页。

天理人欲的理论，而未作具体批评，只笼统评论说："其于圣学，已见头脑，故深中诸儒之病者有之，或主张太过，不善会诸儒之意者亦有之。"最后又解释了自己转变态度的原因："翼（乾初长子）以志铭见属。其时未读乾初之书，但以翼所作事实，稍节成文。今详玩遗稿，方识指归，有负良友多矣。因理其绪言以谶前过。铭曰：有明学术，宗旨纷如。……惟我蕺山，集夫大成。……龙山之下，乃有杰士。从游虽晚，冥契心髓。不无张皇，而笃践履。余忝同门，自愧浅陋。昔作铭文，不能深究。今其庶几，可以传后。"[①]不仅如此，黄宗羲更在晚年所改《陈乾初先生墓志铭》的最后改定本（四稿）中对陈确最重要的学术观点作了肯定，他说：

（乾初）又云人心本无天理，人欲恰好处即天理。其主于无欲者，非也。乾初论学，虽不合于诸儒，顾未尝背师门之旨。先师亦谓之疑团而已。其论《大学》，以后来改本，牵合不归于一，并其本文而疑之。即同门之友，断断为难，而乾初执说愈坚，无不怪之者，此非创自乾初也。慈湖亦谓《大学》非圣经，亦有言《大学》层累，非圣人一贯之学。虽未必皆为定论，然吾人为学工夫自有得力。意见无不偏至，惟其悟入，无有不可，奚必抱此龃龉不合者，自窒其灵明乎？是书也，二程不以汉儒不疑而不敢更定，朱子不以二程已定而不敢复改，亦各求其心之所安而已矣。夫更改之与废置，相去亦不甚相远也。[②]

这已经是对陈确"惊世骇俗之论"最强有力的辩护了。对此，现代国学大师钱穆先生评论说：

梨洲对乾初论学见解，逐步变迁。正见梨洲晚年思想之逐步转换也。……乾初扩充尽才后见性善之论，梨洲已加肯认而为之阐述矣。继此

① 《黄宗羲全集》第10册，第362—368页。

② 《黄宗羲全集》第10册，第374—375页。

而往，乃有"心无本体，工夫所至即为本体"之说，是梨洲晚年思想之转变，固与乾初有关系也。……大凡一种学术思想之特起，于其一时期中，无不可寻得先存之迹象。而即其特提与重视，已足为别开一新局面之朕矣。故余谓梨洲晚年《学案》一序，所谓"盈天地皆心，心无本体，工夫所至即是本体"云云，不得不谓是一极大转变，又不得不谓其受同时乾初之影响者甚深。即乾初论学，亦何尝不自蕺山、阳明出？亦惟其特提与重视之转移，即足以推证其思想之变迁也。[①]

这段评论，揭示了从王阳明到刘蕺山，再到蕺山弟子陈确、黄宗羲的思想之一脉相承与相互影响的内在联系，可谓慧眼独具。

黄宗羲在海宁拜访陈确的同时，还与好友陆嘉淑一起拜访了著名学者黄道周的经学传人朱朝瑛。

黄道周（1585—1646），字幼平（或作幼玄），号石斋，福建漳浦（明称漳海卫）人，学者称其为石斋先生，是明清之际著名经学家、文学家、艺术家。天启进士，授编修。崇祯时期，多次因直言得罪当局而被贬官、削职。弘光时任礼部尚书。南都亡，唐王任以武英殿大学士，自请至江西招兵抗清，兵败被俘，被清廷杀害于江宁（今南京市）。死前留下了"纲常万古，节义千秋，天地知我，家人无忧"的绝命书。唐王谥以忠烈。黄道周学问渊博，以文章风节高天下，为人严冷方刚，不谐流俗。精通六经、天文、历数，工书善画，尤精于周易象数之学。著有《易象正义》《三易洞矶》《春秋揆》《孝经集传》《儒行集传》《石斋集》等书。可惜学乏传人，故后世声名不彰。[②]朱朝瑛堪称道周易学在浙江的唯一传人。

朱朝瑛（1605—1670），字美之，别号康流，晚年又号罍庵。海宁花园里人。崇祯十三年（1640）进士，曾任安徽旌德县令，不久以丧事归里。明亡后，终身不复出仕。著有《五经略记》《罍庵杂述》《金陵游草》《文集》等数十卷。

① 钱穆：《中国近三百年学术史》，商务印书馆1997年版，第49—50页。

② 关于黄道周的生平事迹，参见黄宗羲著《明儒学案》卷五六《诸儒学案下四 · 忠烈黄石斋先生道周》文；又见《明史 · 黄道周传》。

黄宗羲所撰《朱康流先生墓志铭》中论康流之学曰：

> 漳海（黄道周）之学如武库，无所不备，而尤邃于《易》、历。……其时及门者遍天下，随其质之所近，止啼落草，至于《易》、历，诸子无复著坐之处，相与探天根月窟者，则康流先生一人而已。……先生博稽六艺，各有论著。……要不尽同于漳海。……自漳海悬记。先生之覃精者近三十年，又何以测其所至乎？……余丙午岁十一月，同冰修访先生于家。剧谈彻夜，绵联不休。尽发所记《五经》读之，出入诸家，如观王会之图。计平生大观，在金陵尝入何玄子署中讨论《五经》，至此而二耳。逾年，先生以《各经略记》首卷见寄，荏苒数年，欲以一得之愚取证，而先生不可作矣。……铭曰：……百年漳海，破荒而出；象数理学，会归于一。罍庵老人，入室弟子；削笔洗砚，俗儒心死。漳海之学，不得其传；葑泾之原，留此一线。[①]

黄宗羲对朱朝瑛的经学成就是很重视和敬佩的，他在自己的著作中多次论及其人其学。如在《思旧录·朱朝瑛》中称赞"海昌之学者，康流、乾初二人，恐从前皆不及也"，在为阎若璩写的《尚书古文疏证序》中称"吾友朱康流"，在《张元岵先生墓志铭》中称"海昌有穷经之士二人，曰朱康流、张元岵。短檐破屋，皆拌数十年之力""康流于易，研寻图象，尽拔赵帜"，在其删定的《南雷文案》《文定》《文约》中均保留了《答朱康流论历代甲子书》之文。可见黄宗羲与朱朝瑛并非泛泛之交，而是可以深入讨论学问的良师益友。

自康熙五年（1666）至海宁访友论学以后，黄宗羲曾在康熙十五年至十九年（1676—1680）期间，多次到海宁讲学，并担任主讲人。当时，海宁县令许

① （明末清初）黄宗羲著，吴光整理：《黄宗羲南雷杂著真迹》，浙江古籍出版社1987年版，第207—209页。

三礼[1]约请了一些官僚士大夫前来听讲。其中有在朝任官的昆山徐秉义，其兄刑部尚书徐乾学也派门人彭孙遹来海宁听讲。全祖望《梨洲先生神道碑文》形容当时讲学盛况时说：

> 东之鄞、西之海宁，皆请主讲，大江南北，从者骈集，守令亦或与会。已而抚军张公以下，皆请公开讲，公不得已应之，而非其志也。公谓明人讲学，袭语录之糟粕，不以六经为根柢，束书而从事于游谈，故受业者必先穷经，经术所以经世，方不为迂儒之学，故兼令读史。又谓“读书不多，无以证斯理之变化；多而不求于心，则为俗学”。故凡受公之教者，不堕讲学之流弊。公以濂、洛之统，综会诸家，横渠之礼教，康节之数学，东莱之文献，艮斋、止斋之经制，水心之文章，莫不旁推交通，连珠合璧，自来儒林所未有也。[2]

虽然给守令、抚军等官僚们讲学有些“不得已应之，而非其志”，但既然开讲，就得有所针对，因材施教。黄宗羲告诉他们说：“你们能做到爱民尽职，才是经常要温习的真学问呵！”在讲学时，黄宗羲虽然也是用“四书五经”一类的儒家经典做教材，但他不搞教条主义，而是鼓励学生相互辩论驳难，学以致用。他后来总结自己在海宁讲学的方法与经验时说：

> 余讲学海昌，每拈《四书》或《五经》作讲义，令司讲宣读，读毕，辩难蜂起，大抵场屋之论，与世抹杀。余曰：“各人自用得着的，方是学

① 许三礼（1625—1691），字典三，号酉山。河南安阳人。顺治十八年（1661）进士，康熙十二年（1673）授海宁知县，历任福建道御史、大理寺少卿、顺天府尹、左副都御史、兵部右侍郎。他在海宁知县任上，屡邀黄宗羲至海宁讲学，执弟子礼甚恭，还曾助刻《明儒学案》数卷。黄宗羲记其事曰：“余自丙辰至庚申五年，皆在海宁奉先生之教，而先生又从余受黄石斋先生《三易洞玑》及《授时》《西》《回》三历，不可不为知己。”又曰：“（《明儒学案》）成于丙辰之后，许酉山刻数卷而止。”见《黄宗羲全集》第10册之《兵部督捕右侍郎酉山许先生墓志铭》与《明儒学案序》。可见，许三礼也算得上是黄宗羲的在朝弟子了。

② 《黄宗羲全集》第12册，第8页。

问。寻行数墨，以附会一先生之言，则圣经贤传皆是糊心之具。朱子所谓‘譬之烛笼，添得一条骨子，则障了一路光明’是也。”[①]

可见黄宗羲的治学态度是主张理论联系实际、反对教条主义和本本主义的。

在海昌讲学时，黄宗羲很重视讲授自然科学知识。他向许三礼等人传授了他研究《授时历》《西洋历》《回回历》的所得，向学生陈讦（字言扬）传授了中国传统的历算学知识以及从西方引进的历学、数学知识。陈言扬深得老师学术精华，写了一本关于“勾股定理”的专著——《勾股述》。黄宗羲非常高兴，亲自为之作序。他在《叙陈言扬勾股述》一文中，概述了中国古代数学曲折发展的简史，批判了中国封建社会中知识分子不重视自然科学的弊病，深有感触地说：“西洋改容圆为矩度，测圆为八线，割圆为三角。吾中土人让之为独绝，辟之为违天，皆不知二五之为十者也。数百年以来，精于其学者……不过数人而已。海昌陈言扬因余一言发药，退而述为勾股书，空中之数，空中之理，一一显出。”他还回顾了自己过去刻苦钻研历算学的情景：避居四明山的荒野深谷，“双瀑当窗，夜半猿啼伥啸，布算簌簌”，到了如痴如醉的地步。但学成之后，犹如学了“屠龙之技”，“不但无所用，且无可与语者”，心境之苦闷难以形容。现在看到学生有所成就，不禁喜出望外，于是表示要将所学“尽以相授”，并期待陈讦“引而伸之，亦使西人归我汶阳之田也”。他无限感慨地说：“呜呼！此特六艺中一事，先王之道，其久而不归者，复何限哉！”[②]虽然，黄宗羲在这里感叹的所谓“西学源自中学”从而主张“使西人归我汶阳之田”之说不免带些“中华文化中心论”的霸道，但他批评“中土人让之为独绝，辟之为违天”的崇洋、排外心理是颇为深刻的。这也是对中国封建专制社会阻碍自然科学发展的严正批判。同时表明，黄宗羲治学和讲学的目的之一，是希望中国自然科学能自主发展，可以与西洋科学相媲美。

黄宗羲在海宁讲学历时5年（即康熙十五年至十九年，1676—1680），听讲

① 《黄宗羲全集》第10册，第44页。

② 《黄宗羲全集》第10册，第37—38页。

人员数以百计，但真正得其真传的寥寥无几。其最重要的成果，大概还是培养了一个精通历算学的弟子陈讦。正如黄炳垕所说："（梨洲）公在海昌凡五载，得公之传者无闻焉，唯勾股之学，陈言扬得其传耳!"（《黄梨洲先生年谱》）当然，培养几个大弟子，出几本学术名著，这是一种有形的成果。而大师讲学对于世道人心的无形影响，则是难以估量的。

如前所述，黄宗羲在青年时代遵从父训，拜蕺山先生刘宗周为师，学于越城证人书院。刘宗周殉国之后，证人书院停办了20多年。到康熙六年丁未岁（1667）九月，黄宗羲会合同门学友姜希辙[①]、张应鳌[②]等人，又在绍兴恢复证人书院的讲学活动，以阐扬先师的道德气节与学术思想。黄宗羲记其事曰："先师立证人书院，讲学于越中，至甲申而罢讲；后二十四年为丁未，余与姜定庵复讲会，修遗书，括磨斯世之耳目。"[③]其后两年，他曾数度与学友们会讲于绍兴证人书院。在讲会上，黄宗羲反复阐明其师刘宗周的学术宗旨，指出"先生宗旨为'慎独'。始从主敬入门，中年专用慎独工夫"。黄炳垕《黄梨洲先生年谱》"康熙六年"条记梨洲在证人书院讲会上的讲学内容说：

> 公表显师门之学，发前人所未发者，大端有四：一曰静存之外无动察；一曰意为心之所存，非所发；一曰已发未发，以表里对待言，不以前后际言；一曰太极为万物之总名。（详公所辑《子刘子行状》）。董吴仲疑"意为心之所存"未为得也，作《刘子质疑》，公谓："先师意为心之所存，与

① 姜希辙，字二滨，别号定庵。浙江余姚人。崇祯初，与黄宗羲、董玚等同学于大儒刘宗周。中崇祯十五年（1642）壬午科举人，授温州府学教谕，摄瑞安县事，历任元城县令、户科给事中、都给事中等职。因服丧归田，明亡后不复出，以读书论学、刻书行义名闻乡里。黄宗羲视其为患难之交、"庶几真儒"，称"余交先生三十年，同为子刘子之弟子，同辑子刘子之遗书，同侧子刘子之讲席……老而师友俱尽，往往忍饥诵经，其间可以缓急告者，唯徐果亭与先生二人"，可见交谊之笃。（参见《南雷文定》五集卷三《姜定庵先生小传》）

② 张应鳌，字奠夫，山阴（今绍兴市）人。刘宗周高弟，服侍老师时间最久，曾在南都协助其师编辑《中兴金鉴录》。康熙六年（1667），以年届80高龄，与黄宗羲等发起重开绍兴证人书院，以发扬师说为职志。（参见全祖望《子刘子祠堂配享碑》、黄嗣艾《南雷学案》卷五《张奠夫先生》小传）

③《黄宗羲全集》第10册，第466页。

阳明良知是未发之中，其宗旨正相印合也。”①

黄宗羲对先师学术宗旨的理解，是在经历了种种实践的磨难和全面研读了老师的著作以后才逐步深入进而融会贯通的。他曾自我总结说：“余学于子刘子，其时志在举业，不能有得，聊备蕺山门人之一数耳。天移地转，僵饿深山，尽发藏书而读之，近二十年，胸中窒碍解剥，始知曩日之孤负为不可赎也。”②

这段时间，他写作和编辑了多种阐述刘宗周学术思想的著作，如《子刘子行状》《子刘子学言》《答董吴仲论学书》《答恽仲升论刘子节要书》，等等。

然而，黄宗羲讲学影响最大且最有成就的，还是在宁波时期，即在甬上讲经会和甬上证人书院讲学时期。由黄宗羲开创的清代浙东经史学派的主力军及其活动中心，也是在宁波地区（包括今宁波余姚市、鄞州区和慈溪市）。在这里，有必要着重叙述一下黄宗羲与甬上万氏、董氏，慈溪郑氏诸家的关系。

万氏指万泰一家四代。万泰（1598—1657），字履安，号悔庵，宁波人，生于明万历二十六年（1598），比黄宗羲年长12岁，死于清顺治十四年（1657）。崇祯九年（1636），万泰得中举人，其才为士林所重。他与黄宗羲交谊甚厚，既是复社同道，又是抗清同志。他对黄氏父子的气节学问十分敬仰，曾多次率领子弟到黄竹浦拜访宗羲兄弟，请教学问。他常对朋友说：“今日学术文章，当以姚江黄氏为正宗。”（李邺嗣：《杲堂诗文钞·送季野授经会稽序》）万泰有8个儿子，世称“万氏八龙”。长子斯年（1617—1693），字祖绳，明邑庠生。父亲死后，他继续率众兄弟和儿子万言到余姚向黄宗羲问学。精于经学，兼通文史。二子斯程（1621—1671），曾参与抗清，并从死囚牢中营救了黄宗炎。三子斯祯（1622—1692），字正符。通经学。明亡，不复应举，以教书为生。四子斯昌（1625—1653），字子炽，一字孝先。也曾参与浙东抗清运动。五子斯选（1629—1694），字公择，学者称其为白云先生，著有《白云集》。六子斯大（1633—1683），字充宗，号褐夫，以经学著称，著有《学礼质疑》《仪礼商》

① 《黄宗羲全集》第12册，第41页。

② 《黄宗羲全集》第10册，第4—5页。又见黄炳垕《黄梨洲先生年谱》“康熙七年”条，个别文字有异。

《周官辨非》《礼记偶笺》《学春秋随笔》（合称《万氏经学五书》，凡18卷）。七子斯备（1636—?），字允诚。善书法，精篆印，工诗文。著有《深省堂集》。八子斯同（1638—1702），字季野，学者称其为石园先生。兼通经史，而以史学著称。著有《明史稿》《儒林宗派》《补历代史表》《石园集》等，凡数百卷，是万氏家族中学术成就最大者。万泰孙辈、曾孙辈在学术上有所成就的，还有斯年之子万言，斯大之子万经，万言之子万承勋。万言，字贞一，号管村。与修《明史》《盛京通志》《一统志》，著有《崇祯长编》《管村诗稿》《管村文钞》等。万经，字授一，号九沙。长于经学，兼通文史。万承勋，字开远，号西郭。传家学，善诗。著有《越中草》《冰雪集》等。

黄宗羲与万氏祖孙交往非常密切。万泰逝世后，黄宗羲即寄书其长子万斯年，招万氏兄弟及万言到余姚受业。正如万言在《怀旧诗序》中所说："余叔侄以先王父之旧，受业梨洲先生者有年。"在现存《南雷诗文集》中，有黄宗羲为万泰、万斯年、万斯选、万斯大作的墓志铭，还有多篇为万氏祖孙著作所写的序、跋、题词及论学书、唱和诗。宗羲还将孙女嫁给了万斯年之孙万承勋。他在晚年为悼念万斯年而作的《万祖绳墓志铭》中悲痛地说："余与万氏交四世矣……忽忽六十年（自崇祯七年至康熙三十二年，1634—1693），不意铭君之墓也。"

董氏指董德偁一家三代。董德偁（1603—1661）字天鉴，号铭存，世居明州（今宁波市）。其父董应寺是万历年间举人，官至知府，与宗羲之父黄尊素是同门学友。德偁之子允瑫、允珂、允玮、允璘四兄弟都是黄宗羲的得意门生，皆有文名。黄宗羲在《前乡进士董天鉴墓志铭》中，称自己与董氏有"三世交情"，并为允瑫（字在中）、允璘（字吴仲）作墓志铭，称赞说："甬江之上，唯董氏为多才子。"他在《董吴仲墓志铭》中比较越中（今绍兴市）与甬上的学风时说："越中类不悦学，所见不能出于训诂场屋；而甬上之闻风而兴者，一时多英伟高明之士，吴仲其一也。"又说："明年（康熙七年），余至甬上，诸子大会于僧寺，亦遂以证人名之。甬上讲学之事，数百年所创见，传相惊怪；吴仲使疑者解颐，辨者折角，而甬士风气为之一变。"可见，董吴仲在黄宗羲甬上讲学中起到了组织宣传作用。

郑氏指慈溪郑溱、郑梁、郑性一家三代。郑溱（1612—1697）字平子，号秦川先生，慈溪人，是黄宗羲挚友。他知道黄宗羲很有学问，故命儿子郑梁拜梨洲为师。郑梁（1637—1713）字禹梅，号寒村，康熙年间进士，官至广东高州（今茂名市）知府。学者称其为寒村先生，或称郑高州，是宗羲高足弟子，以诗文著称于世。康熙六年（1667），他奉父命拜谒梨洲先生。梨洲授以亲自编定的蕺山刘子遗作《子刘子学言》《圣学宗要》等书，并为之讲解“因文见道”的旨趣，使之茅塞顿开，自愧学识浅陋。于是，仿古人“尽弃所学而学之”的遗风，将拜师之前的旧作统统烧掉，而将此后的著作称为《见黄稿》。临终，嘱咐儿子郑性立祠于家，以纪念其父、其师。所著《寒村诗文集》36卷，由其子刊刻行世。郑性（1665—1743），字义门，号南溪，晚年自号五岳游人。著有《二老阁书目》《南溪梦呓》《南溪寤歌》《南溪偶存》等，有刻本行世。郑性遵从父训，在住宅东面特筑二老阁，作为祭祀祖父秦川先生郑溱、祖师梨洲先生黄宗羲二位前明遗老之地，并做藏书、刻书之所。梨洲学术得以传播弘扬在很大程度上应归功于郑梁、郑性及二老阁传人。

甬上证人书院，就是在万、董、郑三家子弟以及陈赤衷、李邺嗣等人的拥护下，由黄宗羲担任主讲而创办起来的。

在甬上证人书院建立之前，清廷曾于顺治十七年（1660）颁布诏令，严禁文人结社，但并未有效禁止各地反清文士的结社活动。如顾炎武就在江苏创办惊隐诗社、阎修龄在安徽创立瞭望社、屈大均在广东办西园诗社、诗僧函可在沈阳建冰天诗社等，都不同程度地具有反清倾向。浙东文人的民族意识本来就十分强烈，结社之风也从未衰减。康熙初年，宁波、绍兴、石门等地的文会文社又蓬勃发展起来，如黄宗羲、姜希辙在绍兴恢复了证人书院，在宁波则有陈亦衷、董允瑫等创建的澹园社，范光阳等人办的心社，董德偁等人办的西湖八子社，李邺嗣、高宇泰等人办的南湖九子社，等等。

康熙四年乙巳（1665），万氏兄弟、董氏兄弟与陈赤衷、范光阳等将几个文社合并，建立了甬上策论会。这年春天，万斯大、万斯同、陈锡嘏、陈赤衷、董允瑫、董允璘、仇兆鳌等20余名策论会成员相约到余姚向黄宗羲求教，拜梨洲先生为师。

康熙六年丁未（1667），在弟子陈赤衷倡议下，将“策论会”改为“讲经会”，以讨论五经为主要科目。讲经会成员对五经寻根究底，讨论热烈，蔚为盛况。

康熙七年戊申（1668）三月，黄宗羲再次到宁波讲学。他的数十名学生在鄞县（今宁波市鄞州区）广济桥和延庆寺等地分别举行大会，在老师提议下，正式建立了甬上证人书院。之所以命名为“证人书院”，是表示要继承刘宗周的学术事业，改变明代文人讲学的积习流弊，造就一种新的学风。

黄宗羲在甬上讲学的地址，看来并不固定。根据记载，他先后在延庆寺、高氏宗祠、张氏宗祠、陈赤衷家、万氏白云庄等多处主讲。但时间较长，次数最多的地方，还是万氏白云庄。所以全祖望《甬上证人书院记》说：“书院在城西之管村，万氏之别业也。”万言之子万承勋在《哭黄梨洲先生》诗中，也有“忆开讲席白云庄，杖履欣然一苇航”的句子。

甬上证人书院从康熙七年（1668）创建，到康熙十四年（1675）结束，前后经历了8年。其间，共有百余人参加讲会，向黄宗羲问学。其中不少人成了远近闻名的经学家、史学家或文学家。有的则考中科举，当了清朝的官，把学到的知识，用于“经世致用”的实践。后来，黄宗羲在多篇文章中记述了甬上讲经会和甬上证人书院讲经论学的盛况，尤以《董吴仲墓志铭》（前文已引）与《陈夔献墓志铭》记载最详。其文曰：

> 制科盛而人才绌，于是当世之君子，立讲会以通其变，其兴起人才，学校反有所不逮。如朱子之竹林，陆子之象山，五峰之岳麓，东莱之明招，白云之仙华，继以小坡、江门、西樵、龙瑞。逮阳明之徒，讲会且遍天下，其衰也，犹吴有东林，越有证人，古今人才，大略多出于是……丁未、戊申间，甬上陈夔献创为讲经会，搜故家经学之书，与同志讨论得失。一义未安，迭互锋起，贾、马、庐、郑，非无纯越，必使倍害自和而后已。思至心破，往往有荒途为先儒之所未廓者。数年之间，仅毕《诗》《易》《三礼》，诸子亦散而之四方，然皆有以自见。如万季野之史学；万充宗、陈同亮之穷经；躬行则张旦复、蒋弘宪；名理则万公择、王文三；文章则郑禹

> 梅清工，李杲堂纬泽，董巽子、董在中函雅，而万贞一、仇沧柱、陈匪园、陈介眉、范国雯，准的当时，笔削旧章，余子亦复质有其文。呜呼盛矣！非夔献开其沟浍，曷克有此？……东方为学之士，雨并笠，夜续灯，聚夔献之家，甥胏烹蛤蚬，蔬橡杂陈，以饮食之，连床大被，所谈不出于王霸，积月日不厌。余每过必如之。[①]

黄宗羲讲学，是有明确宗旨和独特风格的，也就是反对束书空谈，重视真才实学；提倡明经通史，主张经世致用。他对那些空谈道德性命而没有真才实学的人十分鄙夷，对虚妄学风提出了严厉的批评。他说：

> 尝谓学问之事，析之者愈精，而逃之者愈巧。……奈何今之言心学者，则无事乎读书穷理；言理学者，其所读之书不过经生之章句，其所穷之理不过字义之从违。薄文苑为词章，惜儒林于皓首，封己守残，摘索不出一卷之内。其规为措注，与纤儿细士不见长短！天崩地解，落然无与吾事，犹且说同道异，自附于所谓道学者，岂非逃之者之愈巧乎？[②]

这对那些空谈家们真不异当头棒喝！他总结了明中叶以来讲学的流弊，说“明人讲学，袭语录之糟粕，不以六经为根柢，束书而从事于游谈”[③]。他还批评明末一些读书社（如云间几社、武林读书社、娄东复社）的文人们不务实学，“本领脆薄，学术庞杂”，所以“终不能有所成就”[④]。既然如此，那么应当提倡什么呢？黄宗羲特别强调学者要明经通史，以求经世致用。既然经术、史籍对于社会政治、文章事业如此重要，所以黄宗羲要求前来受业的学生们“必先穷经”，同时“兼令读史”。由此可见，黄宗羲是把刻苦钻研儒家经典和熟悉历史作为他讲学授徒的两门主课的。而他的这些议论，对于克服那种满足抄袭古人

---

① 《黄宗羲全集》第10册，第452—454页。

② 《黄宗羲全集》第10册，第645—646页。

③ 《黄宗羲全集》第12册，第8页。

④ 《黄宗羲全集》第10册，第453页。

语录、务虚不务实的讲学流弊有着振聋发聩的作用。全祖望评论说："凡受公之教者，不堕讲学之流弊。"[①]可见黄宗羲讲学，确有救偏补弊之功。

黄宗羲讲学，并不局限于经学和史学，同时还讲授天文、历法、数学、地理等自然科学知识。如前所述，他在海宁讲学时就培养了一个精通数学的学生陈言扬，他还向海昌知县许三礼传授了有关授时历、西洋历、回回历的科学知识。他的学生万经（万斯大之子）在《寒村七十寿序》中回忆说，黄梨洲在甬上讲学时，他的弟子对经学、史学以及天文、地理、六书、九章至远西（指西方国家）测量推步之学，都能刻苦学习，"争各磨砺，奋气怒生，皆卓然有以自见"。尽管黄宗羲的自然科学知识水平不算很高，接受的西方自然科学知识也不算丰富，但在风气未开的封建专制时代，已经是很不容易的了。他同他的朋友方以智[②]一样，在自然科学领域是走在时代前列的，比起那些只懂经史之学而不懂"质测"之学的正统老儒（包括他的老师刘宗周），黄宗羲确实要高明得多。

康熙十八年（1679），黄宗羲已经70岁。这位古稀老人停止了讲学活动，集中精力著书立说。直到86岁逝世前，他所念念不忘的仍然是如何传承他的学术与思想，如在病榻上向儿子百家口授《明儒学案序》，在逝世前夕写下了足以警世传世的"临终遗嘱"——《梨洲末命》与《葬制或问》。他通过诲人不倦的讲学活动与孜孜不倦的著书实践，向学生们展示了一代学术大师的风范，也培植了一个具有独特风格的学派——清代浙东经史学派。

"浙东学派"的概念，最早是由黄宗羲提出的。他在《移史馆论不宜立理学传书》中，批评了明史馆馆臣所谓"浙东学派最多流弊"之说，指出："有明学术，白沙（陈献章）开其端，至姚江（王阳明）而始大明。……逮及先师蕺山（刘宗周），学术流弊，救正殆尽。向无姚江，则学脉中绝；向无蕺山，则流弊充塞。凡海内之知学者，要皆东浙之所衣被也。今忘其衣被之功，徒訾其流弊

① 《黄宗羲全集》第12册，第8页。

② 方以智（1611—1671），字密之，号曼台，兼有别号多种。安徽桐城人。明清之际思想家、科学家、书画家。早年参与复社，与冒辟疆、侯方域、陈贞慧并称"明末四公子"。明亡后积极参与抗清。失败后削发为僧。黄宗羲《思旧录·方以智》记与其交往曰："己卯（崇祯十二年），余病疟。……密之为我切脉。……壬午（崇祯十五年）在京师，言河洛之数，另出新意。从永历为相随。后削发为僧，法名无可。"

之失，无乃刻乎！”[①]而黄宗羲所谓“浙东学派”，指的是从王阳明到刘蕺山的“东浙学脉”，而非现代意义上的“浙东学派”。

现代意义上的“浙东学派”的概念，则是由近现代学术大师梁启超首先提出的。梁氏于1902年所撰《中国学术思想变迁之大势》一文中说：“浙东学派……其源出于梨洲、季野而尊史，其巨子曰邵二云、全谢山、章实斋。……吾于诸派中，宁尊浙东。”[②]梁氏又在1923年所著《中国近三百年学术史》中说：“明清嬗代之际，王门下惟蕺山一派独盛，学风已渐趋健实。……而梨洲影响于后来者尤大。梨洲为清代浙东学派之开创者，其派复衍为二，一为史学，二即王学。”[③]由此可见梁启超对以黄宗羲为首的清代浙东学派的推崇与对学派流变的认识之具体。

但梁氏论清代浙东学派存在一个偏向，即把这个学派仅仅看作史学流派。他在《清代学术概论》中论清代学术说：“大抵清代经学之祖推（顾）炎武，其史学之祖当推宗羲。……宗羲以史学为根柢，故言之尤辩。”又在《中国近三百年学术史》中说：“梨洲学问影响后来最大者，在他的史学。”自梁氏以后，学者论及清代浙东学派者，大多受梁氏影响，而称“浙东史学”或“浙东史学派”云云，如何炳松称“浙东学派”“浙东史学”，陈训慈称“清代浙东史学”，杜维运称“清代浙东史学派”，等等。[④]

其实，黄宗羲不仅重视史学，而且重视经学，其学术特色是经史并重的。他强调学问必须“以六经为根柢”，要求“受业者必先穷经”，然后“兼令读

① 《黄宗羲全集》第10册，第221页。

② 梁启超：《饮冰室合集》第3册，上海中华书局1936年版，第95—96页。

③ 梁启超：《梁启超论清学史二种：清代学术概论·中国近三百年学术史》，复旦大学出版社1985年版，第138页。

④ 参见何炳松：《浙东学派溯源》，上海商务印书馆1932年初版，中华书局1989年新版；陈训慈：《清代浙东之史学》，《史学杂志》第2卷第6期（1931年4月出刊）；杜维运：《黄宗羲与清代浙东史学派之兴起》，载于《清代史学与史家》，台北东大图书公司1984年版，中华书局1988年版。关于“浙学”与“浙东学派”之名称及其内涵的讨论与梳理，参见吴光：《试论“浙学”的基本精神——兼论“浙学”与浙东学派的研究现状》，载于台北《中国文哲研究通讯》1994年第1期、杭州大学出版社1994年版《陈亮研究论文集》；《简论“浙学”的内涵及其基本精神》，《浙江社会科学》2004年第6期；董平：《浙东学派之名义及其内涵》，载于南京大学《思想家》Ⅱ，江苏教育出版社2002年版。

史”，提倡“学必原本于经术而后不为蹈虚，必证明于史籍而后足以应务”的经世实学。正因如此，其弟子在宁波创设“讲经会”，以辩论五经、阐扬经学为宗旨。黄宗羲自己的学术成就，不仅有《明儒学案》《行朝录》一类史学著作，而且有《易学象数论》《孟子师说》《授书随笔》一类经学著作。其弟子与私淑、后学，如万斯大、万斯同、邵廷采、全祖望、章学诚等，虽然各有侧重，但都并非偏废经学，而是经史兼治的。如著名史学家万斯同，除了《明史稿》《补历代史表》等史学著作外，还有《庙制图考》《石经考》《群书疑辨》《讲经口授》等经学著作，而其兄万斯大则是著有《经学五书》的著名经学家。被称为“浙东史学”传人之一的邵晋涵，虽然一生主要从事史书编纂整理工作，但其最重要、最有影响的著作是经学专著《尔雅正义》20卷。所以，不能将浙东经史之学割裂分析。关于清代浙东学派的学术特色与定位，笔者在30多年前发表的《黄宗羲与清代学术》一文中就对梁氏之说提出异议，拙文指出：

> 关于清代浙东学派，前人往往作狭义的理解，称之为“浙东史学派”，并以章学诚为其殿军，恐怕有失偏颇。愚意以为，浙东学派是一个包括经学、史学、文学、自然科学在内的学术流派，虽以史学成绩显著，但不应仅仅视作一个史学流派。这个学派的主要代表人物，以史学为主兼治经学的有万斯同、万言、邵廷采、全祖望、邵晋涵、章学诚，以经学为主兼擅史学的有万斯选、万斯大、黄百家、王梓材，其文学代表人物则有李邺嗣、郑梁、郑性等，自然科学代表人物则有陈訏、黄炳垕等。①

尽管那时的研究还有些粗糙，在人物分析上未必精确，但笔者的基本看法至今未变，并且自信可以成立。笔者认为，以黄宗羲为首的清代浙东学派，是一个涵括经学、史学、文学、科学等多个学术领域而以经史之学为主体的学术流派，可以称之为“清代浙东经史学派”。有人或据章学诚“六经皆史”说而定位清代

① 吴光：《黄宗羲与清代学术》，原载于《孔子研究》1987年第2期；后收入吴光论文集《儒道论述》，台北东大图书公司1994年版。

浙东学派为“浙东史学派”，其实似是而非也。试问：若说“六经皆史”即是“史学”，则“经学”之名是否还能独立存在？如“经学”之名不可废，“经学”之实不可替，则所谓“六经皆史”者，就不能片面指称史学，而应包含经学了。因此，不能凭此一语就将浙东经史学派片面指称为“浙东史学派”。

浙东人物，风采熠熠

在此，根据笔者研究心得，对清代浙东经史学派的主要成员及其学术成就作一简介：

1. 经学为主兼治史学者：黄宗炎、万斯大

黄宗炎（1616—1686），字晦木，一字立溪，学者称其为鹧鸪先生。生于明万历四十四年（1616）。兄宗羲，弟宗会，皆有才学，儒林称之为“东浙三黄”。其学术门径近于其兄，而经学造诣或有过之。明崇祯中，宗炎以明经贡太学。崇祯十二年己卯（1639），参加乡试落榜，即与弟宗会闭门读书。清兵南下，宗炎与兄、弟率家乡弟子数百人组成“世忠营”追随鲁王抗清。兵败后两次被捕，幸蒙朋友相救得以逃脱。战乱之后，以行医卖画艰难维生，肆力著书，著有《忧患学易》《六书会通》《二晦集》《山栖集》等专著文集。今仅有《忧患学易》一书传世，余皆亡佚。其《忧患学易》收录宗炎易学专著3种，凡25卷，即《周易象辞》22卷、《寻门余论》2卷、《图学辨惑》1卷。

宗炎解说《周易》，遵从儒家之学，而拒斥佛老之说，尤对邵雍先天象数之学与陈抟太极图说批评甚力。他解释爻、象、彖辞，也都以义理为主。而解释《周易》字义则引古篆文为说，多有发前人未见者，但亦不免墨守古义、勉强套用之弊。其《寻门余论》批评了宋儒“空谈义理、遁入虚无”“师心自用，离《易》以言《易》”之病。

黄宗炎在文字学方面造诣颇深，全祖望评论说：“先生虽好奇字，然其论小学，谓‘扬雄但知识奇字，不知识常字，不知常字乃奇字所自出’。三致意于《六书会通》，乃叹其奇而不诡于法也。”康熙二十五年（1686），宗炎以贫病卒于家，享年71岁。[①]

万斯大（1633—1683），字充宗，号跛翁、褐夫，浙江鄞县人，万泰第六子，生于明崇祯六年（1633），卒于清康熙二十二年（1683）。他与兄斯年、斯选，弟斯同，子万经等共同受业于黄宗羲，以精研“春秋三传”与“三礼”（即《周礼》《仪礼》《礼记》）著称。

万斯大为清初著名经学家，其治经以“元元本本，可据可依”为原则，坚持10余年，因而得以融会贯通。黄宗羲总结其治经特色是：“以为非通诸经，不能通一经；非悟传、注之失，则不能通经；非以经释经，则亦无由悟传、注之失。”[②]故其为经学，往往独辟蹊径，勇于质疑而又重视内证，能发前人之所未发。他精通《春秋》，曾辑录《春秋三传明义》240卷，可惜书稿毁于火。后重新整理旧稿，成《学春秋随笔》10卷。其治“三礼”之作，则有《学礼质疑》2卷、《周官辨非》2卷、《仪礼商》2卷、《礼记偶笺》3卷，其子万经合辑为《经学五书》，刊刻传世。此外，斯大还曾撰有《丁灾草》及《甲阳草》两书，今已亡佚。另编有《万氏宗谱》10卷，今有传本。

万斯大为人刚毅正直，节操坚贞。抗清名将张煌言被清廷杀害后，弃骨荒郊，他毅然为之收拾遗骨，葬于杭州南屏。他坚守遗民气节，不事科举，潜心治经。

黄宗羲对万斯大的学问和人格十分欣赏，对其经学成就给予很高评价。今本《南雷文定》中保留了宗羲所撰《答万充宗质疑书》《答万充宗论格物书》《答万充宗杂问》三道书函以及《万充宗墓志铭》《万充宗哀辞》两篇志铭、祭文，这对宗羲弟子而言是绝无仅有的“礼待”。其所撰《万充宗墓志铭》说：“充宗之经学，由博而致精，信乎其可传也!”又说：“自蕺山先师梦奠之后，大儒不作，世莫之宗，墙屋放言，小智大黠，相煽以自高，但有讲章而无经术。充宗之学，谁为流别，余虽叹赏，而人亦莫之信也。”其《万充宗哀辞》说：“子著《春秋》，毕力穷年；钩深索隐，折衷群言……穷经之士，如子岂

① 关于黄宗炎的生平事迹与学术成就，参见全祖望：《鹧鸪先生神道表》，《鲒埼亭集》内编卷十三；并参见《四库全书总目》卷六《周易象辞提要》。

② 《黄宗羲全集》第10册，第417页。

多！……老而望洋，日薄山晼；藉手于子，薪火鲁邹。”字里行间，既寄托了老师对学生的无限哀思，也透露了老师假手弟子著作以传其学的殷切期盼。

2. 史学为主兼治经学者：万斯同、邵廷采、全祖望、邵晋涵、章学诚、王梓材

万斯同（1638—1702），字季野，学者称其为石园先生。生于明崇祯十一年（1638），卒于清康熙四十一年（1702）。他是“万氏八龙”中最小的一个，却是黄宗羲弟子中史学成就最大者。斯同自幼博览群书。自康熙三年（1664）起，随诸兄从学于黄宗羲。博览群籍，尤其遍读了二十一史与明十五朝《实录》。康熙十七年（1678），诏征博学鸿儒，斯同被提名举荐，但坚辞不就。次年，朝廷开明史馆，招斯同与修《明史》，经其师黄宗羲赞同，斯同遂“以布衣参史局”，赴京修史。斯同在史局凡13年，手定《明史稿》500卷。又协助尚书徐乾学纂辑《读礼通考》200余卷。其他经史著作，尚有《丧礼辨疑》《石经考》《庙制图考》《群书辨疑》《儒林宗派》《周正汇考》《补历代史表》《历代宰辅汇考》《石园文集》等数十卷。及卒，门人私谥贞文先生。

黄宗羲对万斯同的才学特别欣赏，师生感情也特别深厚。今存《南雷文定》中，保留了两篇黄宗羲致万斯同书函，即《答万季野丧礼杂问》《再答万季野丧礼杂问》，一篇是为万氏著作写的序文——《补历代史表序》。序文曰：

> 自科举之学盛，而史学遂废。……今未尝有史学之禁，而读史者顾无其人，由是而叹人才之日下也。……余友万季野，读书五行并下……而尤熟于明室之典故。诏修《明史》，总裁令其以白衣领事，见之者无不咨其博洽。尝补二十一史表五十四卷，朝士奇之，欲与刊行，诚不朽之盛事也。……及明之亡，朝之任史事者众矣，顾独借一草野之万季野以留之，不亦可慨也夫！[1]

黄梨洲对万季野史学成就的高度肯定，由此可见一斑。而当万斯同北上参与修

① 《黄宗羲全集》第10册，第80—82页。

纂《明史》时，黄宗羲先后写下了两首送别诗。其一题名《送万季野贞一北上》（写于康熙十八年，1679），诗云：

史局新开上苑中，一时名士走空同。
是非难下神宗后，底本谁搜烈庙终？
此世文章推婺女，定知忠义及韩通。
凭君寄语书成日，纠谬须防在下风。

管村彩笔挂晴霓，季野观书决海堤。
卅载绳床穿皂帽，一篷长水泊蓝溪。
猗兰幽谷真难闭，人物京师谁与齐？
不放河汾声价倒，太平有策莫轻题！

堂堂载笔尽能人，物色何缘到负薪？
且莫一诗比老妇，应怜九帙有萱亲。
重阳君渡卢沟水，双瀑吾被折角巾。
莫道等闲今夜月，他年共忆此良辰。[①]

其二题名《送万季野北上》（写于康熙二十八年，1689），诗云：

三叠湖头入帝畿，十年乌背日光飞。
四方声价归明水，一代贤奸托布衣。
良夜剧谈红烛跋，名园晓色牡丹旂。
不知后会期何日？老泪纵横未肯稀！[②]

① 《黄宗羲全集》第11册，第282页。
② 《黄宗羲全集》第11册，第328页。

这些诗文，一方面透露了黄宗羲对保存有明一代历史的责任感，另一方面也表现出黄宗羲对弟子修史寄予了厚望。

邵廷采（1648—1711），原名行中，字允斯，改名廷采，字念鲁。浙江余姚人。生于清顺治五年（1648），卒于康熙五十年（1711），终年64岁。少时聪颖好学，尤喜读史。12岁从外祖父陈正衎学经义，学习《左传》《国语》《史记》《汉书》。17岁始受业于本县韩孔当（字仁父）；20岁（康熙六年，1667）赴绍兴参与证人讲会，问学于黄宗羲、毛奇龄诸前辈，经史之学大进。22岁游邑庠，补诸生，此后淹滞科场，以教授为业。47岁（康熙三十三年，1694），讲学于姚江书院，以学问湛深、操行高洁，见重一方。晚年屏居乡里，潜心著述。主要著作有《思复堂文集》，此外尚有《东南纪事》《西南纪事》《礼经节要》《姚江书院志》等多种。

廷采为学，主于经世。倡言经学与心性之学本出一原。倘于经学之外别求心性，必失圣人作经之意，流于空谈。又以为治史在于鉴古知今，以救时弊。廷采论文，谓文章无关世道者可以不作，有关世道者不可不作，即文采未极，亦不妨作。故于前明殉国诸臣，传记特详，敬仰哀痛，情见乎词。其学与同时大儒黄宗羲、颜元、李塨等大致相同，皆为经世实学。

其族孙邵晋涵为《国史儒林传稿》撰写的《邵廷采传》记其治学经历说：

> 廷采为诸生，与徐景范皆从韩孔当受业，又问学于黄宗羲。初读《传习录》无所得，既读刘宗周《人谱》，曰："吾知王氏学所始事矣。"蠡县李塨贻廷采书，论明儒异同，兼问所学。廷采答曰："致良知者主诚意，阳明而后，愿学蕺山。"孝感熊赐履以辟王学为己任，廷采曰："是不足辩，顾在力行耳。"
>
> 又私念师友渊源及身而绝，思托著述以自见。以为阳明扶世翼教，作《王子传》；蕺山功主慎独，忠清节义，作《刘子传》；王学盛行，务使合乎准则，作《王门弟子传》；金铉、祁彪佳、张兆鳌、黄宗羲等确守师说，作《刘门弟子传》。又作《宋明遗民所知传》、倪文正、施忠愍诸传，凡数十

篇。……弟子刻其文，为《思复堂集》。①

由上述资料可知，邵廷采的学术思想，是深受王阳明“致良知”说、刘宗周“诚意”说与黄宗羲“力行”说的影响的。关于邵廷采与黄宗羲的学术思想联系，我们还可从其亲撰《遗献黄文孝先生传》可见一斑。这篇传文较之后来学者所作梨洲传记之特异处有二：一是详录黄宗羲著《子刘子行状》所载刘子四大学术旨归，二是照录了梨洲临终遗命——《葬制或问》的全文。可见邵廷采正是通过黄宗羲学习与把握刘宗周思想宗旨并且赞同黄氏之说的。他在本传文末评论说：

论曰：余同里亲炙黄先生，见其貌古而口微吃，不能出辞。及夫意思泉涌，若决河东注，顷刻累百千言，续属不绝。著述文章，大者羽翼经传，细逮九流百氏，靡不通贯。尝示余《乾坤凿度》《象数》等书，望而不敢即。盖弘览博物，多得之黄漳浦；而理学宗蕺山，以故杂而不越。其为人有奇气，所交游勇侠剑客。遭运贞元，未伸幽愤……累际辟征，迄不为名所累，屹然一代学者宗师，所谓不得于彼，必有得于此者欤？至全归不用棺椁，虽非圣人中制，然洒然超俗，何必同方？而议者谓其毁灭丧纪，过矣！②

这里已经明确说明廷采曾“亲炙黄先生”，并聆听宗羲讲学论文，还从黄宗羲那里学得了《周易》象数学知识。更有甚者，邵廷采在人生弥留之际，还效法黄宗羲要求死后葬于先父墓畔而“不用棺椁，不作佛事、七七”的《梨洲末命》，给儿子留下了类似遗命：“夏四月，病膈。预留遗命。……弥留，顾仲子曰：‘死后不作佛事，瘗大父墓下，无违吾言。’”③可见，无论是学术门径还是人格

① （清）邵廷采著，祝鸿杰点校：《思复堂文集·附录·国史儒林传稿》，浙江古籍出版社1987年版，第544页。

② （清）邵廷采著，祝鸿杰点校：《思复堂文集》卷三，浙江古籍出版社1987年版，第175页。

③ （清）邵廷采著，祝鸿杰点校：《思复堂文集·附录》，浙江古籍出版社1987年版，第540页。

精神，邵廷采都受到了黄宗羲的教育熏陶。其成就虽然远不及宗羲，并且被全祖望批评为“读书甚少，不知而作”，但他有资格列于梨洲门墙，并在史学方面传承了梨洲经世之学则是毋庸置疑的。正因如此，梨洲后裔、民国学者黄嗣艾所著《南雷学案》将邵廷采列为了黄宗羲的“及门”弟子。

全祖望（1705—1755），字绍衣，号谢山，浙江鄞县人，生于清康熙四十四年（1705），卒于乾隆二十年（1755），终年51岁。雍正十年（1732）中举人，与李绂共校《永乐大典》，声名大噪。乾隆元年（1736）登丙辰科进士，选翰林院庶吉士。因受权贵排斥，辞官归家，专心于讲学著书。乾隆年间，曾任绍兴蕺山书院山长、广东天章书院山长。晚年贫病交加，盛年辞世。著有《汉书地理志稽疑》《读易别录》《经史问答》七校《水经注》等专著数十卷，诗文集《鲒埼亭集》《鲒埼亭诗集》近百卷，又修订补辑《宋元学案》百卷，并编辑了《续甬上耆旧诗》《钱忠介公文集》等书。

全祖望学问渊博，精通经史之学，尤精于宋末和明末清初的史实掌故，同时具有鲜明的民族意识和国士气节。其著作多以碑铭、传记、序跋形式记录了明末清初的大量史实，突出地表彰了那些坚守民族气节的志士仁人。

全祖望非常敬佩黄宗羲的道德文章，故不顾当时存在文字狱的风险，以深情、直率的笔调撰写了《梨洲先生神道碑文》，一则如实记载黄宗羲在抗清斗争中“陵谷崎岖、起军、乞师、从亡诸大案，有为史氏所不详者”的传奇历史，再则着力表彰梨洲先生“为胜国遗臣，盖濒九死之余，乃卒以大儒耆年，受知当宁，又终保完节”的学问人品。尤其难能可贵的是，全祖望继承黄宗羲未竟事业，在乾隆十一年至十九年（1746—1754）近10年中，致力于黄氏《宋元儒学案》的修订增补工作：一是修订了黄氏原稿约60个学案；二是增补了32个新学案；三是确定了《宋元学案》全书百卷之数，并撰写了《宋元学案序录》。毫无疑问，全祖望是完成《宋元学案》百卷本的最大功臣，也不愧为梨洲学术的重要传人。

邵晋涵（1743—1796），字与桐，一字二云，自号南江。余姚人。清代著名史学家兼经学家。按二云先生不及梨洲之门，但黄嗣艾编著《南雷学案》卷八，却将他列入“私淑”之列，并在小传中称其“生平私淑者，惟阳明、蕺山、南雷三先生”[1]，应有所本。盖其叔祖邵廷采为梨洲及门，二云传其学，且崇拜梨洲，故以私淑论之。邵氏自幼博闻强识，于学无所不窥。乾隆三十年（1765）乡试中试；三十六年（1771）以会试第一名登进士；两年后诏开四库馆，以庶吉士身份充纂修官，次年授翰林院编修。邵氏精于史学，凡史部图书，多由其主持编定，《四库全书总目》史部提要大多出于其手。晚年为翰林院侍讲学士、日讲起居注官，并先后充任《万寿盛典》《八旗通志》及国史馆、三通馆纂修官。嘉庆元年（1796）病逝。

邵氏著述丰富，刊行的有《尔雅正义》20卷、《旧五代史考异》2卷、《南江札记》4卷、《南江文钞》4卷（又有12卷本）、《南江诗钞》10卷（又有4卷本）、《皇朝大臣谥迹录》4卷，未刊行的有《韩诗内传考》《方舆金石编目》《宋元事鉴考异》《輶轩日记》若干卷。此外，返家居丧期间，协助纂修了《杭州府志》和《余姚县志》，晚年配合毕沅修史，审订《续资治通鉴》。校定薛居正《旧五代史》150卷，又辑《南都事略》叙南宋史事，未竟而卒。终其一生，大部分时间从事史书的修撰和文献的整理，但流传后世、影响较大者是其经学力作《尔雅正义》。

《尔雅》成书于西汉，是一部以释义为主要内容的书，它既是《十三经》之一，又是打开经学之门的一把钥匙。清以前，通行郭璞《尔雅注》和邢昺《尔雅疏》，但两者均有浅陋不经之病。邵氏殚精竭虑，重新注疏。以唐刻石经、宋椠本以及诸书所引为据，审正经义。以郭注为宗，广采诸家之说。就字音以求古义，推求字原。辨别草木虫鱼鸟兽之名，详其形状，使名实相副，正古今沿袭之误。他潜心研究10年，终于在乾隆五十年（1785）撰成《尔雅正义》20卷。据邵氏《尔雅正义序》的自述，他编写这部书，旨在纠正郭注、邢疏的疏误，阐扬古训，辨识古文，补所未备，以“存古义，广古训，存古音”为宗旨。是书于经传字义多所发明，构建了清代疏注《尔雅》的基本框架，颇为学者推重。

《南江札记》则是邵氏阅读经书史传的心得笔记，凡4卷，计787条。其中

---

① 黄嗣艾编：《南雷学案》卷八，上海正中书局民国三十六年（1947）版，第532页。

或校对文字，或考辨史实，条分缕析，探赜索隐，颇多发明。汉末以降，郑玄的《三礼记》一直被奉为圭臬，而本书《仪礼正误》却屡摘其误。考证《三礼》部分，亦多驳正郑说，充分反映了他实事求是的治学态度。邵氏曾计划撰著《穀梁正义》《孟子述义》两书，可惜因过早逝世而未成。《穀梁传》和《孟子》部分，博引众说，不作臆断，很可能是二书初稿。

关于邵晋涵的学术成就，曾任浙江巡抚并与晋涵之子邵秉华订交的经史学家阮元所撰《南江邵氏遗书序》评论说：

> 余姚翰林学士邵二云先生以醇和廉介之性，为沉博邃精之学，经学、史学并冠一时，久为海内共推。……先生本得甬上、姚江史学之正传，博闻强记，于宋明以来史事最详。……于经则覃精训诂，病邢昺《尔雅疏》之陋，为《尔雅正义》二十卷，发明叔然、景纯之义，远胜邢书，可以立于学官。在四库馆与戴东原诸先生编辑载籍，史学诸书多由先生订其略，其提要亦多出先生之手。[①]

既然邵氏之学“本得甬上（万斯同）、姚江（黄宗羲）史学之正传”，则将邵晋涵归入清代浙东经史学派应是恰当的。

章学诚（1738—1801），字实斋，号少岩，会稽（今浙江省绍兴市）人。生于乾隆三年（1738），卒于嘉庆六年（1801），终年64岁。是清代著名史学理论家、方志学家。乾隆年间登进士，官国子监典籍。曾主讲于定州定武、保定莲池、归德文正等书院，后入湖广总督毕沅幕府，协助编纂《续资治通鉴》。所著《文史通义》，与唐刘知几的《史通》并称为史学理论名著。所修方志，完成的有和州、亳州、永清三志。曾主修《湖北通志》。现存遗稿数十篇，可以推知其理想中的省志面貌。他继承王阳明的“五经皆史”和黄宗羲以史学经世应务的学术传统，明确提出了“六经皆史”说，将治经引向治史，对变革明人“游谈

① （清）阮元：《南江邵氏遗书序》，载于清嘉庆八年（1803）邵氏面水层轩《南江札记》刻本卷首，中华书局影印本1965年版。

无根”的虚浮学风起了重要作用。其主要著作《文史通义》《校雠通义》《方志略例》《湖北通志检存稿》及《文集》等，由清末萧山学者王宗炎编定为《章氏遗书》刊行。

章学诚在乾嘉考据学盛行之时，明确反对乾嘉考据学轻视义理、脱离现实的学风，大力弘扬浙东学派经世致用的优良传统。他视考据学者为“俗儒”，提倡史学经世，强调“史学所以经世，固非空言著述也”。

章学诚对于黄宗羲学术思想与学风的传承发扬，集中体现在其所著《浙东学术》一文中。因该文在很大程度上影响了后世乃至当今的浙东学派学术脉络及其学术特色的研究，兹将全文照录如下：

> 浙东之学，虽出婺源，然自三袁之流，多宗江西陆氏，而通经服古，绝不空言德性，故不悖于朱子之教。至阳明王子揭孟子之良知，复与朱子抵牾；蕺山刘氏本良知而发明慎独，与朱子不合，亦不相诋也。梨洲黄氏出蕺山刘氏之门，而开万氏弟兄经史之学，以至全氏祖望辈尚存其意，宗陆而不悖于朱者也。惟西河毛氏，发明良知之学，颇有所得；而门户之见，不免攻之太过，虽浙东人亦不甚以为然也。
>
> 世推顾亭林氏为开国儒宗，然自是浙西之学；不知同时有黄梨洲氏出于浙东，虽与顾氏并时，而上宗王刘，下开二万，较之顾氏，源远而流长矣。顾氏宗朱而黄氏宗陆，盖非讲学专家各持门户之见者，故互相推服而不相非诋。学者不可无宗主，而必不可有门户，故浙东浙西道并行而不悖也。浙东贵专家，浙西尚博雅，各因其习而习也。
>
> 天人性命之学，不可以空言讲也，故司马迁本董氏天人性命之说而为经世之书。儒者欲尊德性，而空言义理以为功，此宋学之所以见讥于大雅也。夫子曰：“我欲托之空言，不如见诸行事之深切著明也”，此《春秋》之所以经世也。圣如孔子，言为天铎，犹且不以空言制胜，况他人乎！故善言天人性命。未有不切于人事者。三代学术，知有史而不知有经，切人事也；后人贵经术，以其即三代之史耳，近儒谈经，似于人事之外别有所谓义理矣。浙东之学，言性命者必究于史，此其所以卓也。

> 朱陆异同，干戈门户，千古桎梏之府，亦千古荆棘之林也；究其所以纷纶，则惟腾空言而不切于人事耳。知史学之本于《春秋》，知《春秋》之将以经世，则知性命无可空言，而讲学者必有事事，不特无门户可持，亦且无以持门户矣。浙东之学，虽源流不异而所遇不同，故其见于世者，阳明得之为事功，蕺山得之为节义，梨洲得之为隐逸，万氏兄弟得之为经术史裁，授受虽出于一，而面目迥殊，以其各有事事故也。彼不事所事，而但空言德性，空言问学，则黄茅白苇，极面目雷同，不得不殊门户以为自见地耳，故惟陋儒则争门户也。
>
> 或问：事功气节，果可与著述相提并论乎？曰：史学所以经世，固非空言著述也。且如六经同出于孔子，先儒以为其功莫大于《春秋》，正以切合当时人事耳。后之言著述者，舍今而求古，舍人事而言性天，则吾不得而知之矣。学者不知斯义，不足言史学也。整辑排比，谓之"史纂"；参互搜讨，谓之"史考"，皆非"史学"。①

这篇总结浙东学派的经典论文之要点，第一是指出由黄梨洲开创而由万斯大、万斯同、全祖望继承的浙东之学，是"经史之学"，而非只是史学。第二是指出浙东经史之学的学术特色：一是不讲空言，"言性命者必究于史"；二是贵在"经世"，以"切合当时人事"为原则；三是富有包容性，不持门户之见，"宗陆而不悖于朱"。第三是指出那种只是"整辑排比，参互搜讨"的考据之学，并非真正的"史学"。可见，章学诚是深得黄宗羲经世实学的真传的。

当今某些学者往往以章学诚为"浙东史学"的"殿军"，其实不然。在浙东史学传承中，还有一个晚于章学诚而以继承黄宗羲学术为职志的史学家王梓材。

王梓材（1792—1851），初名梓，字楚材，更名梓材，后以字行，学者称其为臒轩先生。生于乾隆五十七年（1792），卒于咸丰元年（1851），终年60岁。鄞县人。少补郡学博士弟子员，道光十四年（1834）充优贡生，次年考取八旗教习，三十年（1850）九月出署广东乐会县事，到任数月而卒。著作有《解经

① （清）章学诚：《章学诚遗书》卷二，文物出版社影印本1985年版，第14页。

录》《周易解诂》《朴学斋文钞》等10余种。

王梓材一生的主要学术成就，在于整理黄宗羲、全祖望、万斯同等浙东学派先贤的遗著。他与慈溪学者冯云濠合作，最后校定了由黄宗羲初修、全祖望补修的《宋元学案》100卷，又在这一基础上撰辑了《宋元学案补遗》100卷，附撰《序录》1卷、《宋元儒博考》3卷。此外，他还校补了全祖望的《七校水经注》、万斯同的《儒林宗派》等书，可谓保存浙东文献之功臣。

3. 以文学著称而兼通经史之学者：李邺嗣、郑梁、郑性

李邺嗣（1622—1679），原名文胤，以字行，学者称其为杲堂先生。生于明天启二年（1622），卒于清康熙十八年（1679），享年58岁。他比黄宗羲小12岁，是浙东学派中才气横溢、豪气干云的诗人、文学家。

李杲堂出身书香门第，从小读史学诗，16岁补为诸生。明亡，他与父兄一起积极参与了浙东抗清斗争，失败后两次被捕，父死狱中，故深怀家国之痛，因而绝意仕途。平生结交的多是草野逸民，如万泰、黄宗羲、高辰四等人。

李杲堂的成就，主要在诗词、古文。其诗凄凉悲壮，慷慨激越，饱含愤郁之气。曾作《鄮东竹枝词》79首，生动反映了浙东历史、风土、人情，表现了作者热爱生活、热爱家乡的情怀。其文贯通经史，曾说："吾党之学二：一曰经学，一曰史学。是以学者先之以经以得其源，后之以史以尽其派，则其于文章之事，可以极天地古今之变，波澜四溢，沛然有余，其于诗亦然。"[①]他一生所作诗、文编为《杲堂诗钞》《杲堂文钞》《杲堂诗文续钞》《杲堂诗外集》等，有数十卷之多，今人张道勤汇集为《杲堂诗文集》一册，已由浙江古籍出版社出版。此外，杲堂还有2部重要编著。其一是《甬上耆旧诗》。他在前人基础上，编选了甬上430人的3000余首诗，并为每位诗人立传，分40卷刊刻行世。该书保存了极其珍贵的宁波文学史料，也激发了全祖望《续甬上耆旧诗》的编纂。另一部是《西京节义传》。此书上补班固《汉书》之不足，下开全祖望撰写南明志士碑版文的风气，具有重要的史料价值。他表彰两汉节义之士，正是为了彰显南明死节之士的气节。其《壮哉行》《善哉行》诗就借讽咏古人而表达了"一

---

① （明末清初）李邺嗣著，张道勤校点：《杲堂诗文集》，浙江古籍出版社1988年版，第562页。

雪国耻”“复兴夏室”的愿望，其《君子行》则歌颂了“君子慎晚节，直道如履冰”的气节。

李杲堂一生著作称富，除上列《杲堂诗文集》及《甬上耆旧诗》《西京节义传》之外，还有《历朝纪略》《古史论》《汉史论》《汉语》《续汉语》《南朝语》《世说录遗》《评点南华经》《杜工部诗选》《甬上高僧诗》《甬上名僧四大家诗选》，等等。

李杲堂虽未列于梨洲门墙之下，但他同黄梨洲的关系介乎师友之间。他对梨洲先生十分崇敬，在《奉答梨洲先生书》《上梨洲先生书》中称与梨洲先生定交20余年，“凡生平出处大节，及所事学术文章，俱隐然以（梨洲）先生在望，心为仰止”①。黄宗羲则以杲堂为文友，不仅为其文集作序，移书讨论学术，而且在杲堂生前为他作寿序、在杲堂死后为之作墓志铭。今存《南雷诗文集》中保存了4篇梨洲遗作，其《李杲堂文钞序》叙述黄李交情，并论其文风，称“余与杲堂约为读书穷经，浙河东士稍稍起而应之。杲堂之文……皆自胸中流出，而无比拟皮毛之迹”；其《与李杲堂陈介眉书》谈墓志铭之铭法，认为“铭者，史之类”，铭“虽不主褒贬，而其人行应铭法则铭之，其人行不应铭法则不铭，是亦褒贬寓于其间”；其《寿李杲堂五十序》对李杲堂振兴古文、变革文风寄予厚望；其《李杲堂先生墓志铭》则记杲堂生平事迹，并作盖棺之论。②在墓志铭中，黄宗羲记曰：

> 先生初亦不避轻华，其后每得余作，往往嗟悒，因相与校覆《雅》《郑》，洗其偷薄之说，推原道、艺之一，先生不以余空隙一介之知而忽之也。自此转手，大放厥辞，同里稍稍响应，翻然于不迪，于是东浙始得古文正路而由之。③

由此也透露出，李邺嗣的文风及其文学成就，是深受黄宗羲影响的。

---

① （明末清初）李邺嗣著，张道勤校点：《杲堂诗文集》，浙江古籍出版社1988年版，第464页。

② 上述4篇文章均载于《黄宗羲全集》第10册。

③ 《黄宗羲全集》第10册，第410页。

郑梁（1637—1713）、郑性（1665—1743）及郑梁之父郑溱（1612—1697）、郑性之子郑大节（1705—1780，字临之），一家四代都与黄宗羲及其著作有着密切关系。其事迹已见前述，兹不赘陈。四代之中，郑溱与宗羲为朋友，郑梁为梨洲及门弟子，郑性为私淑，郑大节为后学，世传经史之学。郑溱经学成就较高，著有《易象大旨》《三坟衍义》《诗经萃华》等经学著作，而郑梁、郑性则以文学著称。尤其是郑梁，不仅在郑氏家族中文学成就最高，即便在梨洲弟子中，其文学成就也是名列前茅的。郑梁赴礼部试时有《早发沐阳绝句》，诗曰："立春早起沐阳程，衾薄空舆梦不成。溪水无桥牵马渡，晓星如月照行人。"诗出，被传诵一时，人称"郑晓行"。朱彝尊年七十二游武林，有《武林重逢高州》诗赠郑梁，其中有"别久相逢转倾倒，七言三复晓行诗"之句，可见郑梁诗名之盛。黄宗羲对郑梁的诗文作了很高评价，他说：

> 曾忆与陈令升翦烛论诗，颇有短长。余曰："浙东之诗，看他好处不出；浙西之诗，看他不好处不出。"令升曰："看他不好处不出，此言尤毒。如此做去，更自转身不得，所谓五百年堕野狐身也。"相与一笑。顾近年以来，浙东风气一大变。略举如郑禹梅、万贞一、陆铃俟、姜友棠、周弘济、裘殷玉、谢莘野诸子，要皆称心所出，瑕瑜不掩。……唯其有瑜有瑕，自然英旨，乃为真耳。[①]

宗羲又在《郑禹梅刻稿序》中评论说："吾友郑禹梅，深于经术，而取材于诸子百家，仁义之言，质而不枯，博而不杂，如水之舒为沦涟，折为波涛，皆有自然之妙。其于震川，有不期合而合者矣。"[②]在《寒村诗稿序》中评论说："寒村之性情，湔汰秋水，表里霜雪，故其为诗，不必泥唐而自与唐合。"[③]郑梁的作品除上面梨洲为之作序的《郑禹梅刻稿》《寒村诗稿》外，还有《勉斋家传》《郑氏人物传》《读书杂记》《香眉焚余集》《初变集》《寒村集》等。

① 《黄宗羲全集》第10册，第97页。
② 《黄宗羲全集》第10册，第66页。
③ 《黄宗羲全集》第10册，第56页。

郑梁之子郑性除本身的文学成就之外，对浙东学术的最大贡献就是建成二老阁藏书楼，一则纪念祖父秦川先生及祖师梨洲先生，二则收藏黄氏续钞堂藏书，三则收藏梨洲先生著作手稿，刊刻梨洲遗著和《二老阁丛书》。梨洲藏书室名为续钞堂，藏书不下10万册。但其晚年以至身后，屡遇水火之灾，藏书失去大半。后来其书由郑性收藏。经郑性清理，尚有3万余卷，加上郑氏家藏万余卷，共计藏书约5万卷，于是建二老阁作为祭祀、藏书之所。阁建成于乾隆四年（1739）。当时四方学者访求梨洲之学，不至余姚竹桥黄家，而去慈溪半浦郑家。即使黄氏后裔查阅家乘，也至二老阁访查。乾隆十年（1745）春，全祖望到二老阁祭奠梨洲，郑性之子大节请他补修《宋元学案》，他欣然应允。全祖望还利用二老阁收藏的梨洲遗著，整理编辑了《南雷黄子大全集》，其《南雷黄子大全集序》说："予乃从南溪家尽取先生之草稿，一一证定，皆以手迹为据。……乃补其亡，汰其伪，定为四十四卷，而庐山真面目见矣。"[①]二老阁所刻之梨洲遗著，主要有《明儒学案》《明夷待访录》《思旧录》《南雷文约》《南雷诗历》诸书，均由郑性及其长子郑大节据原稿校订刊刻，有些则由郑性父子校订抄录，如《明夷留书》《南雷文钞》等，幸有郑性、郑大节校钞本而得以留存至今。甚至黄宗羲的一些手稿，最初也是经由二老阁传承而保存至今的。如现今保存在上海图书馆善本部的《南雷杂著稿》，其早期藏家就是郑性父子。故郑性及其二老阁，实为传承梨洲学术与浙东学派文献之大功臣。

4. 以历算学见称而兼通经史之学者：黄百家、陈讦、黄炳垕

黄宗羲不仅精通经史之学，而且精研中外历学与算学。在历学方面，他撰著了《授时历故》《授时历法假如》《西洋历法假如》《回回历法假如》《春秋日食历》《新推交食法》《大统历推法》《大统历法辨》《监国鲁元年丙戌大统历》《监国鲁五年庚寅大统历》等书；在算学方面，他撰著了《气运算法》《勾股图说》《开方命算》《测圆要义》《时宪书法解》《圆解》《割圆八线解》等书，可惜大多亡佚，仅有《授时历故》《授时历法假如》《西洋历法假如》等少数几种历

① （清）全祖望著，朱铸禹汇注：《全祖望集汇校集注》中册，上海古籍出版社2000年版，第1226页。

学著作流传至今。但其历学、算学并未失传，而是由其子孙与弟子继承下来。黄宗羲的儿子黄百家、弟子陈讦、七世孙黄炳垕3人就是其历算学的主要传人。

黄百家（1643—1709），字主一，号耒史。原名百学，字不失。晚年自号黄竹农家。为黄宗羲第三子。生于明崇祯十六年（1643）十月二十六日，卒于清康熙四十八年（1709）三月二十日。他幼承家学，攻读经史百家之作，精研历算学，兼通经史文。与梨洲高足万斯大、万斯同、仇沧柱、范国雯等交往密切。康熙十七年（1678），朝廷开设明史馆修纂《明史》，诏聘黄宗羲参与修史，遭到宗羲拒绝。总裁徐元文（字立斋）于是在第二年邀聘黄百家入史馆。百家在其父同意下赴馆任职，撰成《明史历志》稿2卷。[①]黄百家不仅掌握了《授时历》《回回历》的推算方法，而且熟知欧洲天文学家哥白尼的“日心说”，这在当时而言是最先进的。[②]历学之外，黄百家还精于算术，著有《勾股矩测解原》二卷，被收入《四库全书》。《四库全书总目提要》的作者评论说：“是书言勾股测望，并详绘矩度之形，与徐光启《天学初函·矩度表说》大略相同，而此书专明一义，其说尤详。”历学、算学之外，百家也兼通经史。他协助父亲，参与编辑了多达482卷的《明文海》，并在父亲指示下编成《明文授读》62卷，还继承父亲遗志，继续编撰《宋元学案》，虽未最后定稿，但其功不可没。他在《明文授读》和《宋元学案》中写下了许多按语，从中略可窥知黄百家的经学、史学造诣。

---

① 按：黄百家撰著《明史历志》二卷，其稿本现存北京中国科学院图书馆。今本《明史·历志》九卷，系清康熙二十一年（1682）后任《明史》总裁的汤斌主持编撰，与黄百家《明史历志》详略虽然不同，但其中关于《大统历》《西洋历》的知识以及若干历法图表显然是采纳了黄百家《明史历志》的成果。笔者30多年前负责主编《黄宗羲全集》时在中国科学院图书馆查阅了《明史历志》稿本，但未深入研究。上海东华大学杨小明教授对黄百家历学思想有深入研究且发表过专论，他在所撰《从〈明史〉历志看西学对清初中国科学的影响——以黄宗羲、黄百家父子的比较为例的研究》（《华侨大学学报》哲社版2005年第2期）一文中说：“黄宗羲、黄百家父子对《明史》历志的编纂起了重要的作用，并有较大的影响。”

② 《宋元学案》卷十七《横渠学案上》载黄百家案语曰：“百家谨案：地转之说，西人歌白泥立法最奇。太阳居天地之正中，永古不动，地球循环转旋，太阴又附地球而行，依法以推，薄食陵犯，不爽纤毫。盖彼国历有三家，一多禄茂，一歌白泥，一第谷。三家立法迥然不同，而所推之验不异。”见《黄宗羲全集》第3册，第811页。

陈讦（1650—1732），字言扬，一字赓符，浙江海宁人，康熙年间由贡生任职淳安县教谕。平生善治数学，是黄宗羲在海宁讲学时的听讲弟子，也堪称黄宗羲的算学传人。其著作有《勾股述》《时用集》《勾股引蒙》（收入《四库全书》）等。黄宗羲对这位弟子的“特异”成就颇为赞赏，在为其《勾股述》一书所作序言中说：

勾股之学，其精为容圆、测圆、割圆，皆周公、商高之遗术，六艺之一也。自后学者不讲，方伎家遂私之。……数百年以来，精于其学者……不过数人而已。海昌陈言扬因余一言发药，退而述为勾股书，空中之数，空中之理，一一显出，真心细于发，析秋毫而数虚尘者也，不意制举人中有此奇特！余昔屏穷壑，双瀑当窗，夜半猿啼伥啸，布算簌簌，自叹真为痴绝。及至学成，屠龙之伎，不但无所用，且无可与语者，漫不加理。今因言扬，遂当复完前书，尽以相授，言扬引而伸之，亦使西人归我汶阳之田也。[①]

陈讦的算学造诣，恐怕还得益于黄百家的指点。黄百家于康熙十八年己未（1679）所撰《复陈言扬论勾股书》中记曰：

自客冬大雪偕世兄痛饮……偶谈及勾股，以为此得表矩测量，即可得其高下远近，不爽累黍。此时兄听之，甚为创闻。今年春仲来至贵邑，忽以所著《勾股述》一本见寄。……又示以《矩测》一本……弟读之骇叹无已。乃兄谬以弟曾发端，必能通晓，连赐三书，命其指正。……盖弟非能明此，……不过因家大人（黄梨洲）书中窃研成法，知天地间有此一种学问耳。……而兄偶一闻家大人之绪论于弟之口，即能阐扬剔抉，通极微渺，君才过丕，奚啻十倍！[②]

---

① 《黄宗羲全集》第10册，第37—38页。

② 文见《四部丛刊·南雷集附·学箕初稿》卷二。

当然，黄百家在谦虚之余，还是对陈言扬《勾股述》中关于“矩测”的原理提出了自己的见解。由此可见，陈讦不愧为清代浙东经史学派的算学代表。

黄炳垕（1815—1895），字蔚亭，黄宗羲七世孙，生于清嘉庆二十年（1815），卒于光绪二十一年（1895），终年81岁。同治九年（1870）庚午科举人。他长于历算学，兼治经史。左宗棠任浙江巡抚时，聘请炳垕为之测造沿海经纬舆图，一时名声大振，当道官员争相延致，左宗棠甚至授以知县职，炳垕概辞不往，而以表彰祖先之德为职志。他于同治十一年壬申（1872）特建“留书种阁”于家，作为观象读书之所。其阁名乃取黄梨洲联句“留天下读书种”之意。光绪元年乙亥（1875），炳垕自题留书种阁楹联曰：“耄年终乙亥，距诞生小子，六甲两周，愧而今运转三元，趋步难追祖武；幽阁建壬申，溯继序大宗，七传递嬗，愿此后祀延百世，诗书弗替家声。”按：黄宗羲逝世于康熙三十四年乙亥岁（1695），终年86岁，黄炳垕诞生于嘉庆二十年乙亥（1815），恰好甲子两周，相距120年。而题联之岁逢炳垕60周岁，距梨洲逝世为三甲子，故称“运转三元”。炳垕为宗羲七世孙，则表明了他继承先祖德业，以诗书传家的志愿。光绪初，各地兴办新学，宁波办起了“辨志精舍”，邀聘黄炳垕为天文算学斋主持，炳垕欣然应聘。光绪九年（1883），中法战争爆发，清政府曾以炳垕所著《测地志要》颁发诸统帅。晚年，他还曾参与制订《续修大清会典》的体例工作。其著作主要有《测地志要》《交食捷算》《五纬捷算》《麟史历准》《历学南针》《方平仪象》《黄忠端公年谱》《黄梨洲先生年谱》《诵芬诗略》等数十卷，大都有刻本。

关于黄炳垕的历算学成就，当时政界、学界均有很高评价。同治六年丁卯（1867），《测地志要》成稿，余姚知县陶云升为之作序曰：

> 勾股之学，由来旧矣……姚邑精此术者，前有黄梨洲先生……厥后嗣子主一（百家）暨邵氏丽寰并有著述嘉惠后学，黄子蔚亭，梨洲先生七世宗子也，锐志家学，发箧得遗书读之，研精覃思……不以贫贱移其志，故于历算一道卒能造其阃奥。……其学以切实为真宰，无取乎杳渺之浮谭，

故著述成书……施诸实用，固有补于国计，裨于民生者。[①]

清中期著名历算学家、时任同文馆总教习的李善兰（1811—1882）为黄炳垕《交食捷算》所撰序曰：

余供职京华，以算学忝主同文馆席历有年所，辛未（同治十年，1871）春，始得交姚江黄蔚亭孝廉。蔚亭为梨洲先生七世宗子，世守家学，尤精历术。……键关著书，谢绝世务，屡辞名公巨卿之聘，而唯一主辨志天算之席，两浙髦士得所宗师，数理大阐，其即继梨洲之志也。[②]

黄炳垕自己也总以传承家学自居，附于《测地志要》刻本卷末的感言诗云：

数卷编成两鬓丝，茫茫尘世更谁知？
南雷自昔贻弓冶，西法于今奉鼎彝。
苦志不随沧海变，精心未受古人欺。
名山石室存畬愿，何幸良朋付梨枣！

此诗充分表达了继承南雷家学、潜心著书、贫贱不移其志的高尚情操。

为了表彰先人的学术与志节，黄炳垕还分别于道光二十五年（1845）和光绪元年（1875）撰成《黄梨洲先生年谱》3卷和《黄忠端公年谱》2卷。

综上所述，黄宗羲及其弟子后学建立了一个源远流长、独具特色的清代浙东经史学派，这个学派在清代思想文化史上大放异彩，形成了明经通史、博古通今、多才多艺的学术风格，确立了关心民瘼、经世致用、启迪民主的政治风格。

---

① （清）陶云升：《测地志要序》，载于同治六年（1867）留书种阁刻本卷首。

② （清）李善兰：《交食捷算序》，载于光绪十年（1884）胡秉成刻本卷首。

第四章　晚年生活：遗民风节，不废世务

义不仕清，晚节时中

黄宗羲在70岁时，停止了讲学活动，而集中精力著书立说。他年寿愈高而学问愈精，声名日卓。朝中大臣仰慕其学问，多次向皇帝举荐他，康熙皇帝为笼络人才，也曾几次下诏颁旨希望能征召或礼聘黄宗羲出仕任官，但梨洲先生坚守遗民气节，不为名利所动，多次拒绝了朝廷与地方官吏的征聘，而致力于他的学术事业。

康熙十七年（1678），康熙皇帝下达了征选“博学鸿儒”的诏令，命令中央和地方三品以上官员推荐“学行兼修，文词卓越”的人才，由他“亲试录用”。结果虽然网罗了一批名士，但像顾炎武、王夫之、黄宗羲这类民族意识强烈的杰出人才并未应征。当时掌管翰林院的大臣叶方蔼曾向康熙皇帝当面举荐梨洲先生黄宗羲，康熙皇帝接受了叶方蔼的奏请，叶便准备移文吏部拟诏征聘。在朝为官且素知老师节操的梨洲门人陈锡嘏（字介眉）听到这个消息后大吃一惊，赶快去找叶方蔼剖陈利害，代师力辞。因为他深知老师矢志不仕新朝的气节，朝廷如果威逼他，无异于把他推向绝路。叶方蔼这才作罢。事后，陈锡嘏写信向老师说明事情原委，宗羲复信表示谢意，并清楚表明了拒绝征聘的志节。信中说：

吾兄与（范）国雯书见及。言都下诸公，欲以不肖姓名尘之荐牍，叶讱庵先生且于经筵御前面奏，其后讱庵移文吏部，吾兄力止。始闻之而骇，已喟然而叹，且喜兄之知我也。……某年近七十，不学而衰，稍涉人事，便如行雾露中，老母年登九十，子妇死丧略尽。家近山海，兵声不时撼动，尘起镝鸣，则扶持遁命。二十年以来，不敢妄渡钱塘，渡亦不敢一月留也，母子相依，以延漏刻，若复使之待诏金马，魏野所谓断送老头皮也。①

黄宗羲在信中以北宋名士魏野（字仲先，号草堂居士）拒绝朝廷诏征去为辽国校书的故事，表达了自己永不出仕的决心。

时隔两年，即康熙十九年（1680），黄宗羲71岁时，当时担任监修明史总裁的内阁大学士徐元文知道黄宗羲不可能被朝廷征召出仕，但或许可以礼聘他出山修史，于是再次向康熙皇帝举荐，建议聘请黄宗羲赴京修史。康熙皇帝当即下旨，命地方官“以礼敦请”，宗羲又以年老多病为由坚辞不往。康熙皇帝知道不能勉强，就颁发特旨，命令地方官将黄宗羲有关明史的论著、史料抄录送京，移交史馆。徐元文又延请其子黄百家参与修史，宗羲虽然同意了，却修书一封寄给徐元文，讽刺说：“据说周灭商后，商朝遗老伯夷、叔齐二人托孤于周朝大臣吕尚（即姜太公），得以‘三年食薇，颜色不坏’。现在，我送儿子百家跟你们一起修史，您总可以放过我了吧！”

到康熙二十九年（1690）黄宗羲81岁高龄时，康熙皇帝还曾询问刑部尚书徐乾学（徐元文之兄）：“海内人士中，有些什么人称得上‘博学多闻，文章尔雅可备顾问者’？”乾学奏对说：“以臣所知，止有浙江黄宗羲学问渊博，行年八十犹手不释卷，曾经臣弟元文奏荐。”康熙帝说：“可召至京，朕不任以事。如欲回乡，即派遣官员护送他。”乾学奏对说：“上次他就以老病推辞应召。现在恐怕更不能应召上路啦。”康熙帝听后感叹说：“人才真是难得啊！”

黄宗羲不仅多次拒绝朝廷征召，而且多次拒绝地方官邀请参加的官方礼仪活动。如宗羲80岁时，绍兴知府李铎盛情邀请他以“乡饮酒大宾”身份出席官

---

①《黄宗羲全集》第10册，第167页。

方礼仪活动，黄宗羲坚辞不往，并修书两封，以自己“不忠、不孝、违礼”三不可作为拒绝理由，表明自己坚守道义、“修身俟死”的心迹。那些地方官也只有尊重黄宗羲的意愿，不再勉强梨洲先生出山任事了。

终黄氏一生，他始终保持了“亡国大夫”“故国遗民”的气节，既未入清廷当官，也不肯参加官方举办的正式活动（如官修明史、县志，官办乡饮酒会）。但他不是迂儒，不是释老门徒，既没有放弃“经世应务”的思想而遁入空门，更不曾颓废放纵而潦倒终生，而是抱着对历史负责的精神处世处己。这一处世态度，在他晚年许多著作中都有体现。他在76岁时为坚守遗民气节的谢泰阶（字时符）撰写的墓志铭中说：

> 嗟乎！亡国之戚，何代无之。使过宗周而不悯《黍离》，陟北山而不忧父母，感阴雨而不念故夫，闻山阳笛而不怀旧友，是无人心矣。故遗民者，天地之元气也。然士各有分，朝不坐，宴不与，士之分亦止于不仕而已。所称宋遗民如王炎午者，尝上书速文丞相之死；而己亦未尝废当世之务。是故种瓜卖卜，呼天抢地，纵酒祈死，穴垣通饮馔者，皆过而失中者也。①

这里所表彰的，是怀念故国、不仕新朝但不废当世之务的遗民气节，反对的是因为亡国而消极遁世、纵酒祈死等过而失中的行为。正是在这种思想的指导下，黄宗羲在抗清斗争失败、恢复明室的希望破灭之后，保持了“朝不坐，宴不与”“止于不仕”的“亡国士大夫”气节，但不废当世之务，孜孜不倦地搜集、整理史料，从事著书讲学事业，以保存一代文献、总结历史经验为己任。他虽坚持自身“止于不仕”的原则，却不反对学生或子孙参与修史或应举出仕。他在晚年所写回忆录（如《思旧录》）及许多碑传、诗文中，一再歌颂和表彰那些在抗清斗争中英勇不屈、慷慨死节的人物如张煌言、冯京第等，表达了他的强烈民族意识和反抗政治压迫的精神。但在另一方面，他又在一些诗文中赞扬了清朝康熙皇帝及当权大臣徐元文、徐乾学等。例如，黄宗羲在写给内阁学

① 《黄宗羲全集》第10册，第422—423页。

士徐乾学的一封信中，称赞康熙皇帝为当今“圣主”，歌颂“皇上仁风笃烈，救现在之兵燹，除当来之苦集”，并称徐乾学受到重用是“古今儒者遭遇之隆，盖未有两；五百年名世，于今见之”，还提出了“其要以收拾人才为主”的政策建言。[①]有人根据《南雷诗文集》中黄宗羲晚年与清廷大臣徐元文、徐乾学、叶方蔼等有书信往返、诗歌唱和并有几处称誉康熙皇帝为“圣天子”之类言辞，便批评黄宗羲“晚节不终”。笔者则不以为然，倒是认为这正是梨洲先生开明通达、正视现实的证明。因为历史在进步，梨洲晚年，清朝统治已经巩固，康熙皇帝也确有其英明伟大之处，例如开“博学鸿儒”科笼络人才、开设明史馆招募众多人才修撰《明史》，甚至几次三番想征聘黄宗羲为朝廷所用，黄宗羲虽然拒不出仕，但在康熙皇帝求才若渴的情况下，如果还要求黄宗羲像写《留书》与《明夷待访录》时那样去骂清朝为“夷狄”、斥清帝为“虏酋”，未免有些迂腐了。况且，今人评价黄宗羲是“失节”还是“进步”，不应站在明朝遗老的立场上，而应站在历史发展的立场上，采取历史唯物主义的方法加以分析评价，这样才可能客观一些。在这个问题上，梁启超倒是独具慧眼，他在《中国近三百年学术史》中批评章太炎之论说：“章太炎不喜欢梨洲，说这部书（按指《明夷待访录》）是向满洲上条陈。这是看错了。《待访录》成于康熙元、二年，当时遗老以顺治方殂，光复有日。梨洲正欲为代清而兴者说法耳。他送万季野北行诗，戒其勿上河、汾太平之策，岂有自己想向清廷讨生活之理？”[②]梁氏此论是合情合理的。孟子曾经称赞孔子是“圣之时者”，儒家经典《中庸》也有“君子而时中”的名句，在笔者看来，黄宗羲虽没有孔子那样的神圣光环，但称他为有浩然正气的时中君子，他是当之无愧的。

笔耕不辍，表彰豪杰

晚年的黄宗羲，虽然拒绝清廷的征召或礼聘，但他并未抱有“呼天抢地，

① 《黄宗羲全集》第11册，第67—68页。

② 梁启超：《中国近三百年学术史》第五节，《饮冰室合集》，中华书局1932年版。

纵酒祈死”式的牢骚满腹态度，也不像某些抗清名士那样削发为僧、遁入空门，“不欲为异代（指清朝）之臣者，顾反为异姓（指释老）之子”[①]，而是冷静思考，勤于笔耕，以“不废当世之务”为其人生的动力。

黄宗羲在中老年时期所做的主要工作，除了前述编纂《明文案》《明文海》《明儒学案》《宋元学案》《宋元文案》等大型著作外，一项很重要的著作成就，便是写作了大量的墓志铭、碑传文章。当然，其中有些碑传文章具有应酬性质，而且为了维持一家老小的贫苦生活而不能不收取笔资（稿酬）。但即便是应酬之作，黄宗羲也不违心溢美，而是有分寸的。他不轻下褒贬，认为墓志铭虽然也属史类，但与正史不同，“史有褒贬，铭则应其子孙之请，不主褒贬，而其人行应铭法则铭之，其人行不应铭法则不铭，是亦褒贬寓于其间”[②]。即便对至交好友，他也不愿过分溢美，而坚持“褒贬寓于其间”的铭法。黄宗羲这种铭法，甚至引起了昔日朋友的严重不满而受到批评。例如，他曾应逝者家属之请为生前好友高旦中写了一篇墓志铭，对这位朋友的医学成就与文学成就评价不高，其中言及旦中行医往往“巧发其中，亦未必纯以其术”，并有“日短心长，身名就剥”之句，引起友人吕留良等的强烈不满，托人带信要求黄宗羲修改这类文句。但梨洲坚持不改，反而致书当时在古文界颇有盛名的友人李邺嗣、陈锡嘏，说明他写墓志铭的原则及待友之道。这件事后来成了吕留良抨击黄宗羲的一大借口，并成为吕黄绝交的原因之一。[③]然而，黄宗羲所写碑传文章绝大多数都是表彰死难殉国的志士仁人或坚守气节的前朝遗老，正如全祖望《梨洲先生神道碑文》所说：“公多碑版之文。其于国难诸公，表章尤力。”举其著名者：殉国大臣，如在崇祯、弘光朝任都察院左都御史的大臣刘宗周（1578—1645），他眼看明朝大势已去，个人无力回天，又宁死不降新朝，于是绝食20天而死。刘宗

---

① 《黄宗羲全集》第10册，第288页。全祖望《梨洲先生神道碑文》引用此句改作“是不甘为异姓之臣者，反甘为异姓之子也”。

② 《黄宗羲全集》第10册，第160页。

③ 如桐乡学者徐正先生及澳大利亚学者费思堂教授都曾撰文研讨吕留良与黄宗羲的交往过程以至绝交原因，但也莫衷一是。笔者认为，吕、黄交恶的表面原因是关于高旦中的身后评价以及收购澹氏祁生堂的图书问题，但深层原因是两人对清王朝的批判反抗态度（“夷夏之辨”）有所不同，以及吕氏尊朱抑王与黄氏肯定王学、折中朱王的学术分歧。对此，笔者将另文探讨，在此不拟赘述。

周也是黄宗羲的授业恩师，宗羲除在《明儒学案》中编撰了《蕺山学案》之外，又倾注心血，为恩师撰写了《子刘子行状》2卷，表彰其生平事迹及其学术思想成就。抗清死难者，如在浙东带头举起抗清义旗而死难的监国鲁王麾下大臣孙嘉绩、熊汝霖、钱肃乐，宗羲为之撰写了《硕肤孙公墓志铭》《熊公雨殷行状》《钱忠介公传》；在浙江、福建、广东、江苏坚持了19年抗清武装斗争、最终被清军俘虏而英勇就义的抗清名将张煌言（1620—1664），宗羲满怀深情地为他写下了《兵部左侍郎苍水张公墓志铭》；长期在云南、贵州一带坚持抗清，在桂王（永历帝）麾下任吏、兵二部尚书、文渊阁大学士的朱天麟，宗羲为之撰写了《文渊阁大学士文靖朱公墓志铭》。昔日抗清战友、失败后坚守气节、从事学术以终老者，如监国鲁王麾下大将王正中（字仲扐），为监国鲁王部队筹饷出力、屡以奇计救援抗清义士的万氏父子万泰、万斯大等，宗羲写作了《王仲扐墓表》《万悔庵先生墓志铭》《万充宗墓志铭》等，表彰其抗清与守节的种种事迹。此外，黄宗羲还表彰了浙东地区多位守节遗民，如会稽名士余增远（字若水），甬上名士周齐曾（字唯一）、李邺嗣（字杲堂），定海名士谢泰阶、谢泰臻（字时禋），余姚异人诸士奇（别号楚宇，明亡后东渡日本，被尊为"国师"，疑即朱舜水）等，黄宗羲分别写下了《余若水周唯一两先生墓志铭》《李杲堂先生墓志铭》《谢时符先生墓志铭》《时禋谢君墓志铭》《两异人传》。这些表彰志士遗民的碑传文章，多为黄宗羲晚年之作。其中浸透了碑传作者的心血与热泪，寄托着作者对传主道德人格的崇敬与哀思，也为后人保留了明清嬗替时期南明政权，特别是浙东抗清斗争的珍贵历史资料。今节录其中三种墓志铭的评论之语，也可见黄宗羲表彰英勇抗清的豪杰之士与坚守遗民气节的守节之士的良苦用心。

如《兵部左侍郎苍水张公墓志铭》，初稿始作于康熙十六年丁巳（1677）黄宗羲68岁时，其后刊入《南雷文案》《南雷文定》时有所修订。其文曰：

语曰："慷慨赴死易，从容就义难。"所谓慷慨、从容者，非以一身较迟速也。扶危定倾之心，吾身一日可以未死，吾力一丝有所未尽，不容但已。古今成败利钝有尽，而此不容已者，长留于天地之间。愚公移山，精卫填海，常人藐为说铃，贤圣指为血路也。是故知其不可而不为，即非从容矣。宋、明之亡，古今一大厄会也。其传之忠义与不得而传者，非他代可比。就中险阻艰难，百挫千折，有进而无退者，则文文山、张苍水两公为最烈。……

公讳煌言，字玄箸，别号苍水……崇祯壬午，举乡试。

东江建义（指浙东军民起兵抗清、拥戴鲁王监国事），公与钱忠介同事，授翰林院编修，出筹军旅，入典制诰。丙戌，师溃，公泛海依肃虏于滃洲（舟山）。明年，松江吴胜兆反，公以右佥都御史持节监定西侯军以援之，至崇明，飓风覆舟，公匿于房师故诸暨令家以免，得间道归海上。又明年，移节上虞之平冈山寨，与王司马相犄角，焚上虞，破新昌，浙东列城为之昼闭。庚寅，滃洲为行朝，公复从之。滃洲堕，扈跸至闽海。时闽事主于延平（指延平王郑成功），遥奉桂（指永历帝桂王）朔，主上（指监国鲁王）为寓公而已。公激发藩镇，改鹢首而北之。癸巳冬返浙。

明年，复监定西侯军，入长江，登金山，遥祭孝陵，三军皆恸哭失声，爟火通于建业，题诗兰若中。以上游师未至，左次崇明。顷之，再入长江，掠瓜、仪，抵燕子矶，南都震动。而师徒单弱，中原豪杰无响应者，亦遂乘流东下，联营浙海。

戊戌，滇中（指桂王永历帝）遣使授兵部左侍郎兼翰林院学士。延平北伐，公监其军。碇羊山，孽龙为祸，海舶碎者百余，义阳王溺焉。……

明年五月，延平全师入江，公以所部义从数千人并发。至崇明，公谓延平："崇沙江海门户，悬洲可守，不若先定之为老营，脱有疏虞，进退自依。"不听。将取瓜州，延平以公为前茅。时金、焦间铁索横江，夹岸皆西洋大炮，炮声雷訇，波涛起立。公舟出其间，风定行迟，登柂楼，露香祝曰："成败在此一举。天若祚国，从枕席上过师。否则以余身为齑粉，亦始愿之所及也。"鼓棹前进，飞火夹船而堕，若有阴相之者。明日，延平始至，克其城。议师所向，延平先金陵，公先京口。延平曰："吾屯兵京口，金陵援骑朝发夕至，为之奈何？"公曰："吾以偏师水道薄观音门，金陵将自守不暇，岂能分援他郡？"延平然之，即请公往。未至仪真五十里，吏民迎降。

六月二十八日抵观音门，延平已下京口，水师毕至。

七月朔，公哨卒七人掠江浦，取之。五日，公所遣别将以芜湖降，书至，延平谓“芜城上游门户，倘留都不旦夕下，则江、楚之援日至，控扼要害，非公不足办。”七日，至芜湖，相度形势，一军出溧阳以窥广德，一军镇池郡以截上流，一军拔和阳以固采石，一军入宁国以逼新安。传檄郡邑，江之南北，相率来归。郡则太平、宁国、池州、徽州，县则当涂、芜湖、繁昌、宣城、宁国、南宁、南陵、太平、旌德、贵池、铜陵、东流、建德、青阳、石埭、泾县、巢县、含山、舒城、庐江、高淳、溧阳、建平，州则广德、无为、和阳，凡得府四，州三，县二十四。江、楚、鲁、卫豪杰，多诣军门受约束，归许杩牙相应。

当是时，公师所过，吏人喜悦，争持牛酒迎劳，父老扶杖炷香挈壶浆以献者，终日不绝，见其衣冠，莫不垂涕。公抚慰恳恻，入谒先圣，坐明伦堂，长吏故官入见，或青衣待罪，或角巾抗礼，公考察黜陟，如州牧行部事。民间不见此仪者，盖十五年矣。

亡何而金陵之败闻。公方受新安之降，乃返芜湖。初，公语延平：“师老易生他变，宜遣诸帅分徇郡邑。留都出援，我则首尾邀击；如其自守，我则坚壁以待；倘四面克复，收兵麐至，金陵如在掌中矣。”延平不听，自以为功在漏刻，士卒释兵而嬉，樵苏四出，营垒为空。北帅谍知，以轻骑袭破前屯。延平仓卒移帐，质明，军灶未就，北师倾城出战，兵无斗志，大败。延平亦遂乘流出海，并撤京口之师而去。公之闻败也，亦谓大军虽挫，未必遽登舟；即登舟，未必遽扬帆；即扬帆，必且退守镇江：故弹压列城，无有变志。遣人至延平，请益百艘，天下事尚可图也。已而知其不然，北艘千余截于下流，归路已梗。公以江、楚败问未至，姑引舟趋鄱阳以集散亡。

八月七日，次铜陵，与楚师遇，兵溃。有言英、霍山寨可投者，乃焚舟登陆，士卒尚数百人。十七日，入霍山界。县有阳山寨，寨在山巅，可容万人，饶水泉，故义师所据，已受招抚，闻公至，拒之。英山有将军寨，转而至彼。渡东溪岭，追师奄至，士卒皆窜。公相依只一僮一卒，迷失道，土人止之。公赂土人为导，变服夜行。天明而踪迹者众，导脱身去。踪迹者得赂乃解，然茫茫不知去向。念有故人卖药于安庆之高河埠，求一人导至其所。至则故人他往，而故人之友识公为张司马，怜其忠义，导公由枞阳湖出江，渡黄盆，抵东流之张家滩，陆行建德，祁门两山中。公方病疟，力疾零丁。至休宁，买棹入严陵。浙人熟公面目，改而山行，自婺之东、义，出天台，以达海堧。树纛鸣角，散亡复集。

庚子，驻师林门。辛丑冬，入闽海。遣客罗子木至台湾，责延平出师。时延平方与红夷构难，殊无经略中原之志。公作诗诮之云："中原方卜鹿，何暇问红梁。"

明年，滇上蒙尘。延平师既不出，公复归浙海。甲辰，散兵居于悬岙，悬岙在海中，荒瘠无居人，山南多汊港通舟，其阴巉岩峭壁，公结茅其间。从者为罗子木、杨冠玉，余惟舟子役人而已。

于时海内承平，滇南统绝，八闽澜安，独公风帆浪楫，傲岸于明、台之间。议者急公愈甚，系累其妻子族属以俟。公之小校降，欲生致公以为功。与其徒数十人，走补陀，伪为行脚僧。会公告籴之舟至，籴人谓其僧也，昵之。小校出刀以胁籴人，令言公处。击杀数人，而后肯言，曰："虽然，公不可得也。公畜双猿，以候动静。船在十里之外，则猿鸣木杪，公得为备矣。"小校乃以夜半出山之背，缘藤逾岭而入，暗中执公，并及子木、冠玉、舟子三人。七月十七日也。

十九日，公至宁波，方巾葛衣，轿而入。观者如堵墙，皆叹息以为昼锦。张帅举酒属公曰："迟公久矣。"公曰："父死不能葬，国亡不能救，死有余罪。今日之事，速死而已。"后数日，送公至省，供帐如上宾。公南面坐，故时部曲，皆来庭谒。司道郡县至者，公但拱手不起，列坐于侧，皆视公为天神。省中人赂守者，得睹公面为幸。翰墨流传，视为至宝。每日求书者堆积几案，公亦称情落笔。

九月七日，幕府请公诣市，公赋绝命诗："我年适五九，复逢九月七。大厦已不支，成仁万事毕。"遂遇害。子木、冠玉、舟子三人皆从死。子木名纶，溧阳人。冠玉鄞人。

公生于万历庚申六月初九日，年四十五。娶董氏。子万祺，先公三日戮于镇江。今以再从子鸿福为后。

…………

间尝以公与文山并提而论：皆吹冷焰于灰烬之中，无尺地一民可据，止凭此一线未死之人心以为鼓荡。然而形势昭然者也，人心莫测者也。其昭然者不足以制，其莫测则亦从而转矣。唯两公之心，匪石不可转，故百死之余，愈见光彩。文山之《指南录》，公之《北征纪》，虽与日月争光可也。文山镇江遁后，驰驱不过三载；公丙戌航海、甲辰就执，三度闽关，四入长江，两遭覆没，首尾十有九年。文山经营者，不过闽、广一隅；公提孤军，虚喝中原而下之。是公之所处为益难矣。公父刑部尝教授余家，余诸父皆其门人。至余与公，则两世之交也。念昔周旋鲸背蛎滩之上，共此艰难，今公已为千载人物，比之文山，人皆信之。余屈身养母，戋戋自附于晋之处士，未知后之人其许我否也？

铭曰：庐陵之祠，四忠一节。文山自许，俎豆其列。谁冠貂蝉，增此像设？曰惟信公，终焉是揭。西湖之阳，春香秋雾。北有岳坟，南有于墓。公亦有言，窀穸是附。同德比义，而相旦暮。前之庐陵，后之甬水。五百余年，三千有里。一时发言，俱同谶语。天且勿违，成人之美。

我们细读这篇墓志铭，犹如看到一幅波澜壮阔、艰苦卓绝、虽败犹荣的张煌言抗清斗争图，看到了一位历尽艰难、矢志不渝、慷慨悲歌、从容就义的抗清英雄堪与日月争光的光辉形象，也看到了墓志铭作者无所顾忌地直笔书写历史的大师风范。在中国历史上，前有文天祥，后有张煌言，一在江西庐陵（今吉安市），一在浙江甬上，前后500余年，远隔千山万水，但他们“百死之余，愈见光彩”，其著作与事迹相映生辉，“虽与日月争光可也”。在浙江西湖之畔，苍水张公之墓与北面的岳王坟、南面的于谦墓对影成三杰，象征着华夏民族前仆后继地抗击异族入侵与民族压迫的可歌可泣的历史。

而与上述张苍水墓志铭同年所作的《余若水周唯一两先生墓志铭》，则讴歌了两位坚守遗民气节的前明官员。其文曰：

嗟乎！名节之谈，孰肯多让？而身非道开，难吞白石；体类王微，常须药裹；许迈虽逝，犹勤定省；伯鸾虽简，尚存室家。生此天地之间，不能不与之相干涉，有干涉则有往来。陶靖节不肯屈身异代，而江州之酒，始安之钱，不能拒也，然靖节所处之时，葛巾篮舆，无钳市之恐，较之今日，似为差易。活埋土室，长往深山，吾于会稽余若水、甬上周唯一两先生有深悲焉。

若水名增远，字谦贞。曾祖古愚；祖相，肇庆府通判；父幼美，封兵部尚书。尚书五子：长煌，字武贞，天启乙丑进士第一人；季增雍，太平知县；若水其中子也，登崇祯癸未进士第，除宝应知县。刘泽清开府淮南，欲以公礼格郡县，若水投版弃官而去。画江之役，补礼部仪制司主事，升郎中。

唯一名齐曾，字思沂。高祖薇，工部员外郎，曾祖柔，祖炀，父台。唯一登癸未进士第，除广东顺德知县。邑中多盗，以为此饥寒所致，古人社仓之法，意非不美，然而其利易尽，于是变社仓为义田，而以社仓之法行之，可以久远。又仿弓箭社之法，行于西北者行之东南，修饰仆区沈命之术，盗一发即得。摄香山县，香山与黎人相望一海，上官欲渡海入莽，直指许之，唯一不可，乃止。闽中立国，其首辅香山人，下教有不便于民者，唯一即解职归。两先生之出，俱当兵戈旁午之日，若水无以自见，唯一之所见者亦小小及民之事，不足以尽其长也。

桑海之交，武贞投水死。若水逃山中不出，郡县逼之入见，若水乃舆疾城南，以待斋斧。久之而事解，聚村童五六人，授以《三字经》。晨则秉耒而出，与老农杂作，较量勤惰，未尝因其贵人而让畔也。同年生王天锡为海道，欲与话旧，若水辞以疾。天锡披帷直入，若水拥衾不起，曰："主臣不幸有狗马疾，不得与故人为礼。"天锡执手劳苦，未出门数步，则已与一婢子担粪灌园矣。天锡遥瞩，叹息而返。冬夏一皂帽，虽至昵者不见其科头。己酉岁十月十三日卒，年六十五。盖二十有四年不离城南一步也。

唯一遁入剡源，尽去其发而为发冢，曰：“惟松有声，可以无哭；惟薤有露，可以无泪；唯乌石依依，可无吊客。”架险立瓢，榜曰“囊云”。自称“无发居士”。剡源饶水石，与山僧樵子出没瀑声虹影之间，军持不借，时挂于万仞，丛林遂欲以法付之，一笑而已。王天锡求见，唯一止之曰：“烟里程途，朝不知暮宿所，故人咫尺，举目有山河之异。”辛亥岁三月二十日卒，年六十九。

夫断发之令，屈于威武，惟死足以拒断。若水拒断而不死，非幸也，其心固拼乎一死也。唯一尽断其余，不能拒也，然断其余，非令之有，则犹之乎拒也。其时为僧者多矣，而嗣僧之法则无与于此也。所谓威武不能屈者，两先生庶几近之。①

若水草屋三间，不蔽风雨，以鳖甲承漏。卧榻之下，牛宫鸡舍，无下足处，生人之趣都尽。唯一山林标致，一器之微，亦极其工巧。尝拾烧余为炉，拂拭过于金玉。又得悬崖奇木，制为养和，坐卧其间。两先生之不同如此！若水慨世路之逼仄，遂疑荀卿“性恶”，百王无弊，著论以非孟。唯一机锋曳电，汪洋自恣，寓言十九。然清苦自立，胸中兀然有所不可。不以牛迹之安途，避乱群之近忧者，是则同。

若水出自昆山朱相国震青之门，唯一出盐官吴太常磊斋之门，相国则先忠端公之门人也，其渊源有自。若水疾革，余造其榻前，命儿子正谊为之切脉。若水曰：“某祈死二十年之前，反祈生二十年之后乎？”余泫然而别。唯一未尝一面，人传其诗怪甚。僧解齐持一诗来：“愧不悉除须发去，犹留松下一孤身。我来仍唤松为树，未必松呼我是人。”余读之，了不见其可怪也。

若水配姚宜人。子三：金体、金和、金绳。唯一配袁孺人。子四：天行、时行、攸行、中行。庚戌岁，金体介陈天若求铭，余未及为。后七年，

---

① 据黄百家收集梨洲晚年文章而编辑的《南雷文定》五集乾隆初刻本，此段较原稿本增补了一段评论文字，曰：“若水行在《孝经》，义理迫隘，唯一之途稍宽，世之君子往往由之，然不欲为异代之臣者，顾反为异姓之子，无乃自相矛盾乎？唯一之寄身释氏，犹李燮之为佣保，依斋之为卖卜。然其诗云：‘愧不悉随须发去，犹留松下一孤身。我来仍唤松为树，未必松呼我是人。’”

天行介李杲堂求铭，余仿叶水心并志陈同父、王道父之例，以志两先生。同父、道父犹有显晦之别，若两先生则屈贾、李杜之同传。两家弟子刻于墓，以信德之不孤也。铭曰：

不有死者，无以见道之界。不有生者，无以见道之大。贤生贤死，返之心而无害。

在黄宗羲笔下，两位遗民至少有四个共同点：第一，他们都是考取进士并曾任知县的前明官员；第二，他们在明亡以后，坚守了遗民气节，既不出任新朝官员，也不与新朝权贵来往；第三，他们都以不同方式（或以死抗命，或全部落发）抗拒了清政府侮辱民族尊严的“剃发令”，彰显了“威武不能屈”的大丈夫精神；第四，他们在长期的遗民生活中都能清苦自立，独善其身。正因如此，黄宗羲将不同地区、不同经历的两位遗民合传，写在同一篇墓志铭中。又如，黄宗羲在76岁（康熙二十四年，1685）和79岁（康熙二十七年，1688）时，先后为定海谢泰阶（1607—1650）、谢泰臻（1602—1650）弟兄两人写了墓志铭，即《谢时符先生墓志铭》与《时禋谢君墓志铭》。两人出身于定海望族，其父谢渭（1570—1628）官至明朝的四川按察使，卒于任所。其时，泰阶在定海老家读书习文，泰臻则随父亲在任所读书习武，父亲逝世之后才回到定海老家。明亡后，二谢出处不一。谢泰阶迁居郡城（宁波），与甬上名士万泰、董守谕等以耿介自置，相交甚笃，常以诗文唱和，还曾设计营救了抗清义士。临终之日，尽焚平生著作，以明守节之志，也有不愿连累后人之意。黄宗羲称之为“所处为得中”者，并发表评论说：

嗟乎！亡国之戚，何代无之。使过宗周而不悯《黍离》，陟北山而不忧父母，感阴雨而不念故夫，闻山阳笛而不怀旧友，是无人心矣。故遗民者，天地之元气也。然士各有分，朝不坐，宴不与，士之分亦止于不仕而已。所称宋遗民如王炎午者，尝上书速文丞相之死；而已亦未尝废当世之务。是故种瓜卖卜，呼天抢地，纵酒祈死，穴垣通饮馔者，皆过而失中者也。君之所处，为得中矣。或者以君之焚书为惜，夫郑思肖之《心史》，铁函封

> 固，沉之井中，是时思肖年四十三耳，至七十八岁而卒。当其沉之之时，与君火之之时，其心一也，盖皆付之乌有耳。思肖岂望三百五十六年之后，其书复出而行于世乎？《心史》断手，其余年三十有五，亦不闻别有著撰也。自有宇宙，只此忠义之心，维持不坠，但令凄楚蕴结，一往不解，原不必以有字无字为成亏耳。①

而谢泰阶之兄谢泰臻在明亡以后，一方面展现了仓促应变之才，保护家族300余人“尽脱虎狼，木主无恙”；另一方面则到孔庙击鼓痛哭，在家里焚烧了前朝巾服。鲁王败亡，泰臻哀痛之极，弹琴不能成声，于是离家出走，削发为僧，遁迹于深山绝谷，行走于雪夜冰天，最后效法古人，蹈海自杀。黄宗羲誉之为“忠孝之人”，在其墓志铭中评论说：

> 余读杜伯原《谷音》，所记二十九人，崟嵜历落，或上书，或浮海，或仗剑沉渊，寰宇虽大，此身一日不能自容于其间。以常情测之，非有阡陌，是何怪奇之如是乎？不知乾坤之正气，赋而为刚，不可屈挠，当夫流极之运，无所发越，则号呼呶拿，穿透四溢，必申之而后止。顾世之人以庐舍血肉销之，以习闻熟见覆之，始指此等之为怪民，不亦冤乎！吾于时禋谢君而窃有慨也。……君之行事，颇类《谷音》中所载皇甫东生。东生性豪荡，乘小舟，挂布帆，载琴樽书籍钓具，往来江湖。至元丙子，发愤痛哭蹈海。东生亦四明人，山川之灵气，岂亦有常耶？今夫朋友离别，黯然销魂。顾君亡国破，世禄之家，凄楚蕴结，不可为怀，遂绝瞿相之迹，人之常情也。而情之至者，一往而深，首阳之饿，是肇其端，蹈东海而死，古人有其言未必有其事，不妨实其事于千载之下，非常情之可得而限也。②

慷慨赴死，从容就义；心怀故国，不仕新朝；富贵不淫，威武不屈；既不废当

---

①《黄宗羲全集》第10册，第422—423页。

②《黄宗羲全集》第10册，第438—440页。

世之务，而又长存一颗忠义之心，这正是黄宗羲所赞赏的遗民风节。他在诸多碑版之文中，讴歌了那些为国捐躯的英雄豪杰，赞扬了那些坚守气节的遗民，其中也体现了宗羲本人的价值观、遗民观和生死观。

梨洲末命，不同凡响

黄宗羲是豁达开朗、不信佛老、视死如归的一代大儒。他对生死问题早就看得很透彻，他并不认为人死万事皆空，也不期待肉体的长生不老，而是坚信人文精神的永恒价值，坚信那些长留天壤、激励人心的是人类正气，是可与日月争光的正义精神。所以，他在生前就为自己准备了后事。79岁那年，他选择在远离县城的化安山中先父忠端公（黄尊素）墓旁，为自己建筑了一座简陋的墓室，在墓室里放置了一张将来存放遗体的石床。为此，他写了11首题名《剡中筑墓杂言》的组诗。今录如下：

剡中筑墓杂言

昔年曾此作邻家，依旧水声彻夜哗。
风景过清销不尽，满溪明月浸桃花。

幽兰无土庇芳根，鼠穴乘车梦失伦。
独有此中堪避世，依然元会未经寅。

空谷登登相杵频，野狐蛇鼠不相亲。
应知难免高人笑，苦恋生身与死身。

荒山土阜柏交加，曾是当年书满家。
日后夕阳谁下马，还能闻得木樨花？

昔年曾记筑幽堂，草荐连床夜漏忙。

白首重来笑语尽，鸡声不肯度邻墙。
（自注：丙子冬，筑忠端公禁茔，长夜笑语。余弟四人，今无一在者。）

此身久不关天壤，犹有鸦声到树头。
身后定中无水观，总然瓦石亦难投。

残骸桎梏向黄泉，习惯滔滔成自然。
东汉赵岐真足法，沙床散发得安眠。
（自注：岐敕其子曰："吾死之日，墓中聚沙为床，布簟，白衣，散发。其上覆以单被，即日便下，下讫便掩。"）

层层寒翠锁山隍，收敛琼花瑶草香。
天意似嫌犹担板，故教三女隙东墙。
（自注：三女，峰名，隐见山城之外。）

不信残骸不化尘，应同过眼一烟云。
张超谷里骷髅骨，却有幽香出见闻。
（自注：华山张超谷，陈希夷颅骨尚有异香。）

过庭诗礼恨参差，枉作人间一世儿。
死若有知真不恶，秋坟应唱《白华》诗。

闻说始宁有赵君，不将棺木自缠身。
人间亦有奇于我，比例无烦及古人。
（自注：赵履光字奎先，上虞人，孝廉，官太守。）①

① 《黄宗羲全集》第11册，第311—312页。

通过这些诗我们可以看出，宗羲之所以把这里选作墓址，不仅因为其父安葬在此，还因为他一生中有很多时间是在此度过的。他曾在四明山结寨抗清，曾在这里读书写作，他要以此地为“避世”场所，等待新一轮世运的到来。诗中也透露出，他准备打破世俗厚葬陋习，而效法东汉经学家赵岐（108—201）和近人赵履光实行薄葬，墓中以沙石为床，不用棺椁，死后立即掩埋。

这位梨洲老人在82岁高龄时，还曾应老朋友靳治荆（字熊封）的邀请，游历黄山。他“龙钟曳杖，一步九顿”[①]，显然有些力不从心了。但他之所以在垂暮之年作此远行，除了朋友相召外，一个更重要的原因是要践履亡友沈寿民的生前约会。黄宗羲还为此作诗一首，题为《至黄山忆沈眉生寓黄山焦村累书见约》，诗云：

> 黄山有约负当年，垂老经过倍黯然。
> 岂是精魂真冥漠，还疑牛背笛声边。[②]

失约的歉疚、深厚的友情、无穷的思念跃然笔端。可见，梨洲老人对这位肝胆相照的复社同志的感情多么深厚。

自83岁开始，黄宗羲真正进入了垂暮之年。黄炳垕《黄梨洲先生年谱》“康熙三十一年壬申公八十三岁”条记曰：“海盐李明府梅墅请公主讲，不果。……秋七月，公病几革，文字因缘，一切屏除。接仇子沧柱都中来书，言北地贾醇庵已将《明儒学案》梓行，公暂彻呻吟，作序文一首，口授季子主一公书之。……是年后所作文曰《病榻集》（今入《文定五集》）。”

康熙三十四年乙亥（1695）七月，黄宗羲预感生命将到尽头，于是郑重嘱咐家人说：“我死后，即于次日抬至圹中，殓以时服，一被一褥，安放石床，不用棺椁，不作佛事，不做七七，凡鼓吹、巫觋、铭旌、纸幡、纸钱，一概不用。”家人对于这个“不用棺椁，不作佛事”的临终遗嘱感到震惊、犹疑，宗羲

---

① 《黄宗羲全集》第12册，第54页。

② 《黄宗羲全集》第11册，第342页。

遂提笔写下《葬制或问》一文，以释家人之疑。文云：

> 或问："送死者，棺周于身，椁周于棺，古今之通义也。今子易棺以石床，易椁以石穴，可乎?"曰："何为其不可也！余览《西京杂记》，所发之冢，多不用棺，石床之上，借以云母。赵岐敕其子曰：'吾死之日，墓中聚沙为床，布簟，白衣，散发，其上覆以单被，即日便下，下讫便掩。'陈希夷令门人凿张超谷，置尸其中。人入视，其颀胃重于常人，尚有异香。古之人行此者多矣。"
>
> 或曰："为其子者从之与否?"曰："奚为其不从也！为子者，于亲平日之言无有不从。至于属纩之后，世俗谓之遗嘱，礼家谓之顾命。亲之所言，从此不得闻矣。无论马医、夏畦之子，不敢不奉以终身，不必孝子。于此而有不从，则平日之为逆子无疑矣。杨王孙裸葬而子从之，古今未有议其子之不孝者，是从之为是也。"
>
> 问者曰："子以从亲为孝，则古今无诤子矣。"曰："圣人之为棺椁，以概天下之人。其有不欲概者，自创为法，亦圣人之所不禁也。必以去棺椁为非礼，则赵岐之《孟注》不当列于诸经，希夷之图书，不当传之于后世矣。使为子者而欲诤之，则是自贤以盖父也。"
>
> 问者曰："诤之不可。父死之后，阴行古制，使其父不背于圣人，不亦可乎?"曰："恶！是何言也！孝子之居丧，必诚必信，诚信贯于幽明，故来格来享。欺伪杂于其间，精诚隔绝，宗庙之馈食，松楸之霜露，其为无祀之鬼矣。孟子之礼匡章，以其不欺死父也。父之不善尚不敢欺，父之不循流俗，何不善之有？顾使其形骸不能自主，则棺椁同于敝盖，人亦何乐乎有子也！"

为了强调自己的遗命，要求家人必须遵守，这位不同凡响的梨洲老人用其最后的生命之光，写下了临终遗言，题为《梨洲末命》。文曰：

> 余圹虽成，然顶未淋土，非三百担不可。此吾日夕在心者也。吾死后，

即于次日之蚤，用棕棚抬至圹中。一被一褥，不得增益；棕棚抽出，安放石床。圹中须令香气充满，不可用纸块钱串一毫入之，随掩圹门，莫令香气出外。墓前随宜分为阶级、拜坛。其下小田，分作三池，种荷花。春秋祭扫，培土要紧，切不可以一两担循故事而已。其祭品：干肉一盘，鱼腊一盘，果子两色，麻糍一盘，馒首一盘。上坟须择天气晴明，第一不可杀羊。天雨变为堂祭，此流俗无礼之至也。凡世俗所行折斋、做七，一概扫除。来吊者五分以至一两并纸烛，尽行却之。相厚之至，能于坟上植梅五株，则稽首谢之。有石条两根，可移至我圹前，作望柱。上刻："不事王侯，持子陵之风节；诏钞著述，同虞喜之传文。"若再得二根，架以木梁，作小亭于其上，尤妙。

这样丧事从简、不循流俗的临终遗嘱，在那个迷信鬼神，相信灵魂不灭、因果报应，因而盛行厚葬的时代，真可谓是惊世骇俗之论。全祖望《梨洲先生神道碑文》评论梨洲此一"遗命"时说："公自以身遭家国之变，期于速朽，而不欲显言其故也。"这恐怕属于托词，充其量只是表面原因。其深层的思想原因是，黄宗羲在根本上是无神论者，他始终坚持反佛立场，而奉行儒家的"祭如在"传统。但他的"祭如在"，不是要求后人铺张浪费式的厚祭，而是要移风易俗，实行高雅脱俗——"植梅五株"的心祭。他所要效法的，是"不事王侯"的东汉高士严光的高风亮节；他所要传承的，是自己学术文化的成果。

农历七月三日清晨卯时，梨洲先生黄宗羲停止了呼吸，享年86岁。

第五章　思想创新：民主启蒙，天下为主

孕育黄宗羲思想的时代因素

黄宗羲生活在明末清初社会大变动的时代，即所谓“天崩地解”的时代。当时的中国封建社会，发生了一些重要的变化。

第一，延续了近2000年以自给自足为主体、商品交换为辅助的自然经济到明中叶以后发生了局部的质变，商品经济得到蓬勃的发展，特别是在江南苏、杭地区的棉纺业和丝织业中，出现了生产规模较大的手工作坊，出现了出钱雇工生产的“机户”和依靠出卖劳动力为生的“机工”，构成了所谓“机户出资，机工出力”的新型生产关系；在部分农村地区，以生产商品为目的的种植业也有长足的发展。与上述变化相联系，城市中出现了一个队伍日益壮大的工商业者阶级，或称新兴市民阶级。他们为维护本身的利益并争取未来的发展，势必与传统的社会关系和社会势力发生日益增多的矛盾和冲突。总之，这是中国封建社会中资本主义因素萌芽和生长的时期。

第二，明王朝从万历后期至崇祯末年，政治极端腐败。其主要标志是统治阶级集团内部四分五裂，斗争不已。宦官集团专权跋扈，厂卫特务横行无忌，对人民横征暴敛，对主张改革的正直官员残酷迫害，这就大大激化了统治阶级内部的矛盾以及封建统治集团与广大人民的矛盾。于是，一方面形成了要求改革朝政的东林党人与以魏忠贤为首的阉党腐朽集团之间的残酷政治斗争，另一

方面则导致了以高迎祥、李自成等为领袖的大规模农民起义，最终推翻了腐朽的朱明王朝。

第三，我国东北地区的女真族（后称满族）建立了后金政权，进而称帝，国号大清。这个新起的清政权于崇祯十七年（1644）乘李自成农民军推翻明王朝之机兴兵入关，在明宁远总兵吴三桂等降将引领下大举南下，打败了农民军，建立大清政权，定都北京。接着，实行不合理的民族政策，从而使民族矛盾尖锐化，激起了以汉族为主体的武装抗清斗争。清王朝用了30多年时间才以武力平息了南方各族人民的反抗。至康熙时期，改用镇压与笼络相结合、发展生产与加强思想文化控制相结合的两手政策，才巩固了清王朝的统治，并使社会走向安定，经济得到恢复和发展。

第四，从万历七年（1579）开始，西方国家（明末清初主要是葡萄牙、西班牙、荷兰、意大利）的殖民主义者、商人和传教士陆续来到中国。他们或用武力侵占中国领土、掠夺中国财富，或因传教需要，传播西方文化。其中有些人如利玛窦、金尼阁、艾儒略、毕方济、汤若望、罗雅谷、南怀仁等，向中国统治者、士大夫介绍了西方数学、天文历法等自然科学知识，他们的天文历算著作也得到比较广泛的刊行。如李之藻在杭州翻译汇刊的《天学初函》，徐光启在北京翻译刊刻的《崇祯历书》，在当时士大夫中影响较大。于是在明末清初，造成了一个西方文化冲击中国文化的新形势。正如梁启超所说："明末有一场大公案，为中国学术史上应该大笔特书者，日欧洲万算学之输入……在这种环境下，学界空气当然变换。此后清朝一代学者，对于历算学希有兴味，而且最喜大谈经世致用之学，大概受利（玛窦）、徐（光启）诸人影响不少。"①他在这里实际上揭示了明末清初的"经世致用"实学与西方科技文化的关系。

第五，从明中叶到明末清初，思想界也发生了一些重要变化。在明中叶，由王阳明（1472—1529）开创的阳明心学兴起于大江南北，到明末，阳明学几乎风靡全国，出现了浙中王门（以钱德洪、王畿为代表）、江右王门（以邹守益、欧阳德、聂豹、罗洪先为代表）、泰州学派（以王艮、耿定向、罗汝芳为代

① 梁启超：《中国近三百年学术史》之一，第99—100页。

表)、南中王门（以黄省曾、唐荆川为代表)、楚中王门（以蒋信、冀元亨为代表)、粤闽王门（以薛侃为代表)、楚中王门（以穆孔晖为代表）等多个阳明后学派，使得阳明学成为明末学术的主流。阳明学兴起之初，对于破除程朱理学的教条、解放思想、发扬主体精神确实起到了积极作用。然而，由阳明晚年所谓“四句教”引发的关于“四无”与“四有”的学术争论[①]却被导向空谈心性的方向，所以到明末清初，又兴起一股批判理学心学空谈理气心性的新思潮——实学思潮。这股实学思潮的特点，一是批判了那些俗儒们只知死背先儒语录而束书不读、游谈无根的空疏风气；二是抨击了那些没有真才实学的官僚士大夫们“无事袖手谈心性，临危一死报君王”的可悲下场；三是把批判矛头同时指向那些“不切民用”的佛学说教，使明清之际形成了一股反佛风气；四是开始重视并吸收西方自然科学知识，出现了主张会通中西之学、冲破传统学术藩篱而放眼世界的学术动向。在这股实学思潮的推动下，明清之际逐渐形成了一股带有明显的民主启蒙性质的思想解放潮流。这股启蒙思潮在政治思想上表现为对封建专制制度弊病的揭露和批判，在托古的旗号下呼吁政治的改革；在经济思想上表现为要求打破自然经济的传统结构和要求改变“重农抑商”的落后政策，提出了发展工商业，改革土地、赋税制度等有利于资本主义因素发展的经济主张；在教育思想上表现为对科举取士制度的激烈批判，对学校制度、用人制度提出了一系列推陈出新的改革主张。

黄宗羲就在这样的时代背景下，孕育和形成了他的思想与学说。下面，我们着重从政治思想、史学思想和哲学思想三方面概述其思想理论成就。

---

① 王阳明晚年所论“四句教”是：“无善无恶是心之体，有善有恶是意之动，知善知恶是良知，为善去恶是格物。”其高足弟子王畿和钱德洪因理解不同而发生争执。王畿主张：“心体既是无善无恶，意亦是无善无恶，知亦是无善无恶，物亦是无善无恶。若说意有善有恶，毕竟心亦未是无善无恶。”钱德洪主张：“心体原来无善无恶，今习染既久，觉心体上见有善恶在，为善去恶，正是复那本体功夫。若见得本体如此，只说无功夫可用，恐只是见耳。”双方各持己见，于是去请教老师，然阳明只说“二君之见正好相取，不可相病。汝中须用德洪功夫，德洪须透汝中本体”，并要求“二君以后再不可更此四句宗旨”，但并未对钱、王的争论作是非判断。阳明身后，各派弟子对“四句教”争论不断，以至形成学术史上关于“天泉证道”和阳明“四句教”的一段公案。《黄宗羲全集》第7册，第389页。

振聋发聩的政治思想

作为中国思想史上一位伟大的思想家，黄宗羲最有价值，在历史上最有光彩、影响最大的是其政治思想，而最集中、最精彩地体现其政治思想的著作是《留书》和《明夷待访录》，这两部书是黄宗羲强烈的反清民族主义和激烈的反封建①的民主启蒙思想的纲领性著作。

1. 新“封建论”——对中央集权制的批判性反思

在《留书·封建》篇中，黄宗羲总结了明朝灭亡的历史教训，提出了与唐代柳宗元观点截然不同的新“封建论”。

柳宗元的《封建论》（载于《柳河东集》）认为，“封建”并非圣人的本意，而是由历史发展之“势”所决定。人类有生而有争，有争而有群，于是有君长、有刑政。然后有里胥、有县大夫、有诸侯、有方伯、有连帅，而后有天子。“故封建非圣人意也，势也”。他认为周之败亡，起因于分封诸侯；秦之有天下，得益于建郡县，而其败亡，“咎在人怨，非郡邑之制失也”。以后汉、唐的兴亡，所谓汉“有叛国而无叛郡”，唐“有叛将而无叛州”，都证明“封建制”的流弊，郡县制的“不可革”。他还驳斥了种种主张恢复“封建”制的论调，认为“尤非知理”。他的结论是夏、商、周三代行“封建”是势不得已，而秦以后行“郡县”是“公天下之端”。

其实，柳宗元的《封建论》有得有失，其得在于认为三代推行“封邦建国”是由客观大势决定而非出于圣人的主观“意志”，而秦以后实行郡县制也确有削弱地方势力、加强与稳定中央政权的功效；而其失在于盲目肯定郡县制而未见其弊，甚至认为“公天下之端自秦始”，却没有看清秦以下千百年的君主专制制

① 近现代史学界通常从生产方式特征上将秦以后至清朝的中国社会定性为“封建”社会，实际上是指中央集权的君主专制制度。但中国传统史学（包括柳宗元、黄宗羲）所谓的“封建”主要指的是夏、商、周时代的“封邦建国”行政制度，而将秦至清的国家行政制度视为“郡县制”。本书在使用“封建社会”“封建主义”“反封建”名词时采用前一种含义，而讨论柳宗元、黄宗羲等人的“封建论”时则主要是指“分封”制与“封邦建国”制度。

度是“家天下”的本质。而对于柳宗元的《封建论》，在黄宗羲之前已有人质疑、批驳。如属于阳明后学的“南中王门”代表黄省曾[①]即著《难柳宗元〈封建论〉》一一驳之。黄省曾的主要观点是，从统治者是“利生民”还是“利子孙”的角度来看封建制、郡县制的得失，认为“利乎生民”者就是仁者、仁术，“不利乎生民”者就是不仁者、不仁之术。而“封建之制，术之仁者也；郡县者，术之不仁者也”，“宗元《封建论》大抵为子孙也，卑乎浅矣……宗元之论无一而可者”[②]，这触及了君主专制制度的本质。柳宗元的理论，本质上是为“王天下者”图利子孙服务的，所以不足为训。这篇文章受到了黄宗羲的重视，将它选编进《明文海》。黄宗羲在《明夷待访录·原君》中关于古之人君“不以一己之利为利，而使天下受其利”，后之人君“以天下之利尽归于己……视天下为莫大之产业，传之子孙，受享无穷”的论述，显然是受到了黄省曾文章的启发的。

但黄宗羲的“封建论”又与黄省曾的“封建论”有所区别，宗羲主要是从“夷夏之辨”的角度声讨秦“废封建之罪”的。他认为，明朝亡国的原因是多方面的，有卫所制度的积弊，有阉党乱政的腐败，有科举取士制度的流弊，有土地赋税制度的不合理，但最大的原因莫过于“夷狄”作乱。他说：“自三代以后，乱天下者无如夷狄矣。”[③]他进一步探究“夷狄”所以能够“乱天下”的原因，认为是由于秦以后“废封建之罪也”（这里所谓“封建”指“封邦建国”之意，而“废封建”则指建立中央集权的君主专制制度）。他甚至认为，如果不“废封建”，那么即使天子“失天下于诸侯”，也还是“以中国之人治中国之地”，尚不至于“率禽兽而食人，为夷狄所寝覆”。他在书中一再总结“夷狄乱天下”的历史教训，并且直接把清朝说成“伪朝”，把清统治者骂作“虏酋”，提出严夷夏之辨。他说：“中国之与夷狄，内外之辨也。以中国治中国，以夷狄治夷

---

① 黄省曾（1490—1540），字勉之，号五岳，苏州人。王阳明讲学越中，先生执贽为弟子。有《会稽问道录》10卷，另有《五岳山人集》等著作。黄宗羲《明儒学案·南中王门学案一》有传，见《黄宗羲全集》第7册，第676页。黄省曾所著《难柳宗元〈封建论〉》由黄宗羲、黄百家编入《明文海》卷九二。

② （明）黄省曾：《难柳宗元〈封建论〉》，《四库全书·集部八·总集类·明文海》卷九二。

③ 《黄宗羲全集》第11册，第4页。

狄，犹人不可杂之于兽，兽不可杂之于人也。”[①]显然，写作《留书》时（该书完成于清顺治十年，1653）才44岁的黄宗羲，其思想还停留在强烈的反清民族主义立场上。今天看来，这类见解未免带有狭隘民族主义的偏见。但我们不能苛求于古人，更不能撇开当时的民族矛盾。在尚未出现近代民族观念的清初，黄宗羲作为一个汉族知识分子能有这种思想并不奇怪，应当说体现了他的崇高民族气节和爱国主义精神。

另一方面，黄宗羲与柳宗元所处的时代已有很大不同。柳宗元处在唐代藩镇发动叛乱、渐有“末大不掉”乃至威胁到中央政权的时代，所以他要着重总结分封制的弊病、宣扬郡县制的优越，其目的在于加强中央集权。因此，他从春秋战国的诸侯争霸、汉代吴楚七国之乱、唐代藩镇拥兵自重的历史教训着眼，得出结论：周之（封邦建国）“失在于制，不在于政”；秦之（废封建）“失在于政，不在于制”，故“有叛人而无叛吏”；汉有封建，有郡县，“时则有叛国而无叛郡”，可见周制之失，秦制之得；唐之“失不在于州而在于兵，时则有叛将而无叛州”，可见“州县之设，固不可革”。总之，柳宗元认为，“封建”制是致乱之源，郡县制是稳固基业之制。黄宗羲则不然。他所处的时代，以中央集权的郡县制形式统治中国的君主专制制度的弊病已经充分暴露，他认为这种中央高度集权的制度不利于发挥地方治权的效能，尤其是在对付全民皆兵的边疆少数民族入侵时难以御敌，况且严峻的历史事实是，继蒙古灭宋以后中原再次沦入“夷狄”之手（指建立大一统的清王朝）。他比较秦以后与秦以前的治乱兴亡史，指出“自秦至今一千八百七十四年，中国为夷狄所割者四百二十八年，为所据者二百二十六年。即号为全盛之时，亦必使国家之赋税十之三耗于岁币，十之四耗于戍卒，而又荐女以事之，卑辞以副之，夫然后可以仅免”，而“自尧以至于秦二千一百三十七年，独无所事”（此说并不符合历史事实）。这是什么原因呢？黄宗羲认为，根本原因就在于“封建与不封建之故”。按照黄宗羲的设想，如果实行“封建制”，则各地方都有权有兵，即便有“夷狄”侵扰，地方可以迅速调兵独当一面，也不至于像蒙古、满族入主中原那样“不过一战，而天下之

① 《黄宗羲全集》第11册，第12页。

郡县皆望风降附”，从而轻易取得全国政权。所以，黄宗羲在明末清初时宣扬封建优于郡县的理论，实质上是对中央高度集权的行政体制的批判性反思，反映了一种要求中央分权以加强地方自治能力的政治主张。

2. 黄宗羲新民本思想的性质与结构

如果说《留书》主要反映了作者的反清民族主义思想的话，那么《明夷待访录》所表达的，则是从强烈的反清扩大到对整个君主专制制度进行系统化的批判，并提出了具有民主启蒙性质的新民本思想。

关于黄宗羲民本思想的性质，学界存在一些争议。有人认为黄宗羲的民本思想无非是《尚书》“民惟邦本”思想和孟子“民贵君轻”思想的延续，是“以君权为核心”的儒家民本思想的“极限”，因而是“前近代”甚至是“反近代”的，不具有民主启蒙性质。对此，许多前辈学者都不同意上述看法，而明确地认为黄宗羲的民本思想已经具有民主启蒙的性质。例如，著名思想史家侯外庐[①]先生在其专著《中国早期启蒙思想史・黄宗羲的思想》一章中就设专节论述“黄宗羲的近代民主思想”，明确指出黄宗羲的《明夷待访录》“前于罗梭《民约论》三十多年，类似《人权宣言》，尤以《原君》《原臣》《原法》诸篇明显地表现出民主主义思想”[②]。先师郑昌淦先生[③]在其专著《中国政治学说史》一书中指出：

从周代到明代，许多学者在论述天下治乱和国家安危问题时，大多归

① 侯外庐（1903—1987），原名兆麟，又名玉枢，自号外庐。山西省平遥县人。1922年考入北京法政大学和北京师范大学兼攻法律和历史。1927年赴法留学，入巴黎大学。中华人民共和国成立后，历任中央人民政府政务院文教委员会委员、北京师范大学历史系主任、西北大学校长、中国科学院哲学社会科学部学部委员兼历史研究所副所长、中国社会科学院历史研究所所长等职。主要著作有《中国古代社会史论》《中国古代思想学说史》《中国近世思想学说史》《中国思想通史》（五卷本）等。是中国第一代马克思主义哲学史、思想史家。

② 侯外庐：《中国早期启蒙思想史》，人民出版社1956年版，第155页。

③ 郑昌淦（1918—1998），福建福州人。毕业于武汉大学历史系。1950年后长期任教于中国人民大学历史系，任讲师、副教授、教授。是马克思主义历史学家，“东汉封建论”与“明清资本主义萌芽论”的理论代表，著有《中国政治学说史》《明清农村商品经济》等专著，也是著名史学家尚钺主编的《中国历史纲要》的主要撰稿人和统稿人。

> 结为君主个人品质关系。是贤君、明君还是暴君、昏君？是治乱安危之所系。他们也论及君民和君臣关系。然而，如何对待民众？是采纳贤臣的忠谏，还是远君子而亲小人？仍然由君王作主。于是，学者们又提出失民心失天下以及载舟覆舟等学说，无非是陈述利害，警告或劝告之意。但是否认识这些历史教训……起决定性作用的是君主。在君主专制政治制度之下，势必如此。这些学者没有从这一根本性问题进行探讨。……到了十七世纪后期，黄宗羲等人否定君主专制制度，论证了它的危害性，提出了进步的民主学说。①

笔者是同意“民主启蒙”说的。笔者认为，黄宗羲的民本思想已经超越孟子以来“由君王作主”的“尊君重民”式民本思想的旧范式，创立了“由民作主”的“民主君客”式的新民本理论，其思想已具有朴素的民主启蒙性质，因而不是传统民本思想的“极限”，而是中国近代民主思想的“开端”。黄宗羲的新民本思想集中体现在《明夷待访录》中，该书从政治、法律、经济、军事、文化、教育等各个方面阐述了作者的民主启蒙思想。

宏观而言，黄宗羲新民本思想的理论结构主要由五部分构成：一是政治模式，包括他的“封建”论、“君为民害”论和“民主君客”论。二是法制模式。他以“托古改制”笔法，提出了“藏天下于天下”“有治法而后有治人”的思想命题。三是经济模式。他深刻批判了历代封建王朝的土地、赋税制度，提出了“工商皆本”“废金银”“通钱钞”以及“均田”“齐税”等政策主张。四是教育模式。把学校的功能定位为指导政治、引导舆论的场所，提出了“必使治天下之具皆出于学校”“公其非是于学校”的政治主张和“宽于取而严于用”的“取士”政策。五是哲学思维模式。建立了基于“工夫”实践的“力行”哲学，提出了“心无本体，工夫所至即其本体”等重要哲学命题。

下面，我们从四个方面具体展开对黄宗羲具有民主启蒙性质的新民本政治思想的探讨。

---

① 郑昌淦：《中国政治学说史》，（台北）文津出版社1995年版，第300页。

3. 黄宗羲新民本思想的主要内容

(1)“民主君客”论——伸张人民主权、批判君主专权

黄宗羲生活的时代，是激烈动荡即所谓“天崩地解”的时代，他经历了明王朝灭亡、明末农民起义失败、清王朝在血腥镇压南方人民抗清斗争之后重新确立君主专制体制的政治大变动。他“痛定思痛”，不仅对明清嬗替，而且对整个中国历史的经验教训进行了深刻的反思。于是，他从顺治十年（1653）到康熙二年（1663）的10年间，先后写作了《明夷留书》和《明夷待访录》这两部以总结“治乱之故”“条具为治大法”为宗旨的政治思想专著。《留书》1卷8篇（今存5篇），主要反映了作者强烈的反清民族主义和地方自治思想。《待访录》在《留书》基础上修改扩充为2卷26篇（今存1卷21篇），则反映了作者已将反清思想升华到批判整个君主专制体制、主张民主性社会改革的理论高度了。

黄宗羲《明夷待访录》中最脍炙人口的两句话，一是“为天下之大害者君而已矣”，二是“天下为主，君为客”。前一句可概括为“君为民害”论，批判的矛头直指秦王朝以后2000多年来以“敲剥天下之骨髓，离散天下之子女，以奉我一人之淫乐”的君主专制制度。显然，这里所谓“天下”指的就是人民。后一句可概括为“民主君客”论，宣扬的正是主权在民、君须为民服务的思想。

既然“君为民害”，人民自然有权“怨恶其君，视之为寇仇，名之为独夫”，甚至得而诛之。所以，历史上的诛杀暴君、改朝换代是天经地义的。既然“民为主，君为客”，则为君者的义务就是为人民兴利除害，以使天下人民“受其利”“释其害”。

由上可见，黄宗羲在《明夷待访录》中提出的“天下利害之权”在民不在君的思想，显然已经达到了“民主启蒙”的思想高度了。

其实，这种民主启蒙的思想倾向，在当时并非为黄宗羲所独有，而是为明清之际许多进步思想家（如顾炎武、王夫之、颜元、唐甄、张岱等）所共有，几乎形成了一股社会改革的新思潮。其中尤以唐甄的“凡为帝王者皆贼也”和张岱说的“予夺之权，自民主之”的思想最为典型，这些主张与黄宗羲的“君害”论和“民主”论有异口同声之效。

(2)“藏天下于天下”——倡导民治、反对专制

黄宗羲的民主思想，还体现在他的立公法、废私法、人权平等思想。他以“托古改制”的笔法，肯定“三代之法”是“天下之法”，而批评三代以下之“法”为“一家之法”。

所谓“天下之法”，是为天下人民谋利防乱的公平之法，而“一家之法”，则是专为帝王一家谋私利的专制之法。他说，“三代以上之法也，固未尝为一己而立也”，“三代之法，藏天下于天下者也。山泽之利不必其尽取，刑赏之权不疑其旁落，贵不在朝廷也，贱不在草莽也。……后世之法，藏天下于筐箧者也。利不欲其遗于下，福必欲其敛于上”[①]。黄宗羲所谓“藏天下于天下者”，一方面包含着天下是人民之天下，应由人民共同治理的民治思想；另一方面则包含了治理天下之法为万民之公法的思想。其所谓“贵不在朝廷，贱不在草莽”之说，则提出了无论贵贱，在法律面前的权利是人人平等的思想主张。而所谓“藏天下于筐箧者”，则必为专制帝王一家之私法，这在黄宗羲看来是“非法之法”，因而必须加以反对与批判。

更进一步，黄宗羲明确地主张从制度上解决社会治乱问题，主张必须先建立有效的政治法律制度，然后才可以讨论执法之人的问题，这就是所谓“有治法而后有治人”的内在意义。

黄宗羲的民治思想，还体现在他对君臣关系及其职能的阐述上。他认为，天下之大，事务纷繁复杂，并非一个人能够治理得了，而必须由众多臣工共同治理，于是有君臣的分工。而君臣关系并非像父子那样是不可改变的亲情关系，而是像师友那样可以选择的平等关系。人们出来为臣做官，是“为天下，非为君也；为万民，非为一姓也”，即并非为君王一人一姓做奴仆，而是对人民负责，为大众服务。而天下的根本大事，“不在一姓之兴亡，而在万民之忧乐”，所以君臣之间就像前呼后应共同拉木头的人一样，共同“以天下万民为事”，忧民之忧，乐民之乐。这种以“万民之忧乐”为头等大事的思想，既是对传统儒家民本思想的继承与发扬，也是对君主专制的批判与否定。

---

① 《黄宗羲全集》第1册，第6页。

黄宗羲“藏天下于天下”的思想与顾炎武主张的“以天下之权，寄天下之人”的思想如出一辙，所以顾炎武读了黄宗羲的《明夷待访录》后致信黄宗羲，深深感叹“知天下未尝无人，百王之敝可以复起，而三代之盛可以徐还也”，并庆幸自己的见解“同于先生者十之六七”，而黄宗羲则将顾氏书函全文收录到晚年回忆录《思旧录》中。

(3)“工商皆本”论——反映新兴市民阶级的历史要求

黄宗羲新民本思想在经济思想与经济政策上的表现，一是提出了“工商皆本”的经济伦理命题；二是主张改革税制，要求按“三十税一”的原则“重定天下之赋”；三是主张“废金银”而“通钱钞”的金融改革。

中国古代社会始终是以农业为主体、以农立国的社会。上古时商业并不发达，所以也就没有抑商的需要和必要。到春秋战国时期，商贾贸易日益发展，所以就提出了农商本末问题。从文献资料看，明确讨论士农工商的关系及其社会分工的古籍首推《管子》与《孟子》。《管子·小匡》篇说：“士农工商四民者，国之石民也，不可使杂处，杂处则其言哤，其事乱。”所谓“石民”，意即“柱石”之民。四民应各居其所，各司其业，否则就会混乱。这里虽把工商排在后面，但并无农本商末之意。《孟子》的《公孙丑》篇和《滕文公》篇都谈到士、农、商的职责分工问题，也没有重农轻商或农本商末的思想。最早提出重农抑商或农本商末思想的应是法家商鞅与韩非。《商君书·壹言》提出了“事本禁末”之说；《韩非子·五蠹》则以农为本、以商工为末，主张抑制“商工游食之民”。战国末年尤其是秦汉以后的统治者以及大多数思想家（包括儒家），基本上都是主张实行农本商末、重农抑商的政策的。如《吕氏春秋·上农》篇说，“古先圣王之所以导其民者，先务于农；民农非为地利也，贵其志也”，并强调了务农之利与“舍本事末”之害；而《三国志·魏志·司马芝传》所谓“王者之治，崇本抑末，务农重谷”之说，则是“农本商末、重农抑商”政策的典型说法。

但黄宗羲借“古先圣王”之口对“本末”问题作了与众不同的诠释。他认为，所谓为治的根本，是使老百姓的一切行为符合礼节，而所谓末业，是指那些不切民用的陋习恶俗（如铺张的婚丧礼仪）、蛊惑迷信（如信佛信巫）、奢侈浪费（如倡优、酒肆、机坊）的行业。他说：

> 故治之以本，使小民吉凶一循于礼，投巫驱佛，吾所谓学校之教明而后可也。治之以末，倡优有禁，酒食有禁，除布帛外皆有禁。今夫通都之市肆，十室而九，有为佛而货者，有为巫而货者，有为倡优而货者，有为奇技淫巧而货者，皆不切于民用，一概痛绝之，亦庶乎救弊之一端也。此古圣王崇本抑末之道。世儒不察，以工商为末，妄议抑之。夫工固圣王之所欲来，商又使其愿出于途者，盖皆本也。[①]

在黄宗羲的民本思想体系中，古圣王的崇本抑末之道，是崇尚礼治，而禁绝那些巫蛊、佛事、倡优、奇技淫巧之类不切民用的末业，而非贬抑工商之类有利民生的本业。所以黄宗羲反对贬抑工商的政策，而提出“工商皆本”的思想，这是对千百年来“重农抑商”政策的历史性批判，反映了当时新兴市民阶级要求发展商品经济的强烈要求。

关于赋税制度，先秦有初税亩、什一税，两汉先后实行过十五税一、三十税一和什一税制，魏晋实行户调制，唐代实行租庸调制，宋代改行两税制，明代又有“一条鞭法”的税制改革。但改来改去，救得一时之弊，救不了根本之弊，反而造成“积累莫返之害”，即不断增加农民负担的恶性循环。黄宗羲主张重定税率，按照最低标准收税。他说：

> 夫三十而税一，下下之税也。……古者井田养民，其田皆上之田也；自秦而后，民所自有之田也。上既不能养民，使民自养，又从而赋之，虽三十而税一，较之于古亦未尝为轻也。……吾意有王者起，必当重定天下之赋；重定天下之赋，必当以下下为则而后合于古法也。[②]

---

①《黄宗羲全集》第1册，第41页。

②《黄宗羲全集》第1册，第23—24页。

所谓“以下下为则”即以下下田收入的标准三十而税一。尽管这种低税率在皇权日益强化的专制社会中不可能实现，但黄宗羲的税制改革思想是有利于减轻广大农民的“暴税”之苦的。

黄宗羲经济思想的另一个亮点是“废金银”而“通钱钞”的币制改革设想。他在《明夷待访录·财计》3篇中，开宗明义第一句话就是：“后之圣王而欲天下安富，其必废金银乎！”他以古鉴今，着重分析了明朝以金银为主、钱币为辅的货币政策所导致的经济困境，然后总结说：

> 夫银力已竭，而赋税如故也，市易如故也，皇皇求银，将于何所！故田土之价，不当异时之什一，岂其坏瘠与？曰：否，不能为赋税也；百货之价，亦不当异时之什一，岂其物阜与？曰：否，市易无资也。当今之世，宛转汤火之民，即时和年丰无益也，即劝农沛泽无益也，吾以为非废金银不可。废金银，其利有七：粟帛之属，小民力能自致，则家易足，一也。铸钱以通有无，铸者不息，货无匮竭，二也。不藏金银，无甚贫甚富之家，三也。轻赍不便，民难去其乡，四也。官吏赃私难覆，五也。盗贼胠箧，负重易迹，六也。钱钞路通，七也。①

由此可见，黄宗羲的货币政策是废金银而通钱币，杂以粟帛之征。粟帛用以抵税，以方便小农；钱币则作为商品交易、市场流通的唯一货币。他认为：“钱币所以为利也，唯无一时之利，而后有久远之利。以三四钱之费得十钱之息，以尺寸之楮当金银之用，此一时之利也。使封域之内，常有千万财用流转无穷，此久远之利也。”②显然，黄宗羲主张的货币政策，是要确保货币的流通与商品市场的活力，以维护国家长治久安的“久远之利”。

总之，黄宗羲以“工商皆本”“重定税则”“废金银、通钱钞”为主要内容的经济改革理论，是其新民本思想在经济思想上的体现，它反映了要求打破自

---

① 《黄宗羲全集》第1册，第38页。
② 《黄宗羲全集》第1册，第38页。

然经济的传统结构和发展工商业、改革赋税制度和金融政策的历史要求。这些经济主张，尽管有许多不切实际的空想成分，但在客观上是有利于资本主义生产关系的萌芽与成长发展的，其理论勇气与远见卓识值得赞许。[①]

（4）“公其非是于学校”——落实人民对政府的舆论监督权

黄宗羲的民主思想不仅突出地表现在其伸张民权、主张民治和批判君主专制方面，而且表现在主张人民议政权和监督权方面。他把这两项权利归之于学校，在他看来，学校既是培养知识分子的基地，也是评议朝政、实施舆论监督的场所。

在君主专制的社会中，不仅是普通民众，甚至连一般士子（知识分子）都没有评论政治得失的权利，更没有监督君权和政府行政权（实是君权的延伸）的权利。是非的标准不由客观实践决定，也不由广大士民评判认定，而是“天下之是非一出于朝廷（君主）”。黄宗羲反其道而申之，认为“天子之所是未必是，天子之所非未必非”，主张“必使治天下之具皆出于学校”，“公其非是于学校”[②]。这里的“治天下之具”，当指治理国家的根本大纲及其基本制度、发展战略的设计，使之“出于学校”，则学校就具有政治设计院的性质，而“公其非是于学校”，则学校就具备了舆论监督的功能。尽管黄宗羲笔下的学校与近代西方的议会不可同日而语，但应该承认，这是对“是非一出于朝廷”的君主专制的否定，是对人民议政权和监督权的肯定，因而是具有民主性的政治主张。

4. 黄宗羲新民本思想的理论来源与现代意义

由上可见，黄宗羲新民本思想已经超越了自《尚书》《孟子》以来在君主专制制度下传统儒家重民、爱民、为民请命的旧民本范式，而开始走向民主、民

---

① 值得注意的是，黄宗羲提出上述经济改革主张并非偶然，而是一种时代思潮的反映。在明清之际，还有一些与黄宗羲同时代的士大夫也提出了类似主张。如万历时的官僚冯应京在《月令广义》中提出了“士农工商各执一业”“九流百工皆治生之事”的思想，明末东林党人赵南星在《赵忠毅公文集》卷四《寿仰西雷翁七十序》中提出了“士农工商，生人之本业”的思想，顾炎武的《日知录》、陆世仪的《思辨录》在诸如封建、郡县、井田及货币、赋税等问题上的主张也与黄氏接近，而颜元甚至提出了“天地间田，宜天地间人共享之”的“平均地权”思想（见颜元《四存编・存治》），较之宗羲更为激进。

② 以上均见于黄宗羲：《明夷待访录・学校》。

治、民主监督的新范式。

黄宗羲民本思想的来源是多方面的。其思想渊源，就广义而言，主要来自中国传统文化中的儒家“民本”“仁政”思想以及道家的“无君论”。具体而言，《尚书》中“民惟邦本，本固邦宁”的思想，孔子的“仁爱”理论，《孟子》的“民贵君轻”论、“残贼独夫”论，鲍敬言的“无君”论，范仲淹“先天下之忧而忧，后天下之乐而乐”的忧民论，邓牧《伯牙琴》中的反君忧民、举贤重士主张，王阳明的“致良知”与“亲民”论，黄省曾《难柳宗元〈封建论〉》中所谓“封建郡县仁不仁”之辨，刘宗周的“诚意、慎独”思想，等等，都在不同程度上为黄宗羲的民本思想提供了直接或间接的思想资源。但黄宗羲的民本思想较其往圣先贤已有了实质性的超越。而最大的不同，就在于黄宗羲从明朝灭亡“天崩地解”的惨烈事实、从中国2000年君主专制残害人民的严重弊端中反思总结出了历史的经验与教训，他深刻地认识到尊重人们“自私自利”生活权利的重要性，认识到天下应是人民共有共享的天下而非帝王一家一姓之私产的道理，进而提出了比较系统地批判君主专制、倡导民主启蒙的思想理论。从这个意义上说，黄宗羲新民本思想最重要也是最直接的来源，乃是源自中国2000多年君主专制的负面实践。而黄宗羲新民本思想之“新”，就新在超越了传统民本思想的“君以民为本”“臣为民请命”的“为民作主”旧范式，而提出了“民为主，君为客”的主权在民、君须为民服务的新思想，提出了以“天下之法（公法）治天下”的民治主张，而这是“以君权为核心”的传统民本思想所无法企及的。

当明王朝被农民起义的烽火摧毁以后，中国并未能走上建立民主政治、发展资本主义的道路，而是被一个正从野蛮走向文明的边远落后民族用武力征服，建立了甚至比汉唐宋明还要专制、腐败的清王朝。到了清末，中国又饱受帝国主义侵略、瓜分之苦，从而大大延缓了中国近代化与现代化的进程。在经历2000多年的君主专制政治、当代中国已走上中国式社会主义现代化的道路的今天，我们仍然可以深切感受到黄宗羲新民本思想的深远意义，可以得到多方面的借鉴与启迪。

黄宗羲新民本思想尽管有历史局限性和空想成分，但其所体现的人文精神是历久弥新的。我们至少可从四个方面理解其现代意义：第一，黄宗羲的“民主君客”论和“万民忧乐”论，宣扬了主权在民，君须为民服务、以万民忧乐为治乱标准的思想观念。当今时代虽然已非君主专制时代，但永远存在一个政府与人民、领导者与被领导者的关系问题。作为现代社会的领导者，必须明白权力来自人民的道理，坚持“以民为本、人民至上”的根本立场，始终以“万民之忧乐”为头等大事，把广大人民的利益放在第一位。第二，黄宗羲关于“治法”与“治人”的讨论，有助于我们正确认识“法治、德治、人治”的关系及其利弊，促使我们为建立基于民主政治的现代法治社会而做出不懈的努力。第三，黄宗羲的“工商皆本”与税制改革等经济思想主张，可以启发我们深刻认识保持产业结构和谐平衡的重要意义，深刻认识不断减轻或调整人民税务负担对于保持社会稳定的重要意义。第四，黄宗羲关于学校功能和改革取士制度的理论观念，可以启迪我们正确认识学术对于政治的引导作用，深刻认识不拘一格选用人才的重要意义。在“官本位”歪风相当兴盛、“长官意志定是非”的情形下，我们尤有必要大力宣扬黄宗羲关于“公其非是于学校”的思想主张，提倡用“学本位”取代“官本位”，使“长官意志”服从“公民意志”。

超越阳明“良知”心学的“力行”实学

黄宗羲在后半生长期从事中国思想史特别是宋、元、明三代乃至清初思想史的整理工作，沉浸在深刻的哲学思考之中。他要对历史上的治乱兴亡寻求普遍的理论说明，特别是要对明清之际“天崩地解”时代的社会大变动做出哲学的回答。他要为其具有民主启蒙性质的新民本政治思想提供一个哲学基础，需要对憧憬中的未来社会——代替封建君主专制而起的“民主君客”理想国做出哲学的论证，力图建立一个新的哲学理论体系。因此，他的哲学思考必然是批判性的、创造性的、生动活泼的，而不是保守的、教条式的、死板僵化的。

有明一代，前半期是程朱理学占统治地位，后半期是王阳明心学占统治地位。但到明末清初，无论是理学还是心学，都出现了理论上的危机，都回答不了大变动时代提出的种种新问题。正如黄宗羲在《留别海昌同学序》中所批评的："今之言心学者，则无事乎读书穷理；言理学者，其所读之书不过经生之章句，其所穷之理不过字义之从违……封己守残，摘索不出一卷之内……天崩地解，落然无与吾事，犹且说同道异，自附于所谓道学者，岂非逃之者之愈巧乎？"既然理学家和心学家都巧于逃避现实问题，那就需要对理学和心学做出时代的批判，而代之以新的哲学。黄宗羲就是在时代对新哲学的呼唤下着手哲学史的整理和哲学理论思考的。他编撰《明儒学案》和《宋元学案》，写作《易学象数论》和《孟子师说》，就是这种努力的具体表现。

关于黄宗羲的哲学思想，学者们评价不一。或认为是王学（心学）的"殿军"[①]，或认为是"宋明道学的异端"，或者是"以泛神论哲学批判理论唯心主义"并"向唯物主义方向迈进了一大步"的哲学家。[②]笔者认为，如果按西方哲学的标准来区分黄宗羲是唯心主义还是唯物主义是比较困难的，而且没有多少实质性意义。因为他在讨论心、物关系时提出的"盈天地皆心"或"天地间只有一气充周"等命题，并不是在讨论知识论意义上的精神与自然界、思维与存在的关系以及两者孰先孰后的问题，而本质上是在探讨中国传统哲学家所注重的人文价值和道德实践问题。从宋明理学和中国儒学发展演变史的角度看，黄宗羲基本上是一位折中程朱陆王、对宋明理学有所超越并开启了清代实学之风的心学家。而从理论来源而言，黄宗羲的哲学思想是对刘宗周的诚意慎独之学和王阳明心学的批判继承与理论修正。在此，笔者着重从黄宗羲对刘宗周、王阳明心学批判性继承、扬弃与理论创新方面，探析黄宗羲哲学思想的内容、性质及时代意义。

---

① 梁启超称黄宗羲是"清代王学唯一之大师"，并认为"梨洲不是王学的革命家，也不是王学的承继人，他是王学的修正者"，见梁启超：《梁启超论清学史二种：清代学术概论·中国近三百年学术史》，复旦大学出版社1985年版，第145页。刘述先则基本上将黄宗羲归入陆王心学一派，但认为黄宗羲是承上启下的人物，"他不只变成王学的殿军，也变成了整个宋明儒学思想的统绪的殿军"，"他代表了一个时代（指宋明心性之学）的终结，却又在无意之中促进了另一个时代（指清代实学、考据学）的开始"，见刘述先：《黄宗羲心学的定位》，浙江古籍出版社2006年版，第1页。

② "异端"说见侯外庐主编：《中国思想通史》第五卷第九章，人民出版社1980年版；"泛神"说见冯契：《中国古代哲学的逻辑发展》下册，上海人民出版社1985年版，第1045页。

1. 从“万化根源总在心”到“盈天地皆心”——本体论的承传与修正

追本溯源，心学源起于孟子，成立于陆象山，完善于王阳明。孟子学说的特色就在于力求从人自身寻求道德的主体，首次赋予人之“心”以道德主体的意义而使之提升为儒家道德人文哲学的基本范畴。他所谓“仁，人心也”“人皆有不忍人之心”“仁义礼智根于心”，以及“尽心”“存心”“求放心”等说法，正是孟子学说的精粹所在。陆象山则在孟子心学的基础上，进一步提出了“心即理”“宇宙便是吾心，吾心即是宇宙”等理论命题，一方面将孟子的“人心”（即道德“仁心”）提升到本体论高度去理解，一方面又将二程那个具有外在超越性质的“天理”本体论改造为内存于己的“心理”本体论，从而简易直接地表述了儒家以确立道德主体性为主要特征的“内圣成德”之教。王阳明又继承、丰富和发展了陆象山的心学理论体系，循着象山心学的理论思路，进一步提出了“心外无物”“心外无理”的命题，并用“人人自有定盘针，万化根源总在心”[①]这样的诗句形象生动地概括了他的心学宇宙观。

黄宗羲对阳明心学的继承与修正，首先表现在其《明儒学案·自序》中所表达的宇宙观和本体论思想。他说：

> 盈天地皆心也，变化不测，不能不万殊。心无本体，工夫所至，即其本体。故穷理者，穷此心之万殊，非穷万物之万殊也。……夫先儒之语录，人人不同，只是印我之心体变动不居。若执定成局，终是受用不得。此无他，修德而后可讲学，今讲学而不修德，又何怪其举一而废百乎！[②]

这段话的含义丰富而且深刻，我们可以分三层意思加以解读：

第一，“盈天地皆心也，变化不测，不能不万殊”一语，是说天地（宇宙）间的事物是运动变化、神妙莫测的，正由于其变化莫测，所以表现出事物的千差万别。然而客观世界又只有进入人的主观认识世界才有实际意义，从这个意

① （明）王守仁著，吴光等编校：《王阳明全集》上册，上海古籍出版社1992年版，第791页。

② 《黄宗羲全集》第7册，第3页。

义上说，天地万物又是为吾心所包容、所统摄的，如果离开了心的统摄包容，天地万物即便存在，又有什么实际意义呢？这便是黄宗羲“盈天地皆心”的基本含义。它与孟子的“万物皆备于我”思想如出一辙。黄宗羲这一思想，系从王阳明、刘宗周那儿继承过来而有所发挥的，如上引王阳明所谓“人人自有定盘针，万化根源总在心”，即已包含了“盈天地皆心”的意涵。王阳明还曾以“山花明寂”的著名比喻来说明“心外无物”的道理，他说：“你未看此花时，此花与汝心同归于寂；你来看此花时，则此花颜色一时明白起来。便知此花不在你的心外。”[①]而黄宗羲对此是既有继承又有扬弃的。他的“盈天地皆心”命题，更直接地来源于业师蕺山先生刘宗周。黄宗羲亲自编辑的《子刘子学言》记蕺山之言曰：

盈天地皆道也，而归管于人心为最真，故慈湖有“心易”之说。太极阴阳、四象八卦而六十四卦，皆人心之撰也。[②]

看来，黄宗羲仅改动了几个字，便将从孟子到阳明、蕺山的心学思想继承下来了。对此，我们从他的《孟子师说》的解说中可以看得更清楚。其解“食色性也”章说：

孟子以为有我而后有天地万物，以我之心区别天地万物而为理，苟此心之存，则此理自明，更不必沿门乞火也。[③]

其解“万物皆备”章说：

盈天地间无所谓万物，万物皆因我而名。如父便是吾之父，君便是吾之君，君父二字，可推之为身外乎？然必实有孝父之心，而后成其为吾之

---

① （明）王守仁著，吴光等编校：《王阳明全集》上册，上海古籍出版社1992年版，第108页。

② 《黄宗羲全集》第1册，第305页。

③ 《黄宗羲全集》第1册，第134页。

父；实有忠君之心，而后成其为吾之君。此所谓“反身而诚”，才见得万物非万物，我非我，浑然一体，此身在天地之间，无少欠缺，何乐如之？[①]

由上可见，黄宗羲的“心本体”论宇宙观与孟子、王阳明、刘蕺山是一脉相承的。

第二，“心无本体，工夫所至，即其本体”一语，较之“盈天地皆心”的命题又进了一层，反映了黄宗羲在工夫与本体关系问题上对阳明心学与刘宗周思想的修正与扬弃。阳明曾有“心无体，以天地万物感应之是非为体”“工夫熟后，渣滓去得尽时，本体也明尽了”[②]的思想。刘宗周则说过：“本体只是这些子，工夫只是这些子，并这些子，仍不得分此为本体，彼为工夫。既无本体工夫可分，则并亦无这些子可指。”[③]又说：“工夫愈精密，则本体愈昭荧。”[④]显然，黄宗羲关于本体工夫的思想即源出于此。但黄宗羲的本体论与王阳明、刘宗周的本体论又是有很重要的区别的。宗羲的“心无本体”说，虽没有否定本体的存在（如在上引这段话后面，还有“心体变动不居”之语，说明宗羲是“心本体”论者），却确认了“心之上”或“心之内”别无所谓“心之本体”，而王阳明虽有“心无体，以天地万物感应之是非为体”的话，却是以“良知”（有时又称“灵明”）为“心之本体”的，如其在《答陆原静书》中就明白说过：

良知者，心之本体，即前所谓恒照者也。心之本体，无起无不起，虽妄念之发，而良知未尝不在，但人不知存，则有时而或放耳；虽昏塞之极，而良知未尝不明，但人不知察，则有时而或蔽耳。[⑤]

刘宗周虽然主张“不得分此为本体，彼为工夫”的“内在”一元论，并且

① 《黄宗羲全集》第1册，第149—150页。

② （明）王守仁著，吴光等编校：《王阳明全集》上册，上海古籍出版社1992年版，第108页、第117页。

③ 《黄宗羲全集》第1册，第302页。

④ 《黄宗羲全集》第1册，第253页。

⑤ （明）王守仁著，吴光等编校：《王阳明全集》上册，上海古籍出版社1992年版，第61页。

不接受王阳明以“良知”为“心之本体”的思想，但如果仔细玩味其“慎独”“诚意”之说就可看出，蕺山实际上是以“意”为“心”之本体和主宰的“意本体”论者。如果说，在黄宗羲所撰《子刘子行状》《蕺山学案》和选编的《子刘子学言》中节录的“心无体，以意为体……”一段话所体现的这一思想有些模糊的话，那么我们还可以从《刘子全书·学言》中找到更明确的答案。其《学言（下）》有蕺山语录曰：

> 心之主宰曰意，故意为心本，不是以意生心，故曰本。犹身里言心，心为身本也。①

显然，在刘宗周心目中，是以“意”为“心之本体”的。而黄宗羲的《子刘子学言》之所以不选编蕺山这段语录，正说明他对师说有所取舍和扬弃。他汲取于阳明和蕺山者，正是一般意义上的“心本体”论和“工夫本体合一”论，他所舍弃的则是在“心体”之上另加一个本体（如“良知”或“意”）的思想。宗羲所谓“心无本体，工夫所至，即其本体”这一哲学命题的内在含义，是说“心体”并非寂然不动、无感无应的“寂体”，而是变动不居、生生不已的本体，而此一本体是在工夫实践（如读书穷理、修德养性、经世致用，等等）的过程中得以呈现的，工夫无穷尽，本体的呈现以及对本体的领悟也是无穷尽的。

第三，“穷理者，穷此心之万殊，非穷万物之万殊”是回应上面两层意思的。宋明理学家在“穷理”问题上的观点差别很大，正反映了学派倾向和学术宗旨的不同。周敦颐有“主静、立诚”之说，张载主张“穷理尽性”，程颢主张“识仁、存敬”，程颐首揭“格物穷理”、主张“涵养须用敬，进学则在致知”，朱熹继承程颐而强调“主敬涵养”“格物穷理”，陆九渊针对程朱而强调“易简工夫”“发明本心”，王阳明扬陆抑朱而倡“知行合一”“致良知”之说，刘宗周则修正阳明之说而持“慎独、诚意”之旨，并以此取代“格物致知”之说。黄

---

①（明）刘宗周著，戴琏璋、吴光主编：《刘宗周全集》第2册，台湾“中央研究院”中国文哲研究所1998年版，第528页。按：《刘子全书》所载《学言》分上、中、下三卷，为蕺山门人董玚编辑，较黄宗羲选编的《子刘子学言》二卷本内容更多。

宗羲的“穷理”说，否定程朱“就一物上穷尽一物之理”式的“格物穷理”说（这在宗羲看来是“穷万物之万殊”），而倾向于陆王心学一系。他的“穷此心之万殊”，正是象山“发明本心”、阳明“致吾心之良知于事事物物”的梨洲版。但黄宗羲所处时代已经不是确立宗派、卫护门户的学术分流时代，而是对整个宋明理学反思批判、取长补短的学术整合时代，所以宗羲虽有一定倾向，却并非固守门户之徒。他对程朱理学有所批评，却没有全盘否定；对陆王心学有所继承，却并不完全接受。他的“穷理”之说，虽在基本立场上倾向陆王，却也有吸取程朱、扬弃陆王、折中诸儒的一面。

具体而言，黄宗羲的“穷理”说可以归纳为三个要点：

一曰由博返约，把握心体。他说：

> 自其分者而观之，天地万物各一理也，何其博也；自其合者而观之，天地万物一理也，理也无理也，何其约也。泛穷天地万物之理，则反之约也甚难。散殊者无非一本，吾心是也。仰观俯察，无非使我心体之流行，所谓“反说约”也。若以吾心陪奉于事物，便是玩物丧志矣！[①]

这里所谓分与合、博与约，来自朱熹“万物统体一太极”“一物各具一太极”的“理一分殊”思想，所不同的是，在黄宗羲看来，这“一本万殊”之理皆备于吾心，所以欲穷天地万物之理，就必须由博返约，把握心体流行之理，而不假外求，否则便是玩物丧志了。

二曰读书穷理，会众合一。黄宗羲针对明末学者尤其是王学末流蹈空袭虚、空谈心性的学风，特别强调读书穷经的重要性。他严厉批评了“今之言心学者，则无事乎读书穷理；言理学者……封己守残，摘索不出一卷之内”[②]的空疏学风，并指出“读书不多，无以证斯理之变化；多而不求之于心，则为俗学”[③]。所以，他严格要求门人弟子多读经史之书，认为“学必原本于经术而后不为蹈

① 《黄宗羲全集》第1册，第110页。
② 《黄宗羲全集》第10册，第267页。
③ 《黄宗羲全集》第12册，第1页。

虚，必证明于史籍而后足以应务”[①]。他之所以编撰《宋元学案》《明儒学案》等书，便是希望人们系统了解濂洛以来各家各派学术的“宗旨离合是非之故”。但读书“多而不求之于心，则为俗学”，还须使万殊归于一本，从人人不同的先儒语录中印证我心体流行之理，这就需要掌握综合归纳方法——“会众合一”穷经法。他说：

士生千载之下，不能会众以合一，山谷而之川，川以达于海，犹可谓之穷经乎？自科举之学兴，以一先生之言为标准，毫秒摘抉，于其所不必疑者而疑之；而大经大法，反置之而不道。[②]

这种以“会众合一”为特色的“读书穷理”说，既是折中诸儒又是超越诸儒的。

三曰修德为本，致用为真。黄宗羲的“穷理”说，有着强烈的道德感、使命感和实用性。他反对空空穷理，反对玩物丧志，而以修德为治学之根本，以致用为穷理之目的。他在《明儒学案·自序》中强调“修德而后可讲学”，在《明儒学案发凡》中则强调“学问之道，以各人自用得着者为真，凡依门傍户、依样葫芦者，非流俗之士，则经生之业”，在《留别海昌同学序》中批评那些不读书的心学家和读死书的理学家脱离实际、逃避现实的行径是“天崩地解，落然无与吾事，犹且说同道异，自附于所谓道学者，岂非逃之者之愈巧乎”[③]，此类见解在宗羲著作中随处可见，既体现了宗羲为学的根本目的和务实学风，也表达了一个儒学家经世致用的强烈意识。

2. 从“致良知”到“行良知”——“力行”哲学的提出

虽然与程朱学派的“天理”本体论相对，王阳明与陆九渊都属于“心理”本体论者。但王阳明自从建立了“致良知”的学说以后，便把“心即理”的命题转化成“良知即天理”的命题，把“心”本体论提升为“良知”本体论。这个“良知”本体论主要有两层含义，一指“良知”既是主观的，又是客观的，

① （清）全祖望著，黄云眉选注：《鲒埼亭文集选注》，齐鲁书社1982年版，第347页。

② 《黄宗羲全集》第10册，第417页。

③ 以上引文见于《黄宗羲全集》第7册，第3页、第6页；第10册，第646页。

是主客观相统一的认知主体；二指“良知”既是“知是知非”的知识心，又是“知善知恶”的道德心，但主要还是道德心。从“良知”本体论出发，王阳明建立了以“致良知”为主旨的道德实践论。在其晚年，更以所谓“无善无恶是心之体，有善有恶是意之动，知善知恶是良知，为善去恶是格物”的“四句教言”①概括他的“致良知”学说。

刘宗周对于王阳明的“致良知”说是既有肯定赞扬又有批评修正的。他曾高度评价王阳明的“致良知”说：

> （阳明）先生承绝学于词章训诂之后，一反求诸心，而得其所性之觉曰“良知”，因示人以求端用力之要，曰“致良知”。“良知”为知，见知不囿于闻见；“致良知”为行，见行不滞于方隅。即知即行，即心即物，即动即静，即体即用，即工夫即本体，即下即上，无之不一，以救学者支离眩骛，务华而绝根之病，可谓震霆启寐，烈耀破迷，自孔、孟以来，未有若此深切著明者也！②

当今某些宋明理学研究者往往只重视了刘宗周批评阳明学说的一面，而忽略了刘宗周对阳明心学肯定的一面，因而将蕺山之学排除在阳明心学之外，笔者以为是有些片面的。就总体而言，刘宗周所批评的重点，并不是王阳明“致良知”学说本身，而是阳明“四句教言”中“无善无恶是心之体，有善有恶是

① 据《传习录》记载，王阳明于嘉靖六年丁亥（1527）九月出征思田前，与门人钱德洪、王畿论学。王畿举阳明教言“无善无恶是心之体，有善有恶是意之动，知善知恶是良知，为善去恶是格物”，认为“此恐未是究竟话头”，并提出心、意、知、物都是“无善无恶”的“四无说”，德洪则持“心体原无善恶，但意念上见有善恶在”之说。二人请教于阳明，阳明为之调和，说：“汝中之见，是我这里接利根人的；德洪之见，是我这里为其次立法的。”但终究未能消弭门人歧见。详见上海古籍出版社1992年版《王阳明全集》上册，第117页；下册卷三五《年谱三》，第1306页。另见旧版《王龙溪集》卷一《天泉证道记》、《东廓集》卷三《青原赠处》等文。关于王阳明“四句教”的哲学含义以及王畿、钱德洪围绕这一问题的争论和刘宗周、黄宗羲的批评，刘述先、陈来二位先生都有详尽辨析，参见刘述先：《黄宗羲心学的定位》第二章及附录，浙江古籍出版社2006年版，第21—40页、第148—166页；陈来：《有无之境——王阳明哲学的精神》第八章，人民出版社1991年版，第193—229页。兹不赘引。

② 《黄宗羲全集》第7册，第14页、第15页。

意之动”二句所包含的思想矛盾，以及阳明后学（特别是王畿一派）“直把良知作佛性看”的近禅倾向。实际上，刘宗周以“慎独”“诚意”为宗旨的“意”本体论思想，正是从阳明“良知即是独知时”的思想转手而来的。刘宗周曾经非常明确地指出，王阳明“良知即是独知时”一语，“本非玄妙，后人强作玄妙观，故近禅，殊非先生本旨”[①]。

但对于阳明后学走向狂荡近禅的流弊，刘宗周的批评是不遗余力的。他说：

> 今天下争言良知矣。及其弊也，猖狂者参之以情识，而一是皆良；超洁者荡之以玄虚，而夷良于贼，亦用知者之过也。夫阳明之良知，本以救晚近之支离，姑借《大学》以明之，未必尽《大学》之旨也。而后人专以言《大学》，使《大学》之旨晦，又借以通佛氏之玄觉，使阳明之旨复晦，又何怪其说愈详而言愈庞，卒无以救词章训诂之锢习而反之正乎！[②]

这里所谓“猖狂者”当指“非名教所能羁络”的泰州学派何心隐之流，何心隐的“存欲”“寡欲”说，是坚守“存天理，灭人欲”的刘宗周绝对不能接受的，因而在蕺山看来，当然属于“参之以情识”的“猖狂者”了[③]；而所谓“超洁者”，当指王畿之流，因为蕺山特别不满意龙溪的“四无”说，他在比较王艮、王畿之学时曾说：“王门有心斋、龙溪，学皆尊悟，世称二王。心斋言悟虽超旷，不离师门宗旨；至龙溪直把良知作佛性看，凭空期个悟，终成玩弄光景，虽谓之操戈入室可也。”[④]刘宗周对于王畿之流的批评，还可从黄宗羲所著《子刘子行状》中排列的龙溪学传承找到注解。黄宗羲说：

---

① 《黄宗羲全集》第7册，第14页、第15页。

② （明）刘宗周著，戴琏璋、吴光主编：《刘宗周全集》第2册，台湾“中央研究院”中国文哲研究所1998年版，第325页。

③ 刘宗周在这里批评的“猖狂者参之以情识，而一是皆良”，没有指明具体对象，或以为即指泰州王艮（心斋），吾以为不然。因为蕺山是很称道心斋的“格物”说的，认为“后儒格物之说，当以淮南为正”。见《明儒学案·蕺山学案·语录》，《黄宗羲全集》第8册，第914页。

④ 《黄宗羲全集》第7册，第17页。

当是时，浙河东之学，新建一传而为王龙溪畿，再传而为周海门汝登、陶文简，则湛然澄之，禅入之。三传而为陶石梁奭龄，辅之以姚江之沈国谟、管宗圣、史孝咸，而密云悟之，禅又入之。[①]

当然，这种“夷良于贼”的流变，恐非龙溪始料所及。这大概也是黄宗羲在《明儒学案》中将周汝登、陶望龄列入“泰州学案”而不归属“浙中王门”的原因吧。

虽然刘宗周对阳明本人的“致良知”说是基本肯定的，但从王学末流的理论流弊中，他不得不从阳明学说本身找根源，因而也不得不对王阳明的“致良知”进行辩难和修正。正如黄宗羲所说：

（蕺山）先生以谓新建之流弊，亦新建之择焉而不精、语焉而不详有以启之也。其驳《天泉证道记》曰：“新建言‘无善无恶者心之体，有善有恶者意之动，知善知恶是良知，为善去恶是格物’，如心体果是无善无恶，则有善有恶之意，又从何处来？知善知恶之知，又从何处起？为善去恶之功，又从何处用？无乃语语绝流断港乎！”其驳“良知说”曰：“知善知恶，从有善有恶，而言者也。因有善有恶，而后知善知恶是知为意奴也，良在何处？又反无善无恶而言者也。本无善无恶，而又知善知恶，是知为心祟也，良在何处？止因新建将意字认坏，故不得不进而求良于知，仍将知字认粗，故不得不进而求精于心。非《大学》之本旨，明矣！”盖先生于新建之学凡三变：始而疑，中而信，终而辩难不遗余力，而新建之旨复显。[②]

在刘宗周看来，王阳明的“致良知”说是有“择焉而不精、语焉而不详”的弊病的，而最大的问题在于其“四句教”中存在“无善无恶”与“有善有恶”的理论矛盾，在于阳明“将意字认坏，将知字认粗”，而其根源即阳明对《大学》

① 《黄宗羲全集》第1册，第253页。
② 《黄宗羲全集》第1册，第253—254页。

本旨理解上的失误。基于这个认识，蕺山对阳明的“致良知”说特别是“四句教”做了重要的理论修正和概念的转手，这种修正和转手主要表现在：第一，蕺山将《大学》《中庸》的根本宗旨归纳为“慎独”，用“慎独”代替阳明的“心体”和“良知”，并用“慎独”“诚意”的修养论代替“致良知”的修养论。第二，蕺山用“意为心之所存，非所发”和“意、念相分”的理论修正阳明的“四句教”，认为心、意、知、物本是一路。“心无体，以意为体”，“心无善恶，而一点独知，知善知恶；知善知恶之知，即是好善恶恶之意；好善恶恶之意，即是无善无恶之体”。但意之好恶与起念之好恶不同，“意之好恶，一籛而互见；起念之好恶，两在而异情”。于是，蕺山在其“意”本体论指导下，否定了阳明“四句教”中最易引起争议的“有善有恶是意之动”一语，并将王阳明“四句教”修正为蕺山新版：“有善有恶者心之动，好善恶恶者意之静，知善知恶者是良知，有善无恶者是物则。”[①]第三，蕺山在阐明“知行合一”说的同时，也批评了王学末流的逃禅流弊。他说：“知行自有次第，但知先而行即从之，无间可截，故云合一。后儒喜以觉言性，谓一觉无余事，即知即行，其要归于无知。知既不立，一亦难言。噫！是率天下而禅也。”[②]

上述刘宗周对王阳明的批评不一定切合阳明学说的本意，他的理论修正也不免有背离阳明原旨之处。但正如阳明心学是针对程朱理学“支离”之病而“救偏补弊”那样，蕺山之学主要是针对王学末流蹈空袭虚、佞佛近禅之病起而施治，同时也为黄宗羲的哲学思考开辟了一条通往实学的新思路。

黄宗羲对王阳明“致良知”说的继承与修正，虽然基本上遵循了刘宗周的思路，却是有精辟的理论创新的。为了弄清梨洲与阳明、蕺山的思想异同，我们依据黄宗羲的《明儒学案·姚江学案》提供的线索，从两个方面略作分析：一是宗羲对阳明“致良知”说本身的把握与评价，二是宗羲是怎样从对阳明“致良知”说的解说中提出“力行”哲学思想的。

黄宗羲《姚江学案·叙录》曰：

---

① 《黄宗羲全集》第8册，第896页、第901页、第904页。

② 《黄宗羲全集》第1册，第265页。

有明学术，从前习熟先儒之成说，未尝反身理会，推见至隐，所谓“此亦一述朱，彼亦一述朱”耳……自姚江指点出“良知人人现在，一反观而自得”，便人人有个作圣之路。故无姚江，则古来之学脉绝矣！然“致良知”一语，发自晚年，未及与学者深究其旨，后来门下各以意见搀和，说玄说妙，几同射覆，非复立言之本意。先生之格物，谓“致吾心良知之天理于事事物物，则事事物物皆得其理，以圣人教人只是一个行，如博学、审问、慎思、明辨皆是行也，笃行之者，行此数者不已是也”。先生致之于事物，致字即是行字，以救空空穷理，只在知上讨个分晓之非。乃后之学者测度想象，求见本体，只在知识上立家当，以为良知，则先生何不仍穷理格物之训，先知后行，而必欲自为一说邪！①

该学案之《文成王阳明先生守仁》论阳明之学曰：

先生之学，始泛滥于词章，继而遍读考亭之书，循序格物，顾物理吾心终判为二，无所得入。于是出入于佛、老者久之。及至居夷处困，动心忍性，因念圣人处此更有何道，忽悟格物致知之旨，圣人之道，吾性自足，不假外求。其学凡三变而始得其门。自此以后，尽去枝叶，一意本原，以默坐澄心为学的。有未发之中，始能有发而中节之和。视听言动，大率以收敛为主，发散是不得已。江右以后，专提“致良知”三字，默不假坐，心不待澄，不习不虑，出之自有天则。盖良知即是未发之中，此知之前更无未发；良知即是中节之和，此知之后，更无已发。此知自能收敛，不须更主于收敛；此知自能发散，不须更期于发散。收敛者，感之体，静而动也；发散者，寂之用，动而静也。知之真切笃实处即是行，行之明觉精察处即是知，无有二也。居越以后，所操益熟，所得益化，时时知是知非，时时无是无非，开口即得本心，更无假借凑泊，如赤日当空而万象毕照。

---

①《黄宗羲全集》第7册，第197页。

是学成之后，又有此三变也。先生悯宋儒之后学者以知识为知……全靠外来闻见以填补其灵明者也。先生以圣人之学心学也，心即理也，故于致知格物之训，不得不言“致吾心良知之天理于事事物物，则事事物物皆得其理”。夫以知识为知，则轻浮而不实，故必以力行为功夫。良知感应神速，无有等待，本心之明即知，不欺本心之明即行也，不得不言“知行合一”。此其立言之大旨，不出于是。而或者以释氏本心之说，颇近于心学，不知儒、释界限只一理字。……先生点出心之所以为心不在明觉，而在天理，金镜已坠而复收，遂使儒、释疆界渺若山河，此有目者所睹也……嗟乎！糠秕眯目，四方易位，而后先生可疑也。①

这两段重要的评论，一方面反映了黄宗羲对阳明心学成形过程及其思想宗旨的理论把握，另一方面也展现了黄宗羲对王阳明“致良知”学说的创造性诠释。概言之，黄宗羲的论述包含了四个要点：第一，他对王阳明“致良知”说虽然有“发自晚年，未及与学者深究其旨”的感叹，但仍然是给予充分肯定和高度评价的。在宗羲看来，阳明提出“良知”说在思想史上的重大意义，一是打破了程朱理学笼罩下的思想界“此亦一述朱，彼亦一述朱”的教条主义风气，二是重新确立了儒家“内圣成德”之教的权威性，从而接续了由孔孟开创的儒学道德人文主义的学术传统。第二，概述了阳明心学形成、演变的思想轨迹，这一轨迹是王阳明经过对词章训诂之学、朱子格物之学、佛老空无之学的浸淫彷徨之后，以在实践困境（指贬谪龙场驿）中体悟到“不假外求”的格物致知宗旨为起点而走上了心学之路，再经历从“以默坐澄心为学的”到“专提致良知”到彻悟“本心”的三阶段哲学境界的升华而确立了心学思想体系。第三，从理论上概括了王阳明以“致良知”为中心的心学宗旨与纲领，既批判了程朱理学派“空空穷理”“以知识为知”和“向外寻理”等轻浮不实倾向，也批判了阳明后学“各以意见搅和，说玄说妙”等背离“致良知”本意的倾向，同时又划清了阳明心学与释氏“本心”之说的理论界限。第四，黄宗羲以自己的体悟

① 《黄宗羲全集》第7册，第201—202页。

方式解说了王阳明的“致良知”和“知行合一”说，以“致字即是行字”“必以力行为功夫”的哲学命题修正了阳明的致知理论，而提出了他自己的以重视实践之“行”为特色的“力行”哲学。

“力行”这个概念，并非是由黄宗羲第一个提出的。实际上，从儒学的奠基者孔子到宋明理学家朱熹、王阳明，其论述中都有“力行”之说。《礼记·中庸》记曰：“子曰：‘好学近乎知，力行近乎仁，知耻近乎勇！’知斯三者，则知所以修身；知所以修身，则知所以治人；知所以治人，则知所以治天下国家矣。”可见孔子与《中庸》作者（一般认为是子思）所主张的“力行”，是实践道德之“仁”，进而由修身的道德实践推广到治理天下国家的政治实践。《孟子·滕文公上》有“子力行之，亦以新子之国”之语，也把“力行”当作一种政治实践。《论语·公冶长》有“子路有闻未之能行，唯恐有闻”一语，朱熹引谢良佐的话解释说：“唯力行，然后可以知道。”王阳明说“知之真切笃实处即是行，行之明觉精察处，即是知”“真知即所以为行，不行不足以谓之知”“致知之必在于行，而不行不可以为致知也明矣”[①]，这些话里已经包含了“力行”思想。不仅如此，王阳明还明确使用了“力行”概念。如他在《教条示龙场诸生》一文中规劝自己的学生要做到“立志、勤学、改过、责善”四件事，而所谓“勤学”，就是“笃志、力行、勤学、好问”[②]。可见在王阳明的“知行”关系理论中，“致知”与“力行”是缺一不可的。

然而，阳明当时所针对的，主要是朱子“格物穷理”说造成的以“知识”为“知”、求理于外而不求诸“吾心之良知”的偏向，他所着重要辩明的是何谓“知”、何谓“致知”的问题，所以还没能明白揭示出“致字即是行字”的内涵。而在黄宗羲的时代，从思想界来说是“天下争言良知”而出现了“肆于情识，荡于玄虚，流于佛老”的积弊，从学风上看是流行“束书不观，游谈无根，逃之愈巧”的空谈习气，从现实政治而言是社会处在风雨飘摇、天崩地解的剧变时期，在这种形势下，批判虚风、虚学，提倡实用、实学就成为时风所急，对

① （明）王守仁著，吴光等编校：《王阳明全集》上册，上海古籍出版社1992年版，第42页、第50页。

② （明）王守仁著，吴光等编校：《王阳明全集》下册，上海古籍出版社1992年版，第975页。

于“知行关系”特别是何谓“行”、如何“行”的问题便成为有志于社会改革的思想家、哲学家所关注的理论问题。黄宗羲就是在这样的背景下修正王阳明的“致知”论和“知行合一”说而提出他的“致字即是行字，以救空空穷理、在知上讨个分晓之非”的新解说的。按照黄宗羲“致字即是行字”的解释，则“致知”便成了“行知”即知的实践，“致良知”便成了“行良知”了。于是，强调实践的“力行”哲学就取代了强调“求理于心”的阳明心学。这在明末清初的社会大变动历史背景中，对于学术风气的转变是有着十分重要的理论意义和实践意义的。

3.“力行”哲学的时代意义

黄宗羲从解说阳明学中提炼出来的“圣人教人只是一个行”“致字即是行字”“必以力行为功夫”的哲学思想，虽对王阳明“致良知”和“知行合一”说而言，不免有转移学说重点之嫌，却是十分契合其师刘宗周“良知为知，见知不囿于闻见；致良知为行，见行不滞于方隅。即知即行，即心即物，即动即静，即体即用，即工夫即本体”[①]的思想的，更是符合宗羲本人以强调实践工夫为特色的“工夫所至即其本体”的本体论思想的。所以，我们可以把梨洲哲学归结为“力行”哲学，这一哲学思想在黄宗羲许多著作中都有体现。例如，他在《赠编修弁玉吴君墓志铭》中指出：

> 儒者之学，经纬天地。而后世乃以语录为究竟，仅附答问一二条于伊、洛门下，便侧儒者之列，假其名以欺世。治财赋者则目为聚敛，开阃扞边者则目为粗材，读书作文者则目为玩物丧志，留心政事者则目为俗吏，徒以“生民立极，天地立心，万世开太平”之阔论钤束天下。一旦有大夫之忧，当报国之日，则蒙然张口，如坐云雾，世道以是潦倒泥腐，遂使尚论者以为立功建业别是法门，而非儒者之所与也。[②]

---

① 《黄宗羲全集》第7册，第14页。

② 《黄宗羲全集》第10册，第433页。

显然，黄宗羲所批评的，是那些死抱“语录”教条而脱离实际、高谈阔论、欺世盗名的假儒者；他所肯定和赞颂的，是那些学以致用、身体力行、在“经纬天地”的实践中“立功建业”的真儒者。他还在所著《今水经》的序言中开宗明义第一句就强调说：

古者儒墨诸家，其所著书，大者以治天下，小者以为民用，盖未有空言无事实者也。后世流为词章之学，始修饰字句，流连光景，高文巨册，徒充污惑之声而已。①

这是对先秦原儒民本、务实思想的肯定，而批评了后世俗儒、迂儒们华而不实的学风。全祖望在阐述黄宗羲经世思想时说：

公谓明人讲学，袭语录之糟粕，不以六经为根柢，束书而从事于游谈，故受业者必先穷经，经术所以经世，方不为迂儒之学，故兼令读史。……故凡受公之教者，不堕讲学之流弊。②

又说：

自明中叶以后，讲学之风已为极敝，高谈性命，直入禅障，束书不观；其稍平者则为学究，皆无根之徒耳！（梨洲）先生始谓学必原本于经术而后不为蹈虚，必证明于史籍而后足以应务。元元本本，可据可依。前此讲堂痼疾，为之一变。③

诸如此类，一反俗儒鄙薄实践实用的迂腐习气，而表现了一种强调“经世应务”的实学精神，而这正体现了从“力行”哲学出发落实为政治实践的儒家人文主

① 《黄宗羲全集》第2册，第502页。
② 《黄宗羲全集》第12册，第8页。
③ （清）全祖望著，黄云眉选注：《鲒埼亭文集选注》，齐鲁书社1982年版，第347页。

义精神。这种“经世应务”的实学精神不仅在黄宗羲那里有突出体现，而且在与黄宗羲同时代的其他思想家那里也有突出体现。例如，被称为明清之际三大家之一的顾炎武（1613—1682）也曾尖锐地批评了当时的清谈学风而力倡实学学风。

顾炎武还提出了“经学即理学”[①]的观点，实际是要重新树立“六经”的权威。他认为，为学目的一是“明道”，二是“救世”，“凡文不关于六经之指、当世之务者，一切不为”[②]。其所著《日知录》，所编《肇域志》《天下郡国利病书》等数百卷，都反映了他注重实学以求明道救世的目的。

明清之际另一位具有启蒙思想的学者颜元也与黄宗羲、顾炎武一样批评了宋明理学之弊而提倡实学。他指出，宋明理学家，无论是程朱派还是陆王派，其弊均在于“著述讲论之功多，而实学实教之力少……原以表里精粗、全体大用，诚不能无歉”[③]，感叹当时“浮言之祸甚于焚坑，吾道何日得见其行哉”[④]。所以，颜元强烈主张以实代虚，提倡实学实用，立足经济事功，而反对理论空谈。他说：

> 上下精粗皆尽力求全，是为圣学之极致矣。不及此者，宁为一端一节之实，无为全体大用之虚。如六艺不能兼，终身只精一艺可也；如一艺不能全，数人共学一艺……亦可也。[⑤]

正因为颜元在言行上崇实非虚，所以他在义利观上批评了董仲舒所谓“正谊不谋利”的偏颇和宋儒的“空疏无用之学”，而明确主张正义谋利、明道计功。他说：

> 利者义之和也。……义中之利，君子所贵也。后儒乃云“正其谊不谋

---

① （清）全祖望著，黄云眉选注：《鲒埼亭文集选注》，齐鲁书社1982年版，第114页。

② （明末清初）顾炎武撰：《顾亭林诗文集》，中华书局1983年版，第98页、第91页。

③④⑤ （清）颜元著，王星贤等点校：《颜元集》上册，中华书局1987年版，第43—44页、第40页、第54页。

其利”，过矣！宋人喜道之，以文其空疏无用之学。予尝矫其偏，改云“正其谊以谋其利，明其道而计其功”。[1]

这一字之改，恰正反映了儒学从宋明理学“内圣成德”之虚学向清代“经世致用”之实学转化的趋势。颜元及其门人弟子不仅在理论上提倡实学，而且在行动上努力实践。如他主持漳南书院时，即在“习讲堂”内设立文事、武备、经史、艺能四大学科，开设了礼、乐、书、数、天文、地理，兵法、战法、射御、技击，十三经、历代史、诰制、章奏、诗文，水学、火学、工学、象数等二十多门课程。[2]

明清之际还有一位与黄宗羲出身同乡、参与过浙东抗清事业却与黄宗羲“失之交臂”的实学提倡者，那就是在抗清失败后流落异国他乡，最终成为日本德川幕府政权“宾师”（国师）的朱舜水[3]。舜水在回答学生问《论语》“学而时习之”之义时说：“兼致知、力行，方是学，方是习。若空空去学，学个甚底？习，又习个甚底？”[4]又说：“学问之道，贵在实行”“为学当有实功，有实用。”[5]

从上引黄宗羲、顾炎武、颜元、朱舜水等学者的言行著述可以看出，明清之际儒家学者的思想有一个共同点，就是严厉批评了宋明理学家的空疏学风，

---

① （清）颜元著，王星贤等点校：《颜元集》上册，中华书局1987年版，第163页。

② （清）颜元著，王星贤等点校：《颜元集》下册，中华书局1987年版，第413页。

③ 朱舜水（1600—1682），名之瑜，字楚屿。余姚人。南明弘光元年（1645），因不愿与马士英为伍而屡辞特征，避地舟山，并参与浙东监国鲁王和福建永历政权发起的抗清活动，失败后流寓日本。后受到礼遇，被柳川藩的儒臣安东省庵（即安东守约）尊为师，又被水户上公德川光国请去当宾师。后长期居于东京，授徒讲学，终老日本。其学不主程朱陆王而坚持“实理实学”“实功、实用”的经史之学，成为日本水户儒学派的精神导师。黄宗羲《南雷杂著稿·两异人传》中曰：“诸士奇，字平人，姚之诸生也。……两京既覆，遂弃诸生，载十三经、二十一史入海为贾。……三十年不返，族人皆疑其已死。余近游补陀，僧道弘言：‘日本有国师诸楚宇，余姚人也，教其国中之子弟，称诸夫子而不敢字。尝一至补陀，年可六十矣。’余因详讯其状貌，则楚宇为士奇之别号也。余尝友士奇，不知其有异也……交臂而失之，似余之陋也。”据学者汤寿潜《舜水遗书序》云：“太冲记两异人，甚至讳‘朱’作‘诸’。”则诸士奇（楚宇）即“朱之瑜（楚屿）”也。

④ （明）朱舜水著，朱谦之整理：《朱舜水集》上册，中华书局1981年版，第387页。

⑤ （明）朱舜水著，朱谦之整理：《朱舜水集》上册，中华书局1981年版，第369页、第406页。

而积极提倡讲求实用、实务的经世实学。这实际上成了明清之际的时代思潮。黄宗羲的“力行”哲学，正是这一时代思潮的理性概括。

黄宗羲的“力行”哲学，在本体论上扬弃了王阳明的“良知本体”论和刘宗周的“意本”论，提出了动态的“工夫所至，即其本体”的命题，坚持了所谓“本体”是在无尽的工夫实践中逐步呈现的思想；在处理知行关系的认识论上特别强调实践之“行”的作用，将传统儒家的“学、问、思、辨、行”等认识环节，都归结为一个“行”字，强调了“圣人教人只是一个行”的实践思想，又通过提出“致字即是行字”的命题而将“致良知”导向“行良知”，即“良知的实践”；在方法论上强调“一本万殊，会众合一”辩证结合的“穷理”方法，而超越了传统的“格物致知”方法，这都反映了黄宗羲已摈弃宋明理学家那种支离、空疏的学风而走向实用、实学的新境界，从而为其倡导社会变革、具有民主启蒙性质的“新民本”思想[①]提供了哲学基础。

黄宗羲在明清之际社会大变动时期倡导的“力行”哲学，是有重要的时代意义的：从理论风气而言，反映了摆脱“束书不观、游谈无根；回避现实，逃之愈巧”的空疏学风的时代需要；从现实政治而言，则反映了社会剧变时期关切民瘼、以“万民忧乐”为天下头等大事的民生需要。在这种形势下，批判虚风、虚学，提倡实用、实学成为时风所急，特别是在何谓“行”、如何“行”的问题上，更成为有志于社会改革、以人民利益为根本出发点的思想家、哲学家所关注的突出理论问题。正因如此，他要强调“圣人教人只是一个行”，强调“致字即是行字”，强调“必以力行为工夫”，强调“工夫所至，即其本体”，表现了一种“经世致用”的实学精神，而这正是从“力行”哲学思想发而为“民本”政治实践的人文主义精神。尽管由于种种条件的限制，梨洲没有能够真正建立起“力行”哲学的新体系，但他深度的哲学思考是值得称道的。他不仅对从传统民本思想转型到民主启蒙思想做出了关键性的理论贡献，而且对中国儒学超越宋明理学而走向近代实学进行了有益的哲学探索。

---

① 关于黄宗羲新民本思想的性质、结构及其现代意义，请参见拙文《黄宗羲的学术成就及其现代价值》，载于《中国哲学史》2006年第1期；《黄宗羲新民本思想的理论结构及其现代意义》，《光明日报》2007年1月26日“史学”版。

黄宗羲以“经世应务”为目的的“力行”哲学，尤其给予了清代浙东学者很大影响，培育并形成了与乾嘉考据学派学风迥异的浙东经史学派的独特学风。如前所述，清代浙东经史学派是一个经史并重的学术流派，其学术涵盖面相当广泛，既包括了传统的经学、史学与文学，也涵括了以历学、算学为主流的自然科学。这个学派的主要代表人物有黄宗炎、黄百家、万斯大、万斯同、李邺嗣、郑梁、陈讦、全祖望、邵晋涵、章学诚、王梓材、黄炳垕等，尤以万斯同、全祖望、章学诚深得梨洲真传。万斯同自述其治史目的是“欲讲求经世之学”，声明“吾之所谓经世者，非因时补救，如今之所谓经济云尔。将尽取古今经国之大猷，而一一详究其始末，斟酌其确当，定为一代之规模，使今日坐而言者，他日可以作而行耳”[1]。这个“作而行”，正是梨洲“力行”哲学之真谛所在。

章学诚是第一个对浙东学术特点及其经世精神做出理论总结的史学家。他在《文史通义·浙东学术》中提出浙东、浙西之分，不只是一种“人文地理”的划分，实质上是试图将乾嘉考据学与浙东经世实学做出原则的区分。他在该文中强调和推崇的并非“尚博雅”的浙西之学，而是既“通经服古，绝不空言德性”，又重视经世致用，使学术“切合当时人事”的“贵专家”的浙东经史之学。他说：

> 浙东之学，言性命者必究于史，此其所以卓也。史学所以经世，固非空言著述也。且如六经，同出于孔子，先儒以为其功莫大于《春秋》，正以切合当时人事耳。后之言著述者，舍今而言古，舍人事而言性天，则吾不得而知之矣。学者不知斯言，不足言史学也。[2]

在这里，章氏提出了“经学即史学”的思想，这是具有时代意义的。顾炎武在清初倡言“经学即理学”，本来同黄宗羲倡言“经术所以经世”一样，是针

① （清）万斯同：《与从子贞一书》，载于民国年间张寿镛编刊之《四明丛书》第四集《石园文集》。
② （清）章学诚：《章学诚遗书》卷二，文物出版社影印本1985年版，第14—15页。

对王学末流“束书不观，而从事于游谈”的空疏学风而进行的批判和扫除，但到后来，特别是乾嘉学者，他们抽去了顾、黄学风的“经世”精神，而把“经学”引向了纯粹考证、训诂的方向，这已远离“治天下”“为民用”的“经世”目的。在这样的学术空气下，章学诚重申浙东学术的经世传统，提出“经学即史学”的思想，正是为了扫除只争门户而不知经世、只知考证而不知人事的烦琐考据学的弊病。由此可看出章氏学术思想的实学特色。

综上所述，作为阳明心学的殿军，黄宗羲一方面接受了阳明心学的学术取向，另一方面又对阳明后学的空疏学风提出了诸多批评；作为蕺山门人，他承续了刘宗周对阳明学的批判继承态度，大致以刘宗周的评判为依据去简择阳明、平章学术，沿着乃师“即知即行，即心即物，即动即静，即体即用”的思路进行了理论创新；而作为一个具有鲜明社会批判精神、力倡新民本思想的启蒙主义思想家，黄宗羲在批判继承自孟子到陆、王的心学思想基础上，力求折中朱、陆、王、刘，从而建立了超越阳明“致良知”之教与刘宗周“诚意慎独”之教而重视实践、实用的“力行”哲学新模式，并奠定了清代浙东经史学派的理论基础。他的“力行”哲学模式虽然还不够系统与完整，但开拓了以“经世致用”为目的的清代实学新方向，其理论尝试和思想火花是值得肯定的。

黄宗羲提倡的“必以力行为工夫”“工夫所至，即其本体”的哲学思想，是一种重视实践的哲学。而黄宗羲在其哲学探索中总结出来的“一本万殊，会众合一”的辩证思维方法，更具有开放性、兼容性思维的特征。

“经世应务”的史学理论

黄宗羲是一位杰出的历史学家，他不仅编写了大量史学著作，开创了浙东经史学派，而且提出了一系列颇有价值的史学理论原则和比较科学的治史方法。

黄宗羲的史学著作大体上可以分为以下几类：第一类是实录型的，例如《行朝录》《弘光实录钞》等，记载了几个南明小朝廷（弘光帝、监国鲁王、隆武帝、绍武帝、永历帝）从建立到覆灭的历史。前面提到的黄宗羲《明史案》当属这类著作，其所录“史案”，可能不限于南明史，很可能包括有明一代历朝帝王的起讫历史。我们从钱林《文献征存录·黄宗羲传》所称“《明史案》二百四十二卷，条举一代之事，供采摭，备参定也”一语，可知黄宗羲这部大著属于实录型的史料编著，是宗羲为纂修《明史》做准备的未定稿，可惜今已亡佚，无法详考了。第二类是学术史著作，例如已经定稿的《明儒学案》62卷和尚未完编的《宋元儒学案》（后由其子黄百家、五世孙黄璋以及后学全祖望、王梓材陆续修订成《宋元学案》100卷），就是总结宋、元、明三代学术发展演变史的专著。其所编《明文案》《明文海》《宋元文案》等书则是为编宋元明儒学案而进行的资料准备。另外，黄宗羲还曾编辑了《东浙文统》若干卷，据其自述，属于明末浙东地区学者的文章汇编，是地方学术史资料[①]。第三类是别史、杂史（如方志、家乘、回忆录等），如《四明山志》属地方志，《黄氏家录》属家乘，《思旧录》属回忆录。第四类是碑铭、传记，如《南雷诗文集》所载数百篇墓志铭、人物传记等。尤其是两个学案，创立了一种史书新体裁——学案体，这是黄宗羲对中国史学的一大贡献。

编纂史书、起例发凡、开创新体裁固然重要，但提出新的史学思想、史学理论原则似乎更为重要。黄宗羲一系列史学观念和比较科学的治史方法是很值得称道的。

治史宗旨：经世应务

“经世应务”，是黄宗羲治史的根本目的和为学宗旨。他说过：“学必原本于经术而后不为蹈虚，必证明于史籍而后足以应务。”[②]又说：“夫二十一史所载，凡经世之业亦无不备矣！”[③]他所说的“经世”“应务”，就是强调学术的基础是经史之学，学者必须熟读儒学经典和历代史籍，才能脚踏实地地从事“治国平天下”的“经世”事业，也才能更好地为现实政治服务。当然，黄宗羲心目中的现实政治并不等于当时统治者的政治，而是将取代清朝统治者的“后之王

① 黄宗羲在《南雷文案·称心寺志序》中说：“戊寅、己卯（崇祯十一、十二年）之际，余与越中知名士数十人，事子刘子于讲舍，退而为《东浙文统》之选。其时数十人者，上之学性命之学，次之亦以文章名节自任，其视亿兆人如无有也。……事有不可知，曾不一二十年，而数十人者，天下已莫能举其姓氏”。见《黄宗羲全集》第10册，第3页。

② （清）全祖望著，黄云眉选注：《鲒埼亭文集选注》，齐鲁书社1982年版，第347页。

③ 《黄宗羲全集》第10册，第81页、第80页。

者”。而历史是现实的借鉴，只有熟读史书，正确总结历史经验教训，才有可能“足以应务”。而且，强调“经世应务”也不等于提倡时髦文章，而应当讲究真才实学。他痛恨“科举抄撮之学”对史学的扼杀，愤怒地批判说：“自科举之学盛，而史学遂废。……今未尝有史学之禁，而读史者顾无其人，由是而叹人才之日下也。”[①]又说：“自科举之学盛，世不复知有书矣。《六经》子史，亦以为冬华之桃李，不适于用……而先王之大经大法，兵、农、礼、乐，下至九流六艺，切于民生日用者，荡为荒烟野草。由大人之不说学以致之也。”[②]可见在黄宗羲看来，“科举抄撮之学”是扼杀史学、埋没人才的罪魁祸首，而真正的学术应当是适于应用、切合于民生日用的学问，而不是华丽轻浮的时文。但黄宗羲相信，“数穷必复，时文之力，会有尽时”[③]，那些时髦文章，终究是不会长久的。

在“经世应务”思想的指导下，黄宗羲治史的特点，便是把重点放在近现代史的研究上。对他来说，所谓近现代史，就是宋、元、明史，特别是明史。他认为，《宋史》是元人脱脱领衔编纂的，存在许多缺陷，例如不为南宋末代皇帝（宋端宗赵昰、末帝赵昺）专立“本纪”，而且所记二帝事迹过于简略，说明元人不想显扬宋人抗元事迹。他尤其不满《宋史》在“儒林传”外另立“道学传”，故致书主持《明史》编纂的史馆诸公，批评说：

> 夫十七史以来，止有“儒林”。以邹、鲁之盛，司马迁但言《孔子世家》《孔子弟子列传》《孟子列传》而已，未尝加以“道学”之名也。……周、程诸子，道德虽盛，以视孔子，则犹然在弟子之列，入之“儒林”，正为允当。今无故而出之为“道学”，在周、程未必加重，而于大一统之义乖矣。统天地人曰儒，以鲁国而止儒一人，儒之名目，原自不轻。儒者，成德之名，犹之曰贤、曰圣也。道学者，以道为学，未成乎名也，犹之曰志于道。志道可以为名乎？欲重而反轻，称名而背义，此元人之陋也。且其

① 《黄宗羲全集》第10册，第80页。

②③ 《黄宗羲全集》第10册，第136页。

> 立此一门，止为周、程、张、朱而设，以门人附之。程氏门人，朱子最取吕与叔，以为高于诸公；朱氏门人，以蔡西山为第一，皆不与焉：其错乱乖谬无所折衷可知。圣朝秉笔诸公，不自居三代以上人物，而师法元人之陋，可乎？[①]

黄宗羲这一批评意见，被明史馆馆臣一致认同，所以后来定稿的《明史》只列“儒林传”，而不再另立“道学传”或“儒学传”。然而《宋史》“之陋”并未纠正，黄宗羲意欲重修《宋史》，因此辛苦奔波于江浙几个大藏书楼，如本乡祁氏旷园、昆山徐氏传是楼、常州钱氏绛云楼等地搜集了大量资料。但毕竟这是一项巨大工程，非一二学者所能完成，故其愿望未能实现，而只是编定了一部《宋史丛目补遗》。正如全祖望《梨洲先生神道碑文》所说：“公尝欲重修宋史而未就，仅存《丛目补遗》三卷。”而对于《明史》的编纂工作，黄宗羲虽然碍于其遗民身份而拒绝应聘直接参与官修《明史》，但出于对保存一代历史的使命感，仍然同意让弟子万斯同、儿子黄百家参与修史，并向史馆提供了大量涉及明史的史料及其个人著作，还移书馆臣，回答馆臣有关修史体例的咨询，对修史的体例、原则、方法提出指导性意见。而他本人的修史实践，特别重视政治史和思想史的编纂，注重历史上“治乱之故”的总结。故其史学著作，以记载明史最多，其次是宋元史。他编撰《明文案》《明文海》《明史案》《明儒学案》以及《宋元文案》《宋元学案》等，就体现了上述修史的原则和特点。

黄宗羲史学思想的另一特点，就是着力表彰历史人物的气节和实际功业。他在《赠编修弁玉吴君墓志铭》中，尖锐地批评了那些崇尚空谈、假名欺世者，说他们平时死背几条二程语录，便列伊、洛门下，混充儒者，反而讥刺那些料理财赋、整治边疆从事实务的人是粗材、俗吏，只会以高谈阔论吓唬老百姓，一旦遇到国家有难，需要他挺身报国，他就张口结舌，如坐云雾之中，甚至在关键时刻变节求荣，这种人只是儒门败类，而那些在实践中建功立业的人才值得尊敬和表彰。黄宗羲在其史学著作和许多墓志铭、诗文中着重表彰和歌颂的

① 《黄宗羲全集》第10册，第222页。

人，有的是抗暴安民不畏权奸的东林党人（如杨涟、左光斗、黄尊素等），有的是历尽艰难、视死如归的抗清名将（如史可法、张煌言、郑成功等），有的是慷慨殉国或富有民族气节的历史人物（如宋代文天祥、谢翱等），有的是“亡国而不失其正”的明朝遗民（如汪沨、谢泰阶等），有的则是深明大义、气节可嘉的普通妇女或义士侠客（如桐城方烈妇、王义士、陆周明等）。至于那些坚守民族气节的文人学士，就更多了。

史学功能：扬善惩恶

黄宗羲的史学理论，主张治史要有鲜明的立场和观点。他的史学观，一是强调“经世应务”，二是严夷夏之辨，三是扬善惩恶、扶正袪邪。前二者，我们在上文已有叙述，这里对第三点略作补充。黄宗羲认为，研究历史，编写史书，必须善恶分明、扬善惩恶。对于那些弑君犯上、害国害民的“乱臣贼子”，应当明明白白、原原本本地将他们的恶行写在史书上，所以“孔子成《春秋》而乱臣贼子惧”，是最好的“为史”范例。他说：“为史而使乱臣贼子得志于天下，其不如无史之为愈也。”[①]但有些人又拿“死后入地狱”的宗教报应理论对付那些大奸大恶，设计出地狱里种种阴森恐怖的刑罚，以为这样可以阻止邪恶。黄宗羲批驳了这类“画蛇添足”之说，指出“地狱”之说，儒家传统是不讲的，大奸大恶也非“入地狱”所能吓阻。他说：

> 地狱为佛氏之私言，非大道之通论也。然则大奸大恶，将何所惩创乎？曰：苟其人之行事，载之于史，传之于后，使千载而下，人人欲加刃其颈，贱之为禽兽，是亦足矣。孟氏所谓“乱臣贼子惧”，不须以地狱蛇足于其后也。[②]

在黄宗羲看来，为史者只要秉笔直书，将大奸大恶的劣迹恶行载之于史、传之于后，使后世唾弃谴责，就是对“乱臣贼子”最有力的惩罚了。

---

① 《黄宗羲全集》第11册，第13页。

② 《黄宗羲全集》第1册，第198—199页。

从扬善惩恶的原则出发，他对各种史书体例的功能一一作了界定。如认为“列传”必须“善善恶恶”，“言行录”虽然“善善之意长”，但必须记载那些品行高洁、一言一行可奉为后世楷模的人；认为“地方志”虽与正史有所不同，但也须寓褒贬于其间，指出“志与史例，其不同者，史则美恶俱载，以示褒贬；志则存美而去恶，有褒而无贬，然其所去，是亦贬之之例也”①；认为碑铭也属史类，应寓褒贬于其间，他说：“夫铭者，史之类也。史有褒贬，铭则应其子孙之请，不主褒贬，而其人行应铭法则铭之，其人行不应铭法则不铭，是亦褒贬寓于其间。”②总之，无论何种形式，都应当寓褒贬于史学著作。难能可贵的是，黄宗羲还主张为妇女写墓志铭，应当“一往深情”，从细小事情中见其崇高精神，因为“古今来事无巨细，唯此可歌可泣之精神，长留天壤”③。黄宗羲的史、志、碑文，就都是寓以褒贬，深情歌颂那可歌可泣的精神的。

治史方法：考信不诬

黄宗羲的治史方法，也有其独到的见解和特色。他认为，作为学者，必须博览群书、独立思考。如果读书不多，就无从证明事理的千变万化；虽然读了很多书而不善于独立思考，那就是平庸浅陋之学。作为史学专家，不仅需要广泛搜集、阅读各种史料，熟悉历史事实，还必须认真做出考证，与各种史料弹驳参正，以去伪存真，考信不诬，从而揭示历史的真相。他作《明史条例》，提出“国史取详年月，野史取当是非，家史备官爵世系”④的治史原则。他以南明史为例，指出“桑海之交，纪事之书杂出，或传闻之误，或爱憎之口，多非事实。以余所见，唯《传信录》《所知录》《劫灰录》，庶几与邓光荐之《填海录》，可考信不诬”⑤。他又在《谈孺木墓表》中表扬谈迁写《国榷》时“汰十五朝之《实录》，正其是非，访崇祯十七年之《邸报》，补其缺文”的坚毅精神，而批评

① 《黄宗羲全集》第10册，第165页。

② 《黄宗羲全集》第10册，第160页。

③ 《黄宗羲全集》第10册。

④ 转引自阮元：《国史儒林传稿·黄宗羲》。案：《明史条例》今佚，但钱林《文献征存录·黄宗羲传》亦云宗羲“因起《明史条例》，年月依国史，官爵世系取家传，参详是非，兼用稗官杂说”，与阮传一致。

⑤ 《黄宗羲全集》第10册，第473页。

“今之作者，矢口迁、固而不屑于悦、宏……不能通知一代盛衰之始终，徒据残书数本，谀墓单辞，便思抑扬人物”[①]的不严肃态度。可见，黄宗羲提倡的治史方法，是实事求是而且严谨客观的科学方法。他编选和撰著《明文海》《明儒学案》等书，不但花费了10多年时间，搜集披阅了数千家文集，而且做了大量考辨真伪、提要钩玄、褒贬评点的工作。他在写作《今水经》《四明山志》等历史地理著作时，不但做了大量的文献考证，而且尽可能实地考察以澄清历史的真相。

总之，黄宗羲的史学理论和治史方法，在他那个时代，是达到了很高水平的，至今仍然值得我们借鉴和学习。

推陈出新的文学观

黄宗羲并不是以文学成就称名于世的，但他毫无疑问是一名不折不扣的文学家，是明清之际的古文大师、文学评论家兼诗人。他在文学方面有三大成就：一是编选汇辑了近20种宋元明人的文集与诗集，二是撰写了500余篇文章和千余篇诗歌，三是提出了慧眼独具、见解独到的文论与诗论。

梨洲先生一生用了大量的精力编选宋元明人的文集与诗集。他除编选了卷帙浩繁的《明文案》217卷、《明文海》482卷外，还选辑了《明文授读》62卷、《姚江逸诗》15卷、《剡源文钞》4卷、《杲堂文钞》6卷、《子刘子学言》2卷、《黄忠端公文集》6卷、《黄氏捃残集》7卷、《宋诗钞》94卷（与吴之振、吕留良等合编），以及卷数不明今已亡佚的《续宋文鉴》《元文钞》《宋元集略》《宋元文案》《正气录》《姚江文略》《姚江琐事》《东浙文统》等，共计约20种千余卷宋、元、明人文集和诗集。在这些文选汇辑著作中，尤以他历时20年，在84岁编成的《明文海》价值最高，诚如黄宗羲自称：“非此不足存一代之书。”《四库全书总目提要》的作者也称赞该书“搜罗极富，所阅明人文集几至二千余家”，“可谓一代文章之渊薮。考明人著作者，必当以是编为极备矣”。

---

① 《黄宗羲全集》第10册，第269—270页。

黄宗羲一生写作了大量的诗文。这些诗文，后人称之为“南雷文”“南雷诗”。据笔者粗略统计，梨洲一生所作文不少于500篇，所作诗则不止千首。现在存世的诗、文各有约350篇（首）。黄宗羲生前，已多次将其诗文结集刻印，如《南雷文案》，《吾悔集》，《撰杖集》，《南雷文定》前集、后集、三集，以及《南雷诗历》三卷本、四卷本，都是宗羲生前编定刊印的。宗羲死后至今，其门人、后学乃至当代学者又多次编集刊印了各种南雷文集和诗集，如《南雷集》《南雷文约》《南雷文定四集》《南雷文定五集》《南雷黄子大全集》等，总计有20余种集子行世。其中以中华书局1959年出版的《黄梨洲文集》和《黄梨洲诗集》搜罗最全，但可惜不是诗文合集，而且还有些散佚诗文没有收入。现在，我们将各种已刊未刊的南雷文集和南雷诗集以及搜集到的散佚诗文，分门别类，整理汇编为《南雷诗文集》上、下册，收录到《黄宗羲全集》第10、11册出版（以2005年9月增订版最全、最准确），也算是对南雷诗文的总清理了。[①]

黄宗羲的诗文作品，是他一生心血的结晶，理想、情操和志趣的表达，也是明末清初历史变化的反映。从一定意义上说，黄宗羲的诗文甚至比他的编著或专著，更直接明晰地反映了他的政治思想、哲学思想、文学和史学思想及自然科学理论。后人若要研究黄宗羲的思想与生平，或者要彻底探究明末清初的历史，就必须认真研读《南雷诗文集》。

黄宗羲文学成就一个很重要的方面，就是其文论与诗论所反映的文学观。在此，我们拟从四个方面加以探讨。

1. “元气生至文”——讴歌豪杰精神

黄宗羲的文论，明确地提出了文章涵天地之元气、至文乃元气激荡而生的观点，可以概括为“元气生至文”说。他说：

> 夫文章，天地之元气也。元气之在平时，昆仑旁薄，和声顺气，发自廊庙，而鬯浃于幽遐，无所见奇；逮夫厄运危时，天地闭塞，元气鼓荡而

① 关于南雷诗文诸集的成书背景、版本存佚及汇刊过程，详见拙著《黄宗羲著作汇考》之廿三至卅一诸节的考证，并见《黄宗羲全集》第11册附录的拙著《黄宗羲遗著考》（六）。兹不赘述。

出，拥勇郁遏，坌愤激讦，而后至文生焉。故文章之盛，莫盛于亡宋之日，而皋羽其尤也。①

这是说，文章是由天地间的“元气”凝聚而成的。这元气在平常时期表现和顺，一旦时局发生巨变，当国家、民族遇到“厄运危时”，元气就会喷薄而出，从而激发出最精彩、最有血性的文章，即所谓“至文”。所以在黄宗羲看来，所谓“至文”乃元气受“厄运危时”的激荡而迸发出来的天地之精华，换言之，就是时代的精神。他以南宋灭亡后谢翱（字皋羽）到严子陵钓台哭祭文天祥并撰《西台恸哭记》为例评论说：“文章之盛，莫盛于亡宋之日，而皋羽其尤也。”

那么，“天地之元气”到底是什么呢？有人将它解释为自然元气，故认为宗羲有“文主自然”说，其实这是误解。有人则认为这“元气”指的是“封建纲常伦理”，其实也不尽然。笔者认为，黄宗羲所谓的“天地之元气”并非是一种自然的生命力，也不纯是封建的纲常伦理，而是一种为捍卫正义、反抗强权而奋斗牺牲的道德人文精神，是一种“贫贱不能移，富贵不能淫，威武不能屈”的大丈夫精神（或曰豪杰精神），是忠君、爱国、忧民、卫道的忠义精神，是一种坚忍不拔、临危不惧的浩然正气。这股浩然正气，我们从他撰写的许多南雷诗文中可以强烈地感受到。例如他在《兵部左侍郎苍水张公墓志铭》中评论抗元、抗清的民族英雄文天祥、张煌言时饱含悲情地写道：

语曰：“慷慨赴死易，从容就义难。”所谓慷慨、从容者，非以一身较迟速也。扶危定倾之心，吾身一日可以未死，吾力一丝有所未尽，不容但已。古今成败利钝有尽，而此不容已者，长留于天地之间。愚公移山，精卫填海，常人藐为说铃，贤圣指为血路也。……宋、明之亡，古今一大厄会也。其传之忠义与不得而传者，非他代可比。就中险阻艰难，百挫千折，有进而无退者，则文文山、张苍水两公为最烈。②

① 《黄宗羲全集》第10册，第34页。

② 《黄宗羲全集》第10册，第288—289页。

可见这种慷慨赴死、从容就义的精神，是为了救国家民族于危难的勇于牺牲的忠义精神，是一种像愚公移山、精卫填海那样不怕险阻艰难的百折不挠精神。他又在为抗清志士纪五昌撰写的墓志铭中指出，这种忠义之士的忠义精神就是“天地之元气”。他写道：

> 余读文（天祥）、陆（秀夫）传，而叹一时忠义之士，何其盛也！故邓光荐为《文丞相幕府传》，僚将宾从，牵联可书者六十余人；其散见于宋末元初各家之文集者，残山剩水之间，或明或没，读者追想其风概，累嘘而不能已者，又不知凡几。盖忠义者天地之元气，当无事之日，则韬为道术，发为事功，漠然不可见。及事变之来，则郁勃迫隘，流动而四出，贤士大夫欻起收之，甚之为碧血穷磷，次之为土室牛车，皆此气之所凭依也。①

可见，黄宗羲所说的“天地之元气”是一种人文精神，即百折不挠、慷慨激昂的浩然正气。而这浩然正气也就是古往今来可歌可泣的豪杰精神。他在为朋友靳治荆的诗集所作序言中评论说：

> 从来豪杰之精神，不能无所寓。老、庄之道德，申、韩之刑名，左、迁之史，郑、服之经，韩、欧之文，李、杜之诗，下至师旷之音声，郭守敬之律历，王实甫、关汉卿之院本，皆其一生之精神所寓也。苟不得其所寓，则若龙挛虎跛，壮士囚缚，拥勇郁遏，坌愤激讦，溢而四出。天地为之动色，而况于其他乎！②

由上可见，黄宗羲的文学观，首先是要求文章要反映变革时代的道德人文精神，要歌颂那不畏艰难险阻而奋斗不息、可歌可泣的豪杰精神与浩然正气，

① 《黄宗羲全集》第10册，第519—520页。

② 《黄宗羲全集》第10册，第62页。

也只有反映和讴歌这种豪杰精神与浩然正气的文章，才算得上是“至文”，才能够激励来者，传之后世。

2. “文章本于经史之学”——提倡根柢之文

黄宗羲文论的另一重要思想，是主张“文章本于经史之学”，学者作文，不要单纯追求辞藻华丽，格式工整，而应当立足经史，学有根柢。他在《沈昭子耿岩草序》一文中称赞沈昭子“先生之文章，本之经以穷其原，参之史以究其委，不欲如今人刻画于篇章字句之间，求其形似而已”，从而得出“承学统者，未有不善于文，彼文之行远者，未有不本于学”的结论。[①]他在《答张尔公论茅鹿门批评八家书》一文中批评明代理学家茅坤（字鹿门），指责茅鹿门胡乱批评唐宋八大家的文章，说鹿门一生虽学唐顺之（字荆川）作文，却“仅得其转折波澜而已，所谓精神不可磨灭者，未之有得。缘鹿门但学文章，于经史之功甚疏，故只小小结果。其批评又何足道乎？”[②]在黄宗羲看来，文章不在于技巧，而在于有思想、有灵魂，而要真正写出好文章，就必须有扎实的经史之学做根柢。茅鹿门学问浅薄，自然没有多少资格批评唐宋八大家，即便是有所批评，也是不得要领、不足称道的。

既然文章本于经史之学，那么要求好文章，就应当认真读书，使学有根柢。所以，黄宗羲特别强调“读书穷经，始有至文”。他与甬上老友李邺嗣可谓文坛至交，他们鄙薄科举时文，号召学子们读书穷经，一是振兴了浙东实学之风。他在69岁时所写《李杲堂文钞序》中议论说：

> 科举盛而学术衰。昔之为时文者，莫不假道于《左》《史》《语》《策》《性理》《通鉴》，……而出言尚有根柢，其古文固时文之余也。今之为时文者，无不望其速成，其肯枉费时日于载籍乎？……胸中茫无所主，势必以偷窃为工夫，浮词为堂奥……为说者谓百年以来，人士精神尽注于时文而古文亡。余以为古文与时文分途而后亡也。……余与杲堂然约为读书穷经，

① 《黄宗羲全集》第10册，第59页。
② 《黄宗羲全集》第10册，第179页。

浙河东士稍稍起而应之。杲堂之文……要皆自胸中流出，而无比拟皮毛之迹，当其所至，与欧、曾、史、汉，不期合而自合也。余尝谓文非学者所务，学者固未有不能文者。……濂溪、洛下、紫阳、象山、江门、姚江诸君子之文，方可与欧、曾、史、汉并垂天壤耳。盖不以文为学，而后其文始至焉。……但使读书穷经，人人可以自见；高门巨室，终不庇汝……①

可见，黄宗羲提倡的根柢之学，就是经史之学。在他看来，学问积累深厚了，好文章自然自胸中流出，而无比拟皮毛的痕迹，如胸无点墨，没有主见，就势必剽窃抄袭，或玩弄辞藻，必然写不出好文章。

3. 作文原则与方法的研究

为使后学学习作文，黄宗羲专门写了一篇讨论作文的原则与方法的文章，即《论文管见》。其主要观点有六条：一是务去陈言，讲究文雅——所谓“陈言”就是粗鄙庸俗之言，而文章语言不文雅，便不能行之久远；二是叙事须有风韵，不可呆板；三是文章既要“本之六经”，又要“融圣人之意而出之”，不要教条主义地去“填塞经文”；四是说“理”为主，但须以情动人，写出“情至”之文；五是要有儒者气象，不可堕入佛老路子；六是求实立信，不可胡编乱造。在提出上述作文原则与方法之后，黄宗羲总结说：

所谓文者，未有不写其心之所明者也。心苟未明，劬劳憔悴于章句之间，不过枝叶耳，无所附之而生。故古今来不必文人始有至文，凡九流百家以其所明者，沛然随地涌出，便是至文。②

古人有“文以载道”之说，黄宗羲当然是赞成的。但他在这里强调的是“文以明心”，就是说，真正的好文章所明的“道”是每个作家本心所悟所明的理，而非“放之四海而皆准”的千古不变的“道”。只要阐明本心所明之理，便

① 《黄宗羲全集》第10册，第27—28页。

② 《黄宗羲全集》第10册，第670页。

是至情至性之文。正如黄宗羲在《明儒学案发凡》中所说："学问之道，以各人自用得着者为真。凡倚门傍户、依样葫芦者，非流俗之士，则经生之业也。"古往今来的好文章，并不是"倚门傍户、依样葫芦"的抄袭之作，而是有创见、有发明，并且能被自己掌握使用的文章。

4. 诗学观：诗本性情，以诗补史

关于诗与性情的关系，从孔子时代就已进行讨论。孔子曾说："小子何莫学夫诗？诗，可以兴，可以观，可以群，可以怨。迩之事父，远之事君，多识于鸟兽草木之名。"[①]这兴、观、群、怨、事父、事君之中，就包括了性情的表达。孔子又说："《诗》三百，一言以蔽之，曰：'思无邪。'"[②]这"无邪"之"思"，在儒家看来，就是一种真性情。孔子又首创"诗教"之说。他所谓的诗教，就是温柔敦厚的人格与性情。他说："温柔敦厚，诗教也。……温柔敦厚而不愚，则深于诗者也。"[③]可见，孔子的诗教、诗情，主要是指道德情感。后代的儒家，对诗与性情的关系也有很多论述。如朱熹对孔子"兴于诗"的解释是："兴，起也。《诗》本性情，有邪有正。"[④]明清之际的顾炎武有"诗主性情，不贵奇巧"之说，王夫之则有"诗以道性情""诗之为教，相求于性情"之说，黄宗羲则提出了"诗从性情出"的主张。应当强调的是，儒家种种关于诗与性情关系的观点，并非崇尚人的自然情感，而是倡导人的道德情感。有人将明清之际儒家（如顾、王、黄等）的诗学理解为崇尚自然情感的诗学，笔者不敢苟同。

黄宗羲在其为他人所作诗文序或墓志铭中，多次论证了"诗之为道，从性情而出"的观点。他在《寒村诗稿序》中说："诗之为道，从性情而出。性情之中，海涵地负，古人不能尽其变化，学者无从窥其隅辙。此处受病，则注目抽心，无非绝港。而徒声响字脚之假借，曰此为风雅正宗，曰此为一支半解，非愚则妄矣。"[⑤]又在《陈苇庵年伯诗序》中写道："诗之为道，从性情而出。人之

① 《论语·阳货》。
② 《论语·为政》。
③ 《礼记·经解》。
④ 《四书集注·论语泰伯注》。
⑤ 《黄宗羲全集》第10册，第56页。

性情，其甘苦辛酸之变未尽，则世智所限，易容埋没。即所遇之时同，而其间有尽不尽者，不尽者终不能与尽者较其贞脆。”[①]就是说，作诗的根本之道，在于表达人生千变万化、酸甜苦辣的性情，不出于真性情而只注意文字格律的诗，便是“非愚则妄”。那么，黄宗羲所谓的“性情”究竟是什么呢？他说：“诗也者，联属天地万物而畅吾之精神意志者也。……彼才力工夫者，皆性情所出。”[②]联系天地万物的变化无穷而畅达个人的精神意志，这就是诗人的“性情”。但这性情不仅因人而异，而且因时而异。黄宗羲的诗论明确区分了“一时之性情”与“万古之性情”的不同含义，指出：

> 诗以道性情，夫人而能言之。然自古以来，诗之美者多矣，而知性者何其少也。盖有一时之性情，有万古之性情。夫吴歌越唱，怨女逐臣，触景感物，言乎其所不得不言，此一时之性情也；孔子删之，以合乎兴、观、群、怨、思无邪之旨，此万古之性情也。吾人诵法孔子，苟其言诗，亦必当以孔子之性情为性情，如徒逐逐于怨女逐臣，逮其天机之自露，则一偏一曲，其为性情亦末矣。[③]

那些吟咏民间小调、怨女逐臣触景感物之情的诗表达的是“一时之性情”，而经孔子删选过的合乎“思无邪”之旨趣的诗表达的是“万古之性情”。所以，论诗的标准应当以“孔子之性情为性情”，而不应该受怨女逐臣一时一己性情的局限。由此可见，黄宗羲所讲的性情并非就是人的自然情感，而是以“思无邪”为标准的道德情感。他在《黄孚先诗序》中具体而微地诠释了“性情”的内涵，认为“情者，可以贯金石、动鬼神”，但“古人之情”与“今人之情”却是根本不同的，“古之人情与物相游而不能相舍”，无论是吟咏忠君、孝亲、思妇劳人，还是吟咏风云月露、草木虫鱼，都是“真意之流通”，而今人之情却是“情随事转，事因世变，干啼湿哭，总为肤受，即其父母兄弟，亦若败梗飞絮，适相遭

① 《黄宗羲全集》第10册，第48页。
② 《黄宗羲全集》第10册，第91页。
③ 《黄宗羲全集》第10册，第95—96页。

于江湖之上”，简直冷酷无情。有时偶尔因“劳苦倦极”而呼天抢地，因“疾痛惨怛”而呼爹喊娘，然而“俄顷销亡”，所以不算真情也。故“今人之诗，非不出于性情也，以无性情之可出也”[①]。这是经历了亡国破家之痛的诗人黄宗羲的真性情。他在另一篇悼念亡友鲁栗（号韦庵）的墓志铭中十分尖锐地批评了钱谦益之流的诗文“所得在排比铺张之间，却是不能入情”，进而评论说：“余观今世之为遗老退士者，大抵龌龊治生，其次丐贷江湖，又其次拈香嗣法。科举场屋之心胸，原无耿耿；治乱存亡之故事，亦且愦愦。如先生者，日抱亡国之戚以终其身，是可哀也。”[②]这“亡国之戚”，也是黄宗羲诗论中赞颂最多最真切的情感。

黄宗羲还在《南雷诗历题辞》中通过亲身体验的叙述来阐明其诗论。他说，年轻时学诗只是局限于声调抑扬，“妄相唱和”，后来“经历变故”才有所悟，知颠沛流离之处，而“诗在其中”。他总结说：

> 夫诗之道甚大，一人之性情，天下之治乱，皆所藏纳。古今志士学人之心思愿力，千变万化，各有至处，不必出于一途。今于上下数千年之中，而必欲一之以唐，于唐数百年之中，而必欲一之以盛唐。盛唐之诗，岂其不佳，然盛唐之平奇浓淡，亦未尝归一，将又何适所从耶？是故论诗者，但当辨其真伪，不当拘以家数。……一友以所作示余。余曰：“杜诗也。”友逊谢不敢当。余曰：“有杜诗，不知子之为诗者安在？”友茫然自失。此真伪之谓也。余不学诗，然积数十年之久，亦近千篇。……横身苦趣，淋漓纸上，不可谓不逼真耳。[③]

所谓“诗之道”，就是能藏纳“一人之性情，天下之治乱”，而非模仿古人；所谓“辨其真伪”，也即辨性情之真伪，而非拘泥于家数。这就是黄宗羲诗论的真谛所在。

---

① 《黄宗羲全集》第10册，第32页。

② 《黄宗羲全集》第10册，第341页。

③ 《黄宗羲全集》第11册，第204—205页。

黄宗羲诗论的另一创见，就是提出了“诗补史之阙”的观点。中国的诗歌理论史或曰诗学史大概以唐分界，唐以前大多崇奉《尚书·舜典》的“诗言志，歌咏言”之说，尚无“诗史”说。自唐末文人孟棨所著《本事诗》指称杜甫“逢（安）禄山之难，流离陇蜀，毕陈于诗，推见至隐，殆无遗事，故当时号为诗史”之后，“诗史”之说于是流行起来。但无论古今有无此说，诗歌在一定程度上是历史的一面镜子，则是一个客观存在的事实。黄宗羲在前人“诗史”说的基础上，明确提出了“诗与史相为表里”和“以诗补史之阙”的重要观点。他在《姚江逸诗序》中写道：“孟子曰：‘诗亡然后《春秋》作。’是诗之与史，相为表里者也。故元遗山（好问）《中州集》窃取此意，以史为纲，以诗为目，而一代之人物，赖以不坠。”[①]而在《万履安先生诗序》中更为全面地阐述了“以诗补史之阙”的观点，他写道：

> 今之称杜诗者以为诗史，亦信然矣。然注杜者，但见以史证诗，未闻以诗补史之阙，虽曰诗史，史固无藉乎诗也。逮夫流极之运，东观兰台但记事功，而天地之所以不毁、名教之所以仅存者，多在亡国之人物。血心流注，朝露同晞，史于是而亡矣。犹幸野制遥传，苦语难销，此耿耿者明灭于烂纸昏墨之余，九原可作，地起泥香，庸讵知史亡而后诗作乎？是故景炎、祥兴，《宋史》且不为之立本纪，非《指南》《集杜》，何由知闽、广之兴废？非水云之诗，何由知亡国之惨？非白石、晞发，何由知竺国之双经？陈宜中之契阔，《心史》亮其苦心；黄东发之野死，宝幢志其处所：可不谓之诗史乎？元之亡也，渡海乞援之事，见于九灵之诗。而铁崖之乐府，鹤年席帽之痛哭，犹然金版之出地也。皆非史之所能尽矣。明室之亡，分国鲛人，纪年鬼窟，较之前代干戈，久无条序；其从亡之士，章皇草泽之民，不无危苦之词。以余所见者，石斋、次野、介子、霞舟、希声、苍水、密之十余家，无关受命之笔，然故国之铿尔，不可不谓之史也。[②]

① 《黄宗羲全集》第10册，第10页。

② 《黄宗羲全集》第10册，第49—50页。

黄宗羲认为，以往称杜诗为诗史固然不错，但只是以史证诗，而没有自觉意识到“诗补史之阙”的作用，可以说没有把握“诗史”说的根本。在历史上，凡遇到社会大变局如改朝换代、国家兴亡之际，许多轰轰烈烈的历史事实、历史人物的事迹以及血泪斗争史，新朝的正史记载往往付之阙如，反而靠着民间的野史特别是遗民诗人的诗篇得以保存，这就叫“史亡而后诗作”，与孟子所谓“诗亡然后《春秋》（史）作”之说恰恰形成对照。黄宗羲又以宋、元、明三代的灭亡为例，说明“诗补史之阙”的重要性：当时许多重要的历史事实，正史没有记载，就是靠当事人的诗集或诗篇保留下来的。这些“诗史”并非受命之作，却记录了大变动时代可歌可泣的历史。

黄宗羲不仅是“诗补史之阙”理论的鼓吹者，而且是这个理论的实践者。他平生写了千余首诗，其中有不少就是“补史之阙”的。他把自己的诗稿删定结集，称为《南雷诗历》，便包含了“诗史”之意。他曾将自己在顺治六年（己丑，1649）以前追随监国鲁王在浙东海岛坚持抗清斗争时期所写的诗编为《穷岛集》，显然是一部“补史之阙”的诗集。在当时清政府大搞文字狱的高压政策下，黄宗羲的大量诗史类作品难以完整保留下来，上列《穷岛集》也已亡佚，但我们从现存340多篇南雷诗中大致可以找寻到黄宗羲反阉、抗清、讲学、著书的历史足迹，也可以找到那个大变动时代中许多为正史所遗弃的可歌可泣的历史事迹与历史人物。例如，他写于顺治初年的《感旧》诗十四首[①]，就是系列性的史诗。

其一

高谈不见陆文虎，深识难忘刘瑞当。
岂料一时俱夺去，浙东清气遂销亡。

这是回忆崇祯年间与诗友陆文虎、刘瑞当等人在浙东组织复社分社昌古社的情

① 《黄宗羲全集》第11册，第223—224页。

景，并寄托悼念亡友之情。

其六

刘门弟子祝王称，亦谓捐生似近名。
今日风波无畔岸，自惭不值一钱轻。

这是记载刘宗周弟子暨诗人同门祝渊、王毓蓍在明亡后自杀殉国的诗作。

其七

南都防乱急鸱枭，余亦连章祸自邀。
可怪江南营帝业，只为阮氏杀周镳！

此诗记录了崇祯十一年（1638）作者与复社名士发表《南都防乱公揭》驱逐阉党余孽阮大铖，阮大铖于弘光初年掌权后实行报复杀害复社骨干周镳的历史故事。

其十四

虞渊事业已难凭，此意沉埋却未曾。
梦哭芦花寒月上，谁人更复唱平陵！

这是歌颂浙东抗清领袖孙嘉绩的事迹，并表达了对恢复事业犹存一线希望的心情。

又如诗人写于康熙三十年辛未（1691）的《得吴公及书》，诗曰：

荒村接得纸零星，四十三年梦又呈。
战鼓夫人充健卒，朝仪宗伯领诸生。
寒琴堕水声犹在，孤堞经围血尚赪。
三板洋中三千里，至今耿耿此时情。

十里洋船上下潮，一杯相对话漂摇。
马兰万树遮荒岛，饥鹗千群泊乱礁。
公已千秋传信史，我开九袠冷诗瓢。
宫人何事谈天宝？清泪能无湿绛绡！[①]

诗中通过回忆重现了历史画面，即42年前（监国鲁王四年己丑岁，1649）舟山抗清的情景，以及诗人黄宗羲被迫离开抗清前线而与战友吴钟峦依依惜别的情景。

在现存南雷诗中堪称“补史之阙”而且寄托了梨洲先生深沉的故国之痛的诗，莫过于悼念抗清民族英雄张煌言的两首诗了。张煌言在艰难困苦条件下百折不挠地坚持武装抗清近20年，最后于康熙三年甲辰（1664）被捕后从容就义，梨洲门人万斯大等收其遗骸安葬于杭州南屏山北。黄宗羲为他写了一篇很长的墓志铭，详细记载其抗清事迹及就义情景。此外，还写了两首悼念诗。第一首写在张煌言被清政府杀害后的第二年，即康熙四年乙巳（1665），这一年黄宗羲写了8首悼念亲朋好友的诗，题名《八哀》，其中一首叫《张司马苍水》，诗曰：

廿年苦节何人似？得以全归亦称情。
废寺醵钱收弃骨，老生秃笔记琴声。
遥空摩影狂相得，群水穿礁浩未平。
两世雪交私不得，只随众口一闲评。[②]

短短八句诗，既歌颂了张煌言艰苦抗清、从容就义的英雄事迹，又表彰了万斯大等人“废寺醵钱收弃骨”的义举，同时还抒发了对有两世交情的亡友的深切哀悼之情。

---

① 《黄宗羲全集》第11册，第340—341页。
② 《黄宗羲全集》第11册，第256页。

另两首先后写于康熙十八年（1679）、十九年（1680）。黄宗羲于康熙十八年秋天与门人陈夔献同登杭州南屏，寻找张煌言墓，赋诗一首，题名《寻张司马墓》，诗曰：

草荒树密路三叉，下马来寻日色斜。
顽石呜呼都作字，冬青憔悴未开花。
夜台不敢留真姓，萍梗还来酹晚鸦。
牡砺滩头当日客，茫然隔世数年华。[①]

次年，黄宗羲再到杭州，与朋友共10人，效仿谢翱当年在桐庐钓台祭拜文天祥，在大雪纷飞之时祭拜张苍水，并赋诗一首，题名《大雪野祭》，诗曰：

湖边已断草鞋痕，何似冰天共出门。
雪夜千年同此哭，孤坟三尺大于昆。
讳名自甲还终癸，遗事书潮不系元。
近日传闻君莫告，歌声变征咽清樽。[②]

这两首诗，既表达了作者对民族英雄深切怀念的感情，也谴责了清统治者大搞文字狱的文化专制政策，致使祭拜者不敢留下真名实姓。

总之，黄宗羲的文学观，是根柢经史、反对空疏的文学观，是歌颂豪杰精神、提倡思想创新的文学观。黄宗羲的文论与诗论，比较充分地反映了明末清初大变动时代的特点和遗民的悲情，其文论鼓吹豪杰精神、强调根柢之学，其诗论强调诗道性情、以诗补史，这对纠正当时萎靡空疏的学风无疑具有开风气之先的积极作用，如同全祖望所说“足以扫尽近人规模字句之陋”。他经史基础雄厚，故其散文气势磅礴、优雅流畅，其中许多诗文从一个侧面反映和记载了

① 《黄宗羲全集》第11册，第282页。
② 《黄宗羲全集》第11册，第334页。

那个“天崩地解”时代的历史，其文可作“史记”读，其诗也可作“诗史”看。然而，黄宗羲的文论与诗论也有其片面性与缺陷。全祖望盛赞“南雷自是魁儒”，是“杂而不越”的“纯儒”，但批评梨洲先生“党人之习气未尽，门户之见深入而不可猝去”“文人之习气未尽，不免以正谊明道之余技犹留连于枝叶”，此论固然不错，但从多元文化和谐兼容的观点来看，梨洲先生的“门户之见”与“文人习气”，还表现在过分坚守儒家门户、排斥佛老之学。如他主张“作文不可倒却架子，为二氏（指佛老）之文”，因而批评宋景濂撰写《大浮屠塔铭》是“和身倒入（佛氏），便非儒者气象”①，这就未免主张太过，囿于儒者门户了。而梨洲诗论所主张的“承学统”“道性情”和“诗史”说，不太重视文学作品艺术技巧的运用，则不只是“文人之习气未尽”，而简直是道学之习气未尽了。所以，或许可以说，梨洲先生堪称文章盖世，但诗赋尚欠灵气。当然，这无损于他文学家的称号。

兼容务实的科学观

黄宗羲的学术成就是多方面的。他不仅是一位伟大的政论家，而且是一位成就卓著的哲学家、史学家、文学家和自然科学家。他在历学（天文学）、算学（数学）、地理学领域均有重要的研究成果，而他的科学思想，也在中国科学发展史上占有一席之地。堪称我国第一部科学家传记总汇的阮元的《畴人传》一书，就收录了《黄宗羲传》，称黄宗羲“博览群书，兼通步算”，并著录了黄宗羲《大统历法辨》等历算学著作8种。②而《畴人传》的记载并不全面，只限于其历算学方面的成就而已。现就黄宗羲的自然科学著作与科学思想作一概述。

---

① 《黄宗羲全集》第10册，第669页。

② 阮元（1764—1849），字伯元，号芸台。江苏仪征人。乾隆五十四年（1789）进士，入翰林院任庶吉士、编修，出任山东学政、浙江学政。嘉庆四年（1799）任浙江巡抚，抚浙约10年。在浙江任官期间，主持编纂了《畴人传》《经籍纂诂》《两浙辅轩录》《诂经精舍文集》等书。其《畴人传》初编46卷，后人又有《畴人传续编》《畴人传三编》，总计59卷，立科学家传记凡128人。有民国二十四年（1935）上海商务印书馆《国学基本丛书》铅印本，商务印书馆1955年铅印本。其中《黄宗羲附子百家》转载该书第三十六卷。

1. 会通古今、兼容中西的自然科学成就

明代自万历年间起，许多西方传教士纷纷来到中国，他们除了为后来的殖民扩张投石问路外，也带来了当时西方的科学文化知识。于是，在中国士大夫阶层中出现了钻研西学特别是西方历算学的趋势，并导致崇祯时期的新旧历法之争。黄宗羲也受到了那股西学新思潮的影响，而潜心钻研中西历算学，并取得了重要成果。他对中国和西方的历学、算学都有深刻的了解和研究，在《叙陈言扬勾股述》一文中说：

> 勾股之学，其精为容圆、测圆、割圆，皆周公、商高之遗术，六艺之一也。自后学者不讲，方伎家遂私之。……珠失深渊，罔象得之，于是西洋改容圆为矩度，测圆为八线，割圆为三角，吾中土人让之为独绝，辟之为违天，皆不知二五之为十者也。

又说：

> 余昔屏穷壑，双瀑当窗，夜半猿啼伥啸，布算簌簌，自叹真为痴绝。及至学成，屠龙之伎，不但无所用，且无可与语者，漫不加理。今因言扬，遂当复完前书……①

虽然黄宗羲的“中学西窃”说难以成立，但上述记载证明黄宗羲在当时已经在自然科学方面致力于会通古今、兼容中西的学术整理工作了。

据笔者考证，黄宗羲在历算学方面的著作总计有16种之多，属于历学的有9种，即：

(1)《历学假如》2种2卷。

此书合《西历假如》（即《西洋历法假如》）和《授时假如》（即《授时历法假如》）两种为一书，各一卷。现北京图书馆藏有康熙二十二年癸亥（1683）

---

①《黄宗羲全集》第10册，第37—38页。

姜希辙序西爽堂刻本。该本所载《姜希辙序》云：

> 余友黄梨洲先生，所谓通天地人之儒也，精于性命之学，与余裁量诸儒宗旨，彻其堂奥。所著《学案》《文案》，海内抄传。尝入万山之中，茇舍独处。古松流水，布算簌簌，网络天地。其发明历学十余种，间以示余。余取其《假如》刻之。[①]

由姜氏序文可知，黄宗羲的历算著作初稿共有10多种，大多是他避居“万山之中”（指浙东之四明山和化安山）时期即清顺治初年撰写的，《历学假如》即其一。

（2）《授时历故》1卷。

元代著名的历算学家郭守敬（1231—1316）于至元十七年（1280）修成《授时历》，在中国天文学史上具有重要地位。黄宗羲对授时历法做了深入研究，寻其原委，发其幽旨，并且比较明代颁行的《大统历》之优劣短长，撰写了多种注解《授时历》与《大统历》的专著。《授时历法假如》和《授时历故》都是注解《授时历》的书。《授时历故》初稿成于顺治四年丁亥（1647），修定于康熙十五年丙辰岁（1676），原本已佚。今存民国十三年（1924）刘氏《嘉业堂丛书》所收后人改订本4卷刻本。

（3）《新推交食法》1卷，今佚。

（4）《春秋日食历》1卷，今佚。

（5）《大统历推法》1卷，今佚。

（6）《大统历法辨》4卷，今佚。

（7）《时宪书法解》1卷，今佚。

（8）《监国鲁元年丙戌大统历》1卷，今佚。

黄宗羲《南雷杂著稿·王御史传》曰：“行朝初建，进某所著《监国鲁元年大统历》。”

---

① 《黄宗羲全集》第9册，第283页。

江藩《国朝汉学师承记·黄宗羲传》云："是年（指清顺治二年乙酉），作监国鲁元年大统历，颁之浙东。"

（9）《监国鲁五年庚寅大统历》1卷，今佚。

属于算学著作的有6种，即：①《气运算法》1卷，②《勾股图说》1卷，③《开方命算》1卷，④《测圆要义》1卷，⑤《圆解》1卷，⑥《割圆八线解》1卷。以上6种均见阮元《畴人传》著录，今皆亡佚。

黄宗羲的历算学成就虽比不上清代历算大师王锡阐（1628—1682）、梅文鼎（1633—1721），但无疑可列入清代历算学先驱之列。全祖望称其开梅文鼎算学先河，并赞颂"黄氏最精历学，会通中西"，阮元称其"博览群书，兼通步算"，梁启超在《中国近三百年学术史》中也说："他（黄梨洲）又最喜历算之学，著有《授时历故》……《测圆要义》等书，皆在梅定九文鼎之前，多所发明。"如此等等，都是对黄宗羲历算学成就的高度肯定。

黄宗羲在自然科学方面的成就，虽然主要体现在天文学与数学方面，但不限于此。他在地理学方面的成就也相当突出，应予肯定。他撰述的地理类著作有4种，即：《今水经》1卷、《四明山志》9卷、《匡庐游录》1卷、《台雁笔记》1卷，既有关于地形、地貌变化的科学考察，也有历史地理和人文地理的知识考辨。《今水经》成书于康熙三年甲辰（1664），作者自序说：

> 古者儒墨诸家，其所著书，大者以治天下，小者以为民用，盖未有空言无事实者也。……先王体国经野，凡封内之山川，其离合向背，延袤道里，莫不讲求。《水经》之作，亦《禹贡》之遗意也。郦善长注之，补其所未备，可谓有功于是书矣。……余读《水经注》，参考之以诸图志，多不相合。是书不异汲冢断简，空言而无事实。其所以作者之意，岂如是哉！乃不袭前作，条贯诸水，名之曰《今水经》，穷源按脉，庶免空言。[①]

据此知《今水经》之作，旨在纠正郦道元《水经注》及后世诸家对于中国境内

① 《黄宗羲全集》第2册，第502—503页。

南、北水脉源流关系及其走向的错误记载。《四库全书总目·今水经提要》指该书“创例本皆有法”，但也有“排纂未善”之处，大致允当。

《四明山志》9卷，初稿成于明崇祯十五年壬午（1642），定稿于康熙十二年癸丑（1673）。在黄宗羲以前，无人为四明山写过志。崇祯十五年（1642），宗羲偕弟宗炎、宗会遍游此山，寻觅古迹，考稽事实，乃博考前人记载，订伪存真，辑成初稿。31年后，修改定稿，成《四明山志》9卷。《匡庐游录》与《台雁笔记》则是黄宗羲游览江西庐山与浙江天台山、雁荡山的考察笔记，其中对当地风俗人情、物产古迹、地理环境均有考辨纪实，有助于后人了解名山历史，增进地理知识。

2. 求真务实、破除迷信的科学思想

黄宗羲的科学思想与其科学著作一样，都是中国科学史上一笔值得珍视的精神财富。他的科学思想中最精彩也最值得重视的创见与特色，笔者认为有如下三点：

一是提出了“会通归一”的兼容多元思想主张。在如何对待中国固有的科学与新近从西方传入的科学知识的问题上，黄宗羲主张会通古今、融合西学，归于一家。他一方面充分肯定中国古代的科学成就，认为历算之学，中国古已有之，属于儒家六艺之一，但后代儒者弃之不讲，反而被方伎家私相传授。而西方人却发展了精确的算学，其实是窃取中国古代的算学加以改革而成。当务之急，就是要虚心学习西方的历算科学知识，结合中国科学传统加以消化，从而会通古今中西之学，归于一家之学，即所谓“会通归一”。这一思想集中体现在黄宗羲所撰《叙陈言扬勾股述》和《答万贞一论明史历志书》二文之中。其《叙陈言扬勾股述》写道：

> 勾股之学，其精为容圆、测圆、割圆，皆周公、商高之遗术，六艺之一也。自后学者不讲，方伎家遂私之。溪流逆上，古冢书传，缘饰以为神人授受。吾儒一切冒之以理，反为所笑。……珠失深渊，罔象得之。于是西洋改容圆为矩度，测圆为八线，割圆为三角，吾中土人让之为独绝，辟之为违天，皆不知二五之为十者也。数百年以来，精于其学者……不过数

人而已。海昌陈言扬因余一言发药，退而述为勾股书，空中之数，空中之理，一一显出……。余昔屏穷壑，双瀑当窗，夜半猿啼伥啸，布算簌簌，自叹真为痴绝。及至学成，屠龙之伎，不但无所用，且无可与语者，漫不加理。今因言扬，遂当复完前书，尽以相授，言扬引而伸之，亦使西人归我汶阳之田也。呜呼！此特六艺中一事，先王之道，其久而不归者，复何限哉！①

其《答万贞一论明史历志书》写道：

承寄《历志》，传监修总裁三先生之命，令某删定，某虽非专门，而古松流水，布算簌簌，颇知其崖略。今观《历志》前卷《历议》，皆本之列朝实录，崇祯朝则本之《治历缘起》，其后则《三历成法》。虽无所发明，而采取简要，非志伊不能也。然崇祯《历书》，大概本之《回回历》。当时徐文定亦言西洋之法，青出于蓝，冰寒于水，未尝竟抹回回法也。顾纬法虽存，绝无论说，一时词臣历师，无能用彼之法，参入大统，会通归一。及崇祯《历书》既出，则又尽翻其说，收为已用，将原书置之不道，作者译者之苦心，能无沉屈？某故以“说”四篇，冠于其端。有明历学，亡于历官，顾士大夫有深明其说者，不特童轩、邢云路为然。有宋名臣，多不识历法，朱子与蔡季通极喜数学，乃其所言者，影响之理，不可施之实用。康节作《皇极书》，死板排定，亦是纬书末流。只有一沈括号为博洽，而《春秋》日食三十六，又为卫朴所欺。有明真度越之矣。某故于《历议》之后，补此一段，似亦不可少也。②

在这两篇文章中，黄宗羲概括地总结了中国古代历学、算学发展演变的历史，指出了明代科学较之以往更加进步的事实，之所以更加进步，一个重要的原因

① 《黄宗羲全集》第10册，第37—38页。

② 《黄宗羲全集》第10册，第213—214页。

是引进了西方的自然科学知识。因此，黄宗羲实际上承认了在明清之际，西方的历算学已经超越了中土之学，所以他主张“用彼之法”“会通归一”“亦使西人归我汶阳之田”。尽管“归田”之说反映了黄宗羲科学观的时代局限性，但“用彼之法”“会通归一”的思想则体现了黄宗羲作为启蒙思想家的广阔视野与战略眼光。黄宗羲曾在一篇自述经历的祝寿诗中写道：

西人汤若望，历算称开辟。
为吾发其凡，由此识阡陌。①

汤若望（1592—1666），西方耶稣会传教士兼科学家。德国人。明万历四十七年（1619）来华，明天启二年（1622）从澳门到广州，入北京。崇祯三年（1630）起，供职于钦天监，译著历书，制作火器。崇祯七年（1634），协助徐光启等编成《崇祯历书》137卷。入清后为清廷效劳，修订了新历书《时宪历》，并纂成《西洋新法历书》36卷。另著有《西洋测日历》《古今交食考》等历算学著作10余种。康熙初被捕入狱，拟处死，后被特赦。卒于康熙五年（1666）。是明末清初著名的西方传教士兼科学家。据《南雷诗历》的编者说明，此诗作于壬戌，即康熙二十一年（1682）。黄宗羲赠诗的对象陈赓卿，名箴言，浙江山阴人，生于明万历十一年癸未（1583），诗中提到的人与事，都在浙东地区。梨洲称汤若望“为吾发其凡，由此识阡陌”，则说明黄宗羲很可能就在崇祯年间在郡城绍兴或北京见过汤若望，向他学习历算学知识，读了多种汤若望译著的书。在当时许多官僚士大夫群起攻击汤若望的时代，黄宗羲能肯定其开拓学术之功并以之为师，这种兼容胸襟与学习精神是难能可贵的。

二是坚持“实得实用”的实学学风，提出了“穷理者必原其始”的科学研究方法论。黄宗羲在其著作中一再批评了宋明理学家“空空穷理”的虚浮学风，而推崇“实得实用”的实学学风，如在《陈乾初先生墓志铭》中赞扬陈确“受业蕺山刘夫子之门，潜心力行，以求实得”，在《松盘姜公墓志铭·与姜淡仙思

① 《黄宗羲全集》第11册，第285页。

简书》中指出“凡碑板之文，最重真实”的写作特色，在《明夷待访录·学校》中要求地方官员必须重视实学，“若郡县官少年无实学，妄自压老儒而上之者，则士子斥而退之”，在《今水经自序》中严正批评“空言无事实”的词章之学，在《明儒学案·姚江学案》中解释王阳明“致良知”时说“致字即是行字”“必以力行为功夫”[①]，诸如此类，提倡的是真实之学，反对的是空虚之学。故此，黄宗羲在科学研究方法上提出了“穷理者必原其始，在物者必有其因”的观点，进而主张“推物理之自然”的研究方法，反对“唯陈言之是循”的盲目学风[②]。就是说，真正的科学研究是不盲从的，而必须根据客观实际情况追本溯源，探讨事物产生的原因，从而找出客观事物变化的规律与法则。立足于这种实学的学风和实事求是的“穷理”方法，黄宗羲特别强调了学以致用的重要性，他在《明儒学案发凡》中指出“学问之道，以各人自用得着者为真。凡倚门傍户、依样葫芦者，非流俗之士，则经生之业也”;在《答忍庵宗兄书》中则批评宋儒邵雍的象数之学曲解易道，阐明“古人借数以明理，违理之数，将焉用之”的道理；在《答万贞一论明史历志书》中也批评了邵雍、朱熹在象数问题上的迷思，说“朱子与蔡季通极喜数学，乃其所言者，影响之理，不可施之实用。康节作皇极书，死板排定，亦是纬书末流”。这都说明了黄宗羲在科学研究方法上求真务实的作风。

三是严厉批判了各种宗教邪说与世俗迷信。虽然，严格地说，宗教不等于迷信，宗教理论也并非都是歪理邪说。但是，许多宗教信仰确实存在着迷信与邪说。黄宗羲在反对宗教迷信及其歪理邪说方面可以说是不遗余力的。

首先是批驳佛老之说。黄宗羲的《宋元学案》《明儒学案》《明夷待访录》《破邪论》以及《南雷诗文集》中有很多批判释、老之学的内容。但比较而言，他对老学与道家的批判要温和一些，主要是指责其虚无之论以及导引、吐纳、长生不老之类神仙方术的荒谬，他批判的重点还是佛教的一套理论与宗教迷信。他曾自述对于佛教有一个了解认识的过程，说“余于释氏之教，疑而信，信而

①《黄宗羲全集》第7册，第197页、第201页。

②《黄宗羲全集》第10册，第648页。

疑，久之，知其于儒者愈深而愈不相似”①，既知之深，所以得出了“儒、释之学，如冰炭之不同”②的结论，所以不得不辨明其是非正邪。

黄宗羲的辟佛体现在两个方面，一是严厉抨击了佛教的宗教行为蛊惑人心，危害民生，败坏习俗；二是从义理层面批判佛学的荒谬无稽。他在《明夷待访录》中将佛与巫等量齐观，认为它们蛊惑人心，危害民生，主张“投巫驱佛”，予以禁绝。他说：

> 何谓蛊惑？佛也，巫也。佛一耳，而有佛之宫室，佛之衣食，佛之役使，凡佛之资生器用无不备，佛遂中分其民之作业矣。巫一耳，而资于楮钱香烛以为巫，资于烹宰以为巫，资于歌吹婆娑以为巫，凡斋醮祈赛之用无不备，巫遂中分其民之资产矣。……故治之以本，使小民吉凶一循于礼，投巫驱佛，吾所谓学校之教明而后可也。治之以末，倡优有禁，酒食有禁，除布帛外皆有禁。今夫通都之市肆，十室而九，有为佛而货者，有为巫而货者，有为倡优而货者，有为奇技淫巧而货者，皆不切于民用，一概痛绝之，亦庶乎救弊之一端也。③

在《孟子师说》中，他指出佛教是继承了杨朱、墨翟之道的，故辟佛首先要辟杨墨。他说：

> 杨墨之道，至今未熄。程子曰：“杨墨之害甚于申、韩，佛、老之害甚于杨墨。佛、老其言近理，又非杨墨之比。”愚以为佛氏从生死起念，只是一个自为，其发愿度众生，亦只是一个为人。恁他说玄说妙，究竟不出此二途。其所谓如来禅者，单守一点精魂，岂不是自为？其所谓祖师禅者，纯任作用，岂不是为人？故佛氏者，杨墨而深焉者也，何曾离得杨墨窠臼？……今人不识佛氏底蕴，将杨墨置之不道，故其辟佛氏，亦无关治乱

① 《黄宗羲全集》第10册，第302页。

② 《黄宗羲全集》第10册，第455页。

③ 《黄宗羲全集》第1册，第41页。

之数，但从门面起见耳。[①]

关于佛教的义理，黄宗羲着重批判了其“轮回”之说及与其相关的“地狱”之说。黄宗羲指出，“自佛氏轮回之说兴，人物浑然一途”，一会儿说某人转世为畜牲了，一会儿又说某人是畜牲转世投胎而来。这样，同一个人之身，其过去、现在、未来，不知有多少父母！或者前生之父母，可能是我今世之犬马；今世之妻子儿女，又可能是前生之父母，所以他看待现在之父母，不过是轮回道中的偶然相遇罢了。况且轮回道中多出了千百个父母，究竟谁最亲呢？他也无法定夺，于是“孝亲一念，从此斩绝”，真可谓淆乱人伦。黄宗羲质问道：“古来辟佛者，于此等伤害天理处，反置之不道，何也？”进而，黄宗羲严厉批判了袁了凡《功过格》的佛教倾向[②]，指其为“不仁之甚”。他说：“及袁了凡设《功过格》，今世奉行之者，以虫螺蠢动之生，准折其忤亲陷人之事，于是肆然为恶，以为吾有某功可抵也，又与于不仁之甚者矣！”[③]

至于“地狱”之说，黄宗羲指出，儒家是不讲什么“地狱”轮回的。那些制造“地狱”之说的人，把阴间的刑罚设计得很恐怖，如碓、磨、锯、凿、铜柱、铁床、刀山、雪窖、蛇虎、粪秽，等等，真是“惨毒万状，目所不忍见，耳所不忍闻”，这是违背儒家的仁心、仁德的。如果地狱之说可信，那么形形色色的新鬼旧鬼，就要使阴间的天下大乱了。他们在阳世间刚刚结束各种各样的阴谋诡计，又要到阴间去应付各种各样的尔虞我诈，孔夫子的和平理想真不知要到猴年马月才能实现了。在黄宗羲看来，所谓地狱之设是为了惩罚大奸大恶的说法是毫无作用的，那些大奸大恶并非刑罚所能吓阻。试看地狱之说相传已久，而乱臣贼子却是前赴后继，没有绝迹，可见“地狱”之说只是佛氏一家之私言，而非大道之通论。那么，对大奸大恶之徒拿什么去惩罚他们呢？黄宗羲

---

① 《黄宗羲全集》第1册，第85页。

② 袁了凡（1533—1606），本名黄，字坤仪。江苏吴江人。明万历十四年（1586）登丙戌科进士，任河北宝坻县令，有善政。日本侵略朝鲜，了凡奉旨协助“经略”宋应昌率军支援朝鲜，有军功，后被诬陷免职返乡。在乡里以行善著名。其学亦儒亦禅，兼通历算、兵备、堪舆等。著有《两行斋集》《历法新书》等。但流传最广者首推《功过格》与《戒子文》，时称“善书”。

③ 《黄宗羲全集》第1册，第158—159页。

认为，真实的历史记载是最有力的惩罚。他说："苟其人之行事，载之于史，传之于后，使千载而下，人人欲加刃其颈，贱之为禽兽，是亦足矣。孟氏所谓'乱臣贼子惧'，不须以地狱蛇足于其后也。"①

黄宗羲批判佛老，不仅见之于理论，而且付诸实践。他在临终前特意立下遗嘱，写了《梨洲末命》与《葬制或问》，坚决要求家人按照他的遗命料理后事。他郑重嘱咐家人说："我死后，即于次日抬至圹中，殓以时服，一被一褥，安放石床，不用棺椁，不作佛事，不做七七，凡鼓吹、巫觋、铭旌、纸幡、纸钱，一概不用。"这个"不用棺椁，不作佛事"的遗嘱，正是梨洲先生不信佛老、不随流俗、破除迷信、移风易俗的历史见证。

黄宗羲不仅批判佛老之学，而且批判了当时刚刚传入中国的天主教，斥之为"邪说"。他在《破邪论·上帝》中对儒家的"尊天"、佛家的"诸天"与天主教的"崇天"说做了本质的区分，写道：

> 邪说之乱，未有不以渐而至者。夫莫尊于天，故有天下者得而祭之，诸侯以下皆不敢也。《诗》曰："畏天之威，于时保之。"又曰："上帝临汝，无二尔心。"其凛凛于天如此。天一而已，四时之寒暑温凉，总一气之升降为之。其主宰是气者，即昊天上帝也。《周礼》因祀之异时，遂称为五帝，已失之矣。而纬书创为五帝名号，……郑康成援之以入注疏，直若有五天矣。释氏益肆其无忌惮，缘"天上地下，唯我独尊"之言，因创为诸天之说，佛坐其中，使诸天侍立于侧，以至尊者处之于至卑，效奔走之役。顾天下之人，习于见闻，入彼塔庙，恬不知怪，岂非大惑哉！为天主之教者，抑佛而崇天是已，乃立天主之像记其事，实则以人鬼当之，并上帝而抹杀之矣。……皆所谓"获罪于天"者也。②

他认为，儒家所尊之天，是由物质之气主宰的运行不息的自然之天，但编造

① 《黄宗羲全集》第1册，第199页。
② 《黄宗羲全集》第1册，第194—195页。

《纬书》的俗儒创立了“五帝名号”，成为佛家诸天的滥觞。佛家的诸天是“佛坐其中”“唯我独尊”的神，天主教所崇之天则是名义上尊崇“天主”（上帝），实际上是“以人鬼当之”的假上帝。这些俗儒、释氏和天主教徒都是孔子所谓“获罪于天”的人，其说自然不可信。

3. 科学思想的哲学基础：气一元论

就像浙江历史上第一个唯物主义的无神论思想家王充批判形形色色的鬼神邪说与世俗迷信那样，黄宗羲对各种怪异现象也站在唯物主义无神论的立场上做了尽可能符合科学的解释，并批判了各种世俗迷信。而他的唯物主义无神论的立场是基于其自然观方面的气一元论哲学思想的。他认为，整个宇宙都是充满了气、由气构成的，即所谓“通天地，亘古今，无非一气而已”，“天地间只有一气充周，生人、生物”，“夫大化流行，只有一气充周无间”；这个“气”是变化无穷、生生不息的，人的生死、草木的荣枯、万物的盛衰生灭、四时的交替运行、气候的变化等都是由气主宰的，即所谓“气本一也，而有往来阖辟升降之殊，则分之为动静，有动静则不得不分之为阴阳”[①]，“一气之流行，无时而息”，“草木之荣枯，寒暑之运行，地理之刚柔，象纬之顺逆，人物之生死，夫孰使之载？皆气之自为主宰也”[②]。既然如此，则自然界的各种怪异现象都是“物理之自然”，而非由有人格意志的神佛上帝主宰，“流行而不失其序，是即理也。理不可见，见之于气；性不可见，见之于心；心即气也”[③]。

在气一元论思想指导下，黄宗羲解释了各种怪异现象，批判了无知妄说。例如，他批评学仙者（道教徒）私据名山奇洞而别生事端，“洞天福地之说出，猿鸟亦受驱役矣”；批评释氏“庄严宫室遍于域中，又复以泉石灵响佐其螺钹”，并指出史书所谓海外三神山有仙人、不死之药及金银宫阙的说法不过是云气变化造成的海市幻象而已，并非真有其事。[④]又如康熙年间，在余姚某农家之牛产下一头像麒麟的怪兽，人们大惊小怪，争论不休，有的认为是祥瑞，有的认为

---

① 《黄宗羲全集》第3册。
② 《黄宗羲全集》第7册。
③ 《黄宗羲全集》第1册，第60页。
④ 《黄宗羲全集》第10册，第5页、第633页。

是不祥之物。黄宗羲则认为，这不过是当地特殊地理气候条件下因“和气之氤氲”而出现的“物理之自然”，不必大惊小怪，所以他写了一篇《获麟赋》，记其怪异，并批评人们“唯陈言之是循”，“祥不祥之辨，徒为瞽说之纷纭”。[①]

黄宗羲还特地写了一篇题名《七怪》的短文，对政治的、人生的、自然的七种怪现象冷嘲热讽，斥之为“魑魅魍魉”，“青天白日，怪物公行”。例如，“士之有志节者，多逃之释氏”，是“不欲为异姓之臣者，且甘心为异姓之子”，此为一怪；如“神仙”本来子虚乌有，或为隐逸之徒，或为妖人，而“今之所谓神仙者，好言人间祸福，作为隐语”，不过是“皆持两可”之说的欺世盗名之徒罢了；如“葬地之说，君子所不道”，而当今术士侈谈地理，妄言吉凶，误导别人择地改葬，对此，黄宗羲批评说：“（选）方位者，地理中之邪说也；三元白法（指历法的定数）者，又邪说中之邪说也。”[②]

凡此种种可以看出，黄宗羲的科学思想，虽然有其时代的局限性，但在他那个时代是站在知识分子前列的。正如一位研究中国科学哲学的学者所说，黄宗羲“在科学方面的成就当然比不上徐光启、宋应星和徐霞客，因为他毕竟不是一个专业的科学家。在对科学与哲学之关系的理解上，他也远不如方以智那样透彻。但是黄宗羲又有他独特的长处。他比哲学家更懂得科学，比科学家更懂得哲学，因此能从科学研究和哲学研究两方面同时走向科学思想的殿堂，特别是他与一切宗教迷信毫不妥协的科学精神，更使其他诸位大师望其项背而莫及”[③]。这个评价是符合历史事实而且是辩证的。

---

① 《黄宗羲全集》第10册，第638页。

② 《黄宗羲全集》第10册，第649—652页。

③ 周瀚光：《黄宗羲科学思想论略》，载于吴光主编：《黄宗羲论——国际黄宗羲学术讨论会论文集》，浙江古籍出版社1987年版，第438页。

第六章　总体评价：黄宗羲的历史地位

各派学者的不同见解

对于黄宗羲这样一位历史伟人，前人已经做过很多的评价，我们难以尽举。在此，只选择近代、现代与当代几位有代表性的学者的评价意见向读者做一简介。

近现代学术大师梁启超在其《中国近三百年学术史》中评论说：

> 清初讲学大师，中州有孙夏峰，关中有李二曲，东南则黄梨洲。……三先生在当时学界各占一部分势力，而梨洲影响于后来者尤大。梨洲为清代浙东学派之开创者，其派复衍为二：一为史学，二即王学。……梨洲不是王学的革命家，也不是王学的承继人，他是王学的修正者。……梨洲有一部怪书，名曰《明夷待访录》……的确含有民主主义的精神——虽然很幼稚——对于三千年专制政治思想为极大胆的反抗。在三十年前——我们当学生时代，实为刺激青年最有力之兴奋剂。我自己的政治运动，可以说是受这部书的影响最早而最深。……梨洲学问影响后来最大者在他的史学。……其在学术上千古不磨的功绩，尤在两部学案。中国有完善的学术史，自梨洲之著学案始。……梨洲极自负他的《明夷待访录》，顾亭林亦极重之。……光绪间，我们一班朋友曾私印许多送人，作为宣传民主主义的

工具。章太炎不喜欢梨洲，说这部书是向满洲上条陈。这是看错了。《待访录》成于康熙元、二年，当时遗老以顺治方殂，光复有日。梨洲正欲为代清而兴者说法耳。他送万季野北行诗，戒其勿上河、汾太平之策，岂有自己想向清廷讨生活之理？[①]

梁氏对梨洲先生黄宗羲的学派倾向、学术贡献、思想成就、道德人格都做了评价，可以说是相当全面了。但梁氏之论，偏重于黄梨洲的史学成就与政治思想，从而为后来的“浙东史学派”之说开了先河，而对梨洲的经学成就与哲学影响重视不够。

晚于梁启超的20世纪国学大师钱穆在其与梁著同名的学术专著《中国近三百年学术史》第二章《黄梨洲》一节评论说：

梨洲讲学，初不脱理学家传统之见。自负为蕺山正传，以排异端、阐正学为己任。至其晚年，论学宗旨大变，备见于其所为《明儒学案序》。然此特就其争门面、争字句处看则然耳，其实梨洲平日讲学精神，早已创辟新局面，非复明人讲心性理气、讲诚意慎独之旧规。苟略其场面，求其底里，则梨洲固不失为新时代学风一先驱也。

钱氏所谓“新局面”“新时代学风”，指的是梨洲“务博综尚实证”的“务博尚实之风”。他称赞“梨洲为学，门路虽广，而精神所注，则凝聚归一。盖欲以驳杂多方之学，融成精洁纯粹之知；以广泛之知识，造完整之人格……其意实欲冶文苑、儒林、道学于一炉，重复古者儒之大全……欲推学术事功而一之，犹不仅文苑、儒林、道学之合辙而已也”。钱氏又说“梨洲经学极多创获……而梨洲于史学，尤为有最大之创辟……又究心天算之学……其究心地学，亦开风气之先”，对黄宗羲的学术贡献做了很高评价，尤其对黄宗羲经史并重、会众合

① 梁启超：《梁启超论清学史二种：清代学术概论·中国近三百年学术史》，复旦大学出版社1985年版，第145—147页。

一的实学学风有较为具体的认识。但钱穆认为黄宗羲晚年思想学风的“蜕变”主要是受陈确“才性”论的影响，称“梨洲晚年《学案》一序，所谓‘盈天地皆心，心无本体，工夫所至，即是本体’云云，不得不谓是一极大转变，又不得不谓其受同时乾初之影响者甚深”[①]，则未必得当，似有片面之虞。

现当代著名的马克思主义思想史家侯外庐先生在其专著《中国早期启蒙思想史·黄宗羲的思想》中对黄宗羲的经济、政治、文学、科学、哲学、史学思想均作了极高评价，他说：

> 宗羲是中国近代第一个把历史上所谓农业为本、工商为末的观点颠倒过来，具有工商业自由生产理想的人。宗羲的货币论更有近代的特点。……（其《明夷待访录》）前于罗梭《民约论》三十多年，类似《人权宣言》，尤以《原君》《原臣》《原法》诸篇明显地表现出民主主义思想。……他的理想是托古的，因而格调就成了古者如此，今也如彼……（其）“天下之法”是理想的，实际上是市民阶级的平权要求，“贵”和“贱”在形式的法权上是平等的，这就由人权的平等推论到法律的平等。……宗羲的意识中有责任内阁制的要素……也有近代代议制的意识……（其《葬制或问》）是一篇反中古迷信的宣言，其科学精神和《明夷待访录》之民主精神相映成辉。……宗羲基于个人天才的“灵性”，说明诗的产生。这是启蒙学者自由思想的另一种表现。……晚年论学重在理学、经学、史学以及天文数学，在这些研究中，他已经没有如在《明夷待访录》中对现实批判的锋芒，而主要集中于一般的理论……因了“高谈性命”的反动，他在哲学思想上才主张理气一元论；因了自我的觉醒，他在方法论上才主张史的实证论。[②]

侯外庐先生的上述言论在评论黄宗羲思想的民主启蒙性质方面可谓经典不易之

① 钱穆：《中国近三百年学术史》上册，商务印书馆1997年版，第30—36页、第49页、第50页。

② 侯外庐：《中国早期启蒙思想史》，人民出版社1956年版，第145页、第147页、第155页、第159页、第162页、第163页、第164页、第166页、第173页、第177页、第187页。

论，但他认为黄宗羲的哲学思想陷于“唯物论和唯心论交战的方法”，则未免受到教条主义的哲学“党性”论之影响而失之于简单。

当代著名的哲学史家张岱年先生在1986年首届“国际黄宗羲学术讨论会”上做了一个关于黄宗羲民主思想的渊源、特点及其与西方民主思想做比较的长篇发言，他指出：

> 中国自殷商以来没有民主制度，但在学术史、思想史上还是有民主思想的。在中国思想史上，讲民主讲得有典型意义的，要算是黄梨洲了。……黄梨洲是中国过去民主思想一个伟大的代表，他强调人的尊严，强调每个人在道德上都可以达到最高水平，这是有重要意义的。但是我们现在还是要学习西方的科学，参考西方的民主，健全我们的社会主义民主。我们现在纪念黄梨洲，就要发扬他的民主观念，这与学习西方民主并不矛盾。①

当代著名历史学家戴逸先生于2005年8月在《光明日报》举办的“新版《黄宗羲全集》出版座谈会”上对黄宗羲的历史地位做了一个很恰当的评价，他说：

> 黄宗羲在中国学术史上是一座丰碑，永远闪耀着灿烂的光芒，是名副其实的学术大师。称得上学术大师，应具备四个条件。黄宗羲完全具备了这些条件。第一，学术上博大精深。他有很多重要著作、学术成就，是一个多面手，如《明夷待访录》《明儒学案》《宋元学案》等，反对专制君主制度的思想，石破天惊，黄钟大吕。他对当代史也做了很多研究，撰写了《弘光实录》《海外恸哭记》等。他还撰写了《四明山志》《授时历法》，并研究西洋历法，不愧是历史上的学术丰碑。第二，创造性的思想贡献。黄

---

① 张岱年：《黄梨洲与中国古代的民主思想》，载于吴光主编：《黄宗羲论——国际黄宗羲学术讨论会论文集》，浙江古籍出版社1987年版，第1页、第7页。

宗羲的思想贡献主要在政治思想方面，最大的贡献在于倡导民本思想，“为天下之大害者，君而已矣”，与一百年后法国卢梭的思想相近。他提出“工商皆本”，已接近近代的经济思想。他还撰写了《明儒学案》，创造了学案体史书，记述明代的思想学术发展。这几个创造，非常了不起。第三，学术大师往往桃李满天下，学术上薪火相传，有许多的追随者、继承者。黄宗羲在浙江开创学派，设立证人书院，开坛讲学，培养了大批传人，应者云集，影响很大。清代的很多学术大家，像万斯同、万斯大、全祖望、章学诚、邵晋涵等，都是他的学生。在清代，浙东学派独树一帜，与汉学、皖学、湘学不同，经史并重，一直到戊戌变法，影响到梁启超、谭嗣同，流风余韵影响了二百多年。第四，学术大师不仅学问高，而且道德也高。年轻时他为父亲鸣冤。在弘光朝，号召知识分子反对马士英。明亡后，在四明山组织军队坚持进行抗清斗争，达十年之久。顺治时，抗清失败后，坚不出仕，隐居山中，著书立说，坚持民族气节，坚持政治理念。像黄宗羲这样的学术大师，为人的品质非常好，是非分明，严于律己，在中国学术史上是很杰出、很出色的，永远光芒四射。他的著作是留给后人的一笔宝贵的遗产。①

台湾著名社会学家金耀基先生在其讨论中国民本思想发展史的著作中对黄宗羲的民本思想也作了高度评价，他说：

《明夷待访录》则是最为有关政治思想的名著，其中《原君》《原臣》《学校》诸篇，置诸洛克《政府论》中决无逊色，较之卢梭之《民约论》已着先鞭矣。其所论之民本思想实上继孟子“贵民”之绝学，下开梁启超、孙中山诸先生民治思想之先河。……梨洲是中国民本思想之集大成者。他这部《明夷待访录》可说是我国民本思想的渊海，其立论之大胆精确，见解之深远密察，足可与孟子先后辉映，与卢梭东西媲美，所陈之政治理想

① 戴逸：《学术大师的标准》，《光明日报》2005年8月18日“读书与出版”专刊。

> 为学术中极精彩的高贵产品，不仅在亡明遗老中首屈一指，即在我国二千多年士林中，亦罕有与其匹者。[①]

这样正面肯定的评价，在众多肯定黄宗羲民本思想的民主启蒙性质的评论者中，简直是“无以复加”了。

然而，自清末以来，随着黄宗羲思想影响的扩大，尤其是《明夷待访录》中反对君主专制思想为主张民主共和者所大力弘扬，也出现了一些批评黄宗羲的声音。他们或站在维护君主专制的立场上批判黄宗羲，例如清末保皇派李滋然于宣统元年（1909）发表《明夷待访录纠谬》，抨击《明夷待访录》“悖乱君为臣纲大义……苟不严为辩焉，则人伦恐几乎息矣”，并严厉指责黄宗羲及其《明夷待访录》是“非圣无法”“诬圣离经，倒乱纲纪”，等等，真可谓对黄宗羲其人其书深恶痛绝了。[②]或站在反满革命的民族主义立场上批判黄宗羲，例如近代“有学问的革命家”章太炎就指责黄宗羲的《明夷待访录》是向清政府“上条陈”，并撰《非黄》一文批评黄宗羲《明夷待访录·原法》所谓“有治法而后有治人”的理论是“听于乱人，非听于治法”。近20多年来，也有一些学者质疑黄宗羲思想的民主启蒙性质，认为黄宗羲的民本思想无非是孟子以来传统民本思想的继续，并没有理论上的突破，更不具有民主性。这种观点的典型代表是张师伟博士撰著的《民本的极限——黄宗羲政治思想新论》，该书以西方民主观念和民主制度为坐标来评价中国思想文化传统的演变与性质，对黄宗羲的政治观、经济观、历史观、科学观进行了全面的批判。张师伟认为，中国明清之际不可能产生所谓的民主启蒙思潮，黄宗羲与同时代其他思想家如顾炎武、王夫之等的思想都不具有民主启蒙性质。他说黄宗羲“是一个传统的人文主义思想家”，很可能是“西学中源”说的“始作俑者”，“黄宗羲、王夫之、方以智等所谓先进人物也坚决排斥、诋毁西洋科学理论……反映了‘夷夏之防’笼罩下

---

① 金耀基：《中国民本思想之史底发展》第六章第一节《黄梨洲》，（台北）嘉新水泥公司文化基金会1964年版，第127页、第132页。

② 李滋然：《明夷待访录纠谬》，转引自李焯然《李滋然〈明夷待访录纠谬〉初探》，载于吴光主编《黄宗羲论——国际黄宗羲学术讨论会论文集》，浙江古籍出版社1987年版，第343页、第348页。

所形成的一种典型的社会封闭心态”，“黄宗羲的哲学政治思想还完全是传统时代的产物，他不仅不是王权体系的掘墓人，反而继续攀附在王权体系的大树上，变本加厉地点缀和武装着王权；他不能从缺乏民主的实践中抽象升华出所谓的民主主义启蒙思想，而仍然只能从传统王权体系的实践中升华出王权思想，这种思想只能充当传统王权体系的一件鲜艳的‘红嫁衣’……（他）在政治思想上可以说是达到了传统社会的极限状态：一方面，黄宗羲在政治思想的内容上已经把传统政治思想的民本思想发挥到了它的极致；另一方面，黄宗羲政治思想的经世性格和经世愿望也几乎达到了传统的极限”。①尽管笔者并不同意李滋然、章太炎、张师伟等人对黄宗羲的理性批评或非理性的攻击，但其见解也堪称黄宗羲研究中的“一家之言”，所以有必要在本传中“录此存照”，以供读者分析比较。这也符合宗羲本人的治学原则，诚如其《明儒学案发凡》所说：“此编所列，有一偏之见，有相反之论，学者于其不同处正宜着眼理会，所谓‘一本而万殊’也。以水济水，岂是学问！”②

在本书上一章，笔者已从对黄宗羲思想创新的论述中揭示了黄宗羲思想的民主启蒙性质，从而表明笔者是基本同意梁启超、侯外庐、张岱年、戴逸、郑昌淦等人对黄宗羲思想性质的基本评价的，但也有所修正、有所发明。本章将对黄宗羲的历史地位及其思想的现代价值做出总体性评价。

浙江文化史上的巨人

浙江人文精神的传薪人

我们称梨洲先生黄宗羲为浙江文化史上的巨人，应该能够为学界所接受、所公认。因为在他之前，还没有一个人像他那样编过1000多卷书、写过100多种书，涉及的领域又那么广阔。如果按旧式学科分类，他在经学、史学、文学、诗赋、历学、算学、地理、乐律、字说方面均有著作，有成就；按照新式学科

① 张师伟：《民本的极限——黄宗羲政治思想新论》，中国人民大学出版社2004年版，第2页、第5页、第15页。

② 《黄宗羲全集》第7册，第6页。

分类，他也称得上是名副其实的思想家、哲学家、史学家、文学家、诗人、天文学家、数学家、地理学家、文字学家，等等。但对浙江学术文化而言，黄宗羲首先是在浙江这块乡土上成长起来的，他的学问与思想不能不受到浙江历史文化传统的影响。他既是浙江文化传统培育出来的文化巨人，又是代表这个文化传统的根本精神——浙江人文精神——的传薪人。

浙江素有“文献名邦”“人文渊薮”的盛誉，也是古老而伟大的中华文明的发祥地之一。从考古发掘的历史遗存以及古代文献记载可以了解到，浙江先民凭靠其聪明睿智与勤劳勇敢创造了“河姆渡文化”“良渚文化”“古越文化”等古文明，为后世留下了丰富的历史文化遗产，使浙江在中华文明发展史上占有很重要的地位。尤其是余姚这块土地，现已发掘出距今六七千年的河姆渡文化遗址与田螺山遗址，证明了其历史文化的悠久。

毋庸置疑，在浙江先民留给我们的丰富历史文化遗产中，最根本的就是浙江人民在数千年文明史中总结和积累起来的人文精神传统。例如勾践时期的越国，越王勾践称臣称霸以及越国臣民“十年生聚，十年教训”的历史所代表、所象征的，是不屈不挠、坚忍不拔、积聚力量、待时而动的精神；而南宋、明、清时期的浙江，无论在经济发展总量还是文化教育水平上都在全国名列前茅。在这样的历史人文背景下，浙江地区涌现出了一大批在中国文化史上能占一席之地的文化名家，其中许多名家又由个人及于家族，形成了绵延数世（甚至数十世）或辉煌一代的文化世家。[①]这个时期的浙江人文精神，集中体现于南宋浙东学派、明代阳明学派、蕺山学派和清代浙东学派，其中最有特色的思想是“重民、重商、重文教”和“经世致用”的思想，最根本的精神是“务实开拓”“批判创新”的精神。从一定意义上可以说，浙江“文献名邦”“人文渊薮”的地位，虽然是数千年“人文化成”积累的结果，但主要还是在南宋、明、清时代确立的。

① 笔者主持编著了《吴越文化世家》，作为“中国文化世家丛书”（曹月堂主编）之最大卷，已由湖北教育出版社于2004年8月出版。本卷共收吴越文化区的文化世家102家，其中越文化区（两浙）74家。但据笔者调查，在两浙地区，正式列名于国史纪传、称得上是“文化世家”的就有300余家（因篇幅所限，该书未能全收），由此可见浙江文化在中国文化史上的显著地位。

那么，根植于浙江文化传统的浙江人文精神有些什么具体的内容和特色呢？笔者认为如下几点值得特别重视：

一是“实事求是，破除迷信”的批判求实精神。如东汉时代的王充，是浙江思想史上的唯物主义无神论思想家，他自述写作《论衡》的宗旨就是“实事疾妄”，用今天的话说，就是坚持实事求是，批判虚妄迷信。《论衡》的批判对象非常广泛，涉及各种文献资料以及口耳相传的失实记载与虚妄故事，诸如天人感应说、得道升天说以及各种鬼神迷信与世俗迷信，皆在批判之列。王充之后，南宋的叶适、陈亮同样富有求实批判精神。叶适的思想批判对象，上起孔子弟子，下至程朱理学皆未能幸免，他还深刻批判了汉儒董仲舒所谓“正谊（义）不谋利”“明道不计功”的重义轻利价值观，而提出了他的“崇义养利”说和重教重商思想。

二是“经世致用”的实学实用精神，提倡学术为社会实践服务。这种实学实用精神在王充的《论衡》、吕祖谦的《东莱集》、黄震的《黄氏日抄》、王阳明的《传习录》和黄宗羲的《明儒学案》中均有论及。如王充所谓“订真伪”“定虚实”“察效验”的治学方法，就体现了这种实学实用精神。吕祖谦明确提出了“讲实理，育实材而求实用”的教育宗旨，也体现了这种可贵的精神。

三是重商富民的经济传统。南宋以后的浙江，特别是在宁波、温州和杭嘉湖地区，商品经济相当发达，基本上处于全国领先的地位。这种情况受到当地学者的关注，加以总结上升为重视工商的理性认识，反过来又成为推动民间发展工商业的精神动力。例如叶适主张“扶持商贾”，要求统治者“修实政”“建实功”，推行“富民”政策。这类重商富民的思想主张，对发展商品经济、培植重商传统是有积极作用的。

四是重视教育、重视人才的文教兴邦传统。浙江之所以获得“文献名邦”“人文渊薮”的雅号盛誉，并不是由山水之美自然陶冶出来，而是由“人文化成”积累起来的，也即教化的结果。而教化之行，必先兴办教育，教育兴而人才出，这是千古不移之理。浙江自唐五代全国经济文化重心南移以来，形成了文教兴盛、人才辈出的优良传统。即以书院为例，浙江所建书院数量在全国所占比例，唐、五代居第三位，宋、元、明、清则居第一、二位。浙江的书院，不仅历史悠久、数量众多，而且学风活泼，人才辈出。如北宋胡瑗、南宋吕祖谦、明代王阳明、刘宗周、清代黄宗羲等，都曾在书院讲学，培养了许多人才。

五是抵抗强敌、不怕牺牲、坚守气节的豪杰精神。浙江历史上涌现了许多可歌可泣的豪杰志士与民族英雄，例如战国时期越王勾践卧薪尝胆的故事，南宋岳飞、宗泽的抗金事迹，元初谢翱、方凤、吴思齐等名士坚守遗民气节在严子陵钓台哭祭文天祥、撰写《西台恸哭记》的故事，明初方孝孺坚持正义、以死抗命的高尚气节，张煌言艰苦抗清、从容就义的豪杰精神。如此等等，在浙江历史上形成了优秀的文化传统，激励人民去建功创业，也培育了志士仁人守正不阿的高尚情操，甚至像严光、邓牧那样的隐逸之士，也对培养士子的独立人格起了积极的影响作用。

我们从黄宗羲的生平事迹和诗文著作中，一方面可以看到浙江人文精神传统对于黄宗羲思想人格的巨大影响，另一方面则可以看到黄宗羲继承和发扬了这个文化传统所培植的人文精神。如黄宗羲的科学观就体现了务实求证、实地考察、批判虚妄迷信的科学精神；他提出“经术所以经世”“学必原本于经术而后不为蹈虚，必证明于史籍而后足以应务”的治学主张和“力行”哲学，就体现了“经世致用”的实学实用精神；他提出“工商皆本”的主张和“废金银而通钱钞”的经济改革理论，提出“藏天下于天下”，统治者要以“万民之忧乐”为天下大事、要发展“切于民用”的实业等主张，就体现了重视工商的重商富民传统；他批判科举制度扼杀人才，认为“制科盛而人才绌”，主张“宽于取而严于用”“其要以收拾人才为主”的“兴起人才”政策，就体现了重教育、重人才的浙江文教传统；他积极参与明末复社运动、积极参与武装抗清斗争，在抗清失败后坚守遗民气节，大力表彰文天祥、张煌言等民族英雄，弘扬豪杰精神，告诫参与修史的学者要有为有守、对新朝采取“不放河汾声价倒，太平有策莫轻题”的原则立场等，则体现了勇于牺牲、不屈不挠的豪杰精神。所以我们可以毫不夸张地说，梨洲先生黄宗羲是浙江人文精神的传薪人，是浙江优秀文化传统的发扬光大者。

清代浙东经史学派的开创者

章学诚《文史通义·浙东学术》述论浙东之学渊源及黄宗羲在浙东学术史

上的地位时指出："浙东之学，虽出婺源，然自三袁之流，多宗江西陆氏，而通经服古，绝不空言德性，故不悖于朱子之教。至阳明王子揭孟子之良知，复与朱子抵牾；蕺山刘氏本良知而发明慎独，与朱子不合，亦不相诋也；梨洲黄氏出蕺山刘氏之门，而开万氏弟兄经史之学，以至全氏祖望辈尚存其意，宗陆而不悖于朱者也。……世推顾亭林氏为开国儒宗，然自是浙西之学；不知同时有黄梨洲氏出于浙东，虽与顾氏并峙，而上宗王、刘，下开二万，较之顾氏，源远而流长矣。顾氏宗朱而黄氏宗陆，盖非讲学专家各持门户之见者，故互相推服而不相非诋。学者不可无宗主，而必不可有门户，故浙东浙西，道并行而不悖也。……浙东之学，言性命者必究于史，此其所以卓也。"①

这里的"婺源"，指的是朱子之学；称"浙东之学虽出婺源"者，指南宋末慈溪学者黄震（字东发，1213—1280）在浙东提倡朱子学；"三袁之流"指南宋鄞县学者袁燮（字和叔，号絜斋，1144—1224；与其子袁肃、袁甫合称"三袁"），与杨简（字敬仲，号慈湖，1141—1225）、舒璘（字元质，号广平，1136—1199）、沈焕（字叔晦，号定川，1139—1191），合称"甬上四先生"，他们都曾师事陆九渊、陆九龄兄弟，故称三袁之流宗陆氏。而黄宗羲则出于蕺山刘宗周门下，其学上承王阳明良知之教与刘蕺山慎独之学，而下开万斯大、万斯同乃至全祖望等人的经史之学。显然，章学诚总结的浙东学术，乃远绍孔、孟，近承陆、王，但到黄宗羲手里发生了转折，形成了"宗陆而不悖于朱"的浙东经史之学。章学诚在这里虽未提出"浙东经史学派"之名，却已经有其实了。当然，章学诚所论"浙东经史之学"，从地域而言限于绍兴、宁波地区，而就时间而言则只是上溯南宋、下及清代乾隆时期，仍属狭义。

为了更清晰地说明黄宗羲在浙江学术文化史上的地位，我们有必要在此具体辨析一下"浙东""浙学""浙东学派""浙东史学派"这几个学术概念的异同。

"浙东""浙西"之分，始于唐代。从历史地理沿革看，唐代始置浙江西道、浙江东道，宋代改称浙江西路、东路，元代置浙江行中书省，领两浙九府，明

① （清）章学诚：《章学诚遗书》卷二，文物出版社影印本1985年版，第14页。

代改为浙江承宣布政使司，领两浙十一府，清代恢复省称，领府不变，而两浙以钱塘江为界，江右有杭州、嘉兴、湖州三府，是为浙西；江左有宁波、绍兴、台州、金华、衢州、严州、温州、处州八府，是为浙东。但民国以前的"浙西"还包括今属上海和江苏南部的部分地区（旧称苏州府、松江府、太仓州）。顾炎武是苏州府昆山县人，属于浙西，故章氏归之于浙西之学。但章氏所谓"浙东"主要是指宁波、绍兴地区，故其追溯学术渊源时，只涉及南宋时的黄震与四明朱学，以及明清时宁、绍学者，而不包括金华朱学，永嘉、永康之学。

"浙学"的概念最早是由南宋大儒朱熹（1130—1200）提出的。朱熹在评论浙东学者吕祖谦、陈傅良、叶适、陈亮的学术时，将"永嘉、永康之说"称为"浙学"，并加以批评。他说"江西之学（指陆氏心学）只是禅，浙学（指永嘉、永康之说）却专言功利。……若功利，则学者习之便可见效，此意甚可忧"①。可见，朱熹是将"浙学"视为"专言功利"、误导学者的"异端"加以批判的。尽管朱熹的批评不一定对，但他最早提出"浙学"概念之功却不能抹杀。

明代中期以后，阳明学风靡两浙，故有学者突破南宋以来以浙东永嘉、永康、金华之学为"浙学"的视野，而从两浙地区的大视野讨论"浙学"。如曾任浙江提学副使的福建籍学者刘鳞长，编纂了一部名为《浙学宗传》的书，将宋明时代两浙儒学归入"浙学"。《四库全书总目》的作者在《浙学宗传提要》中评论说，该书"大旨以姚江（王阳明）为主，而援新安（朱熹）以入之，故首列杨时，次以朱子、陆九渊并列，陈亮则附载于末"②。查《浙学宗传》共立案44人，其中浙籍学者39人、非浙籍5人。浙籍学者中，属于浙东的34人，属于浙西的5人；以学术倾向论，属于程朱学、陆王学的各占三分之一，另外三分之一既非程朱，也非陆王，然可归入经史之学。《浙学宗传》的重要意义之一，就是以"浙学"的概念涵盖了两浙地区、宋元明三代的朱子学、象山学、阳明学与经史之学。

如本书第三章所述，"浙东学派"的概念最早是黄宗羲在一封批评明史馆臣

---

①（宋）黎靖德编，王星贤点校：《朱子语类》第8册，中华书局1994年版，第2957页、第2967页。

②（清）永镕等：《四库全书总目·浙学宗传提要》上册，中华书局1965年版，第561页。

的书函中提出的，其言云：

> 其三，言浙东学派，最多流弊。有明学术，（陈）白沙开其端，至姚江（王阳明）而始大明。……逮及先师蕺山（刘宗周），学术流弊，救正殆尽。向无姚江，则学脉中绝；向无蕺山，则流弊充塞。凡海内之知学者，要皆东浙之所衣被也。今忘其衣被之功，徒訾其流弊之失，无乃刻乎？①

黄宗羲在这里所讲的“浙东学派”，指的是浙东地区学术发展的主要脉络，即浙东学统，而非现代意义的学派。从学脉的意义上说，在梨洲心目中，姚江阳明心学与蕺山慎独之学是承前启后、使浙东学脉不至于中断的重要环节。但黄宗羲并未对“浙东学派”的概念作出明确解说，他在《明儒学案》中从未使用过“浙东学派”一词，而只在《宋元学案》的按语中分开使用了“浙东”与“学派”的概念。《宋元学案》卷七七《槐堂诸儒学案》的案语写道：

> 宗羲案：陆子之在象山五年间，弟子属籍者至数千人，何其盛哉！然其学派流传偏在浙东，此外则（江西）傅梦泉而已。故朱子曰：“浙东学者，多子静门人，类能卓然自立，相见之次，便毅然有不可犯之色。然则此数千人者，固多旅进旅退之徒耳。”今传数十人于此，其概可睹矣。②

从该学案所列槐堂在浙东的弟子所属郡望分析，黄宗羲所讲的“浙东”学派，分布于金华、温州、宁波、绍兴等地。可见，黄宗羲的“浙东”视野，并不限于宁、绍地区，而是大浙东的概念。但黄宗羲在其著作中也使用“浙学”的概念，如在《学礼质疑序》中写道：

> “六经”皆载道之书，而《礼》其节目也。当时举一礼必有一仪，要皆

---

① 《黄宗羲全集》第10册，第221页。

② 《黄宗羲全集》第6册，第36页。

官司所传，历世所行，人人得而知之，非圣人所独行者。大而类禋巡狩，皆为实治；小而进退揖让，皆为实行也。战国、秦、汉以来，相寻于干戈智术之中，佥以为不急而去之，数百年之耆旧既尽，后生耳目不接久矣。……朱子亦常修《仪礼经传》，不过章句是正，于其异同淆乱，固未弹驳而使之归于一也。其时唐说斋创为经制之学，茧丝牛毛，举三代已委之刍狗，以求文、武、周公、成、康之心，而欲推行之于当世。薛士隆（季宣）、陈君举（傅良）和齐斟酌之，为说不皆与唐氏合，其源流则同也。……吾友万充宗，为履安先生叔子，锐志经学，“六经”皆有排纂，于“三礼”则条其大节目，前人所聚讼者，甲乙证据，摧牙折角，轩豁呈露，昌黎所谓及其时而进退揖让于其间者也。……充宗亦姑以其所得，参考诸儒，必求其精粗一贯，本末兼该，凿然可举而措之，无徒与众说争长于黄池，则所以救浙学之弊，其在此夫！[①]

又如《宋元学案》卷五六《龙川学案》百家案语云：

百家谨案：永嘉之学，薛、郑俱出自程子。是时陈同甫亮又崛兴于永康，无所承接。然其为学，俱以读书经济为事，嗤黜空疏随人牙后谈性命者，以为灰埃。亦遂为世所忌，以为此近于功利，俱目之为浙学。[②]

因为黄百家是承父遗命而续补《宋元学案》的，故百家的按语也代表了黄宗羲的观点。

由上可见，黄宗羲所谓“浙东”“浙学”“浙东学派”所指称的对象是有所不同的。其所谓“浙东”，是既包括金华、温州、台州，也包括了绍兴、宁波的大浙东地区；其所谓“浙学”，则主要是指南宋永嘉、永康之学；其所谓“浙东学派”，则是指自南宋四明陆学、中经明代王阳明、刘蕺山到清初的浙东宁绍地

① 《黄宗羲全集》第10册，第25页。

② 《黄宗羲全集》第5册，第216页。

区的经史之学。

对黄宗羲的生平事迹、学术著作和道德人格了解最真切、最全面的清代大儒全祖望对南宋以来的“浙学”概念作了明确的界定，并给予了肯定性评价。全祖望所撰《宋元学案叙录》曾多次使用“浙学”一词概括浙江的学术源流、特色和风格。《士刘诸儒学案》“全祖望案”称：

> 庆历之际，学统四起，齐、鲁则有士建中、刘颜夹辅泰山而兴；浙东则有明州杨、杜五子、永嘉之儒志、经行二子，浙西则有杭之吴存仁，皆与安定（胡瑗）湖学相应；闽中又有章望之、黄晞，亦古灵一辈人也；关中之申、侯二子，实开横渠之先；蜀有宇文止止，实开范正献公之先。筚路蓝缕，用启山林，皆序录者所不当遗。①

全祖望又在《奉临川先生帖子二》评论说：

> 浙学于南宋为极盛，然自东莱（吕祖谦）卒后，则大愚（吕祖俭）守其兄之学为一家，叶（适）、蔡（幼学）宗止斋（陈傅良）以绍薛（薛季宣）、郑（伯熊）之学为一家，遂与同甫（陈亮）之学鼎立，皆左袒非朱，右袒非陆，而自为门庭者。②

此外，全氏在《宋元学案·周许诸儒学案叙录》中称“浙学之盛，实始于此（指永嘉九先生）”，在《北山四先生学案叙录》称赞“金华四先生”（何基、王柏、金履祥、许谦）为“浙学之中兴”，在《东发学案叙录》将四明朱学传人黄震归入“浙学”之列，赞其“足以报先正拳拳浙学之意”③。全祖望这些论述说明了三点：第一，他所说的“浙学”主要是指“浙东之学”，但也包括了“浙西

---

① 《黄宗羲全集》第3册，第316页。

② （清）全祖望著，朱铸禹汇注：《全祖望集汇校集注》中册，上海古籍出版社2000年版，第1683页。又见《黄宗羲全集》第5册，第90页。

③ 上引全祖望案语，分载于《黄宗羲全集》第4册第405页，第6册第214页、第394页。

之学”（如杭州吴存仁属浙西之学）；第二，全祖望所指的“浙东”是包括金华、温州、宁波、绍兴在内的大浙东地区；第三，他所讲的“浙学”学术渊源是多元的，有宋初胡安定（瑗）的“湖学”，也有“二程”之学、朱学、陆学，但他们又非朱非陆，而是“自为门庭”独立成派的。

但全祖望对“浙东学派”的名称似乎不太接受，故在其著作中没有提及这个词。然而，全氏是承认黄宗羲在浙东学术中的领袖地位的。他在《答诸生问南雷学术帖子》（载于《鲒埼亭集外编》卷四四）一文中，称梨洲既是“发明”念台（刘宗周）之学的功臣，又兼通九流百家，“轶出念台之藩，而窥漳海之室”，是所谓“杂而不越者”，称誉梨洲先生“以其学言之，有明三百年无此人”。在《二老阁藏书记》（载于《鲒埼亭集外编》卷一七）一文中则明确列举了其薪火相传的脉络，写道：

> （梨洲）先生讲学遍于大江之南，而瓣香所注莫如吾乡（宁波）。尝历数高弟，以为陈夔献、万充宗、陈同亮之经术，王文三、万公择之明理，张旦复、董吴仲之躬行，万季野之史学，与（郑）高州之文章，倦倦不置。（郑）南溪登斯阁也，先生之薪火临焉。

虽然所举不全，但由黄宗羲开创的清代浙东经史学派的轮廓已经浮现出来了。这一描述，与上引章学诚《浙东学术》一文称“黄梨洲氏出于浙东，虽与顾氏并峙，而上宗王、刘，下开二万，较之顾氏，源远而流长矣”的描述是一致的。

黄宗羲提出“浙东学派”的名称后长期以来未受到重视，直到近代，学者梁启超（1873—1929）将这一概念充实内容，加以发扬光大。虽然梁氏论述黄宗羲及其浙东学派时也论及梨洲在经学、王学方面的成就，但他所特别强调的是梨洲的史学成就。他说“大抵清代经学之祖推（顾）炎武，其史学之祖当推宗羲”，“黄宗羲、万斯同以一代文献自任，实为史学嫡派”[①]，又说“梨洲学问

① 梁启超：《梁启超论清学史二种：清代学术概论·中国近三百年学术史》，复旦大学出版社1985年版，第14页、第43页。

影响后来最大者在他的史学”，“浙东学风，从梨洲、季野、谢山起以至于章实斋，厘然自成一系统，而其贡献最大者实在史学”[①]。这实际上已把黄宗羲开创的清代“浙东学派”描述为“浙东史学派”了。梁启超以后至今的多数学者，特别是何炳松、陈训慈、杜维运诸先生，都将“浙东学派”视为“浙东史学派”，于是造成了对黄宗羲及清代浙东经史学派学术特色的一些偏见。

综合前人的论述和本人的理论思考，我们可以对“浙学”与“浙东学派”做出如下的定义：所谓“浙学”，应作狭义、中义与广义的区分。狭义的“浙学”（或称“小浙学”）是指发端于北宋，形成于南宋永嘉、永康地区以陈傅良、叶适、陈亮为代表的浙东事功之学；中义的“浙学”是指渊源于东汉、形成于两宋、转型于明代、光大于清代的浙东经史之学，包括东汉会稽王充的“实事疾妄”之学、南宋金华之学、永嘉之学、永康之学、四明之学以及明代阳明心学、蕺山慎独之学和清代以黄宗羲为代表的浙东经史之学；广义的“浙学”概念即“大浙学”概念，指的是渊源于古越、兴盛于宋元明清而绵延于当代的浙江学术思想传统与人文精神传统。这个“大浙学”，是狭义“浙学”与中义“浙学”概念的外延，既包括浙东之学，也包括浙西之学；既包括浙江的儒学与经学传统，也包括浙江的佛学、道学、文学、史学、方志学等人文社会科学传统，甚至在一定意义上涵盖了有浙江特色的自然科学传统。当然，“大浙学”的主流，仍然是南宋以来的浙东经史之学。但就浙江学术发展的实际情况而言，笔者认为还是中义的“浙学”概念即大浙东（涵盖金、温、宁、绍）地区的浙东经史之学比较能够体现浙江学术文化的历史传统与地域特色。所谓“浙东学派”，实际上不是一个宗旨一以贯之的单一学派的连续发展，而是南宋浙东学派、明代浙东学派与清代浙东学派的学术统称，是多个学派“和齐斟酌，多元共存，互相融通”而形成的一种学术格局与学术传统。这个学术格局虽然异见纷呈，但也凝聚了共同的文化精神——以以民为本、批判创新、经世致用为基本精神的浙江人文精神。在这个学术格局中，其南宋浙东学派有永嘉、永康之

① 梁启超：《梁启超论清学史二种：清代学术概论·中国近三百年学术史》，复旦大学出版社1985年版，第147页、第200页。

学与婺学之分，明代浙东学派有姚江王学与蕺山之学之分，清代浙东学派则有清初浙东经史之学与清末浙东经史之学之分。各学派之间虽然在师承关系上互不统属，但在思想风格上关系密切，人文精神上前后相承。而黄宗羲在浙东学派发展史上的历史地位，严格地说，应是清初浙东经史学派的开创者和学术领袖，该学派的学术传承及其代表人物虽然一直延续到清代中晚期（如王梓材、黄炳垕），却不能包括其他在师承上毫无关系但在思想上关系密切的浙东学者。例如清末定海学者黄式三（1789—1862）、黄以周（1828—1899）父子的经学，即属于浙东经史之学范围，但难以归属到梨洲学派的系统之中。[①]

如果说南宋浙东学派还不足以称之为现代意义上的“学派”，那么由黄宗羲开创而由其弟子后学继承并发扬光大的清代浙东经史学派，则完全可以说是一个现代意义上的学术流派。这个学派有领袖、有骨干、有渊源、有传承、有宗旨、有特色，其学术领袖是黄宗羲，学术骨干是黄宗炎、黄百家、万斯大、万斯同、万言、李邺嗣、郑梁、陈夔献、董允瑫、陈讦、邵廷采等；其学术渊源远绍南宋“浙学”，近承王阳明、刘蕺山；其传承弟子众多，载于《南雷诗文集》者有30多人，而下及后裔后学如黄璋、黄炳垕、郑性、全祖望、邵晋涵、章学诚、王梓材等皆可视为梨洲学术传人；[②]其学术宗旨即黄宗羲所提倡的“经世应务”；其学风特色即明经通史、会众合一、重视“力行”。

黄宗羲虽然不以浙东学派的领袖自居，但其学友、弟子是一致尊奉他为学术领袖的。例如杲堂先生李邺嗣同黄宗羲的关系不属师生而在师友之间，他对黄宗羲十分崇敬，在书信中称与梨洲先生定交20余年，“凡生平出处大节，及

① 章炳麟著《訄书·清儒》云：“自明末有浙东之学，万斯大、斯同兄弟，皆鄞人，师事余姚黄宗羲，称说《礼经》，杂陈汉、宋，而斯同独尊史法。其后余姚邵晋涵、鄞全祖望继之，尤善言明末遗事。会稽章学诚为《文史》《校雠》诸通义，以复歆、固之学，其卓约过《史通》。而说《礼》者羁縻不绝。定海黄式三传浙东学，始与皖南交通。其子以周作《礼书通故》，三代度制大定。唯浙江上下诸学说，亦至是完集云。”（见梁涛著《〈訄书〉评注》，陕西人民出版社2003年版，第125—126页）这说明章太炎即便对黄宗羲有严苛批评，但还是承认由黄宗羲开创而由万斯大、万斯同、邵晋涵、全祖望、章学诚继承的浙东经史学派的。他甚至将清末定海黄式三、以周父子也归入了这个学派的传承之中，未免失之于宽。但定海黄氏经学在学术上对万氏兄弟的礼学传统有所继承，则是可以肯定的。

② 黄嗣艾编著的《南雷学案》列举梨洲“同调”学侣刘汋以下132人，其中大多为浙东地区学者；列举梨洲“及门”54人、“私淑”8人。所列未必尽确，但大多不误，足见梨洲弟子之盛。

所事学术文章，俱隐然以（梨洲）先生在望，心为仰止”。黄宗羲的另一位好友万泰则多次率领其子斯年、斯大、斯同等到黄竹浦拜访宗羲兄弟，请教学问，并常对朋友说：“今日学术文章，当以姚江黄氏为正宗。”至于寒村先生郑梁，则在聆听黄宗羲的教诲之后，仿古人“尽弃所学而学之”的遗风，将拜师之前的旧作统统烧掉，而将此后的著作称为《见黄稿》。其子郑性遵从父训，在住宅东面特筑二老阁，作为祭祀祖父郑溱、祖师黄宗羲之地，并作藏书、刻书之所。可见黄宗羲在清代浙东学派的领袖地位是毋庸置疑的。

其实，我们从黄宗羲亲撰的南雷文中，已可看到以他为中心的清代浙东学派之规模与宗旨、学风。他在《翰林院编修怡庭陈君墓志铭》中说：“甬上有讲经之会，君（陈锡嘏）与其友陈赤衷等数十人，尽发郡中经学之书，穿求崖穴，以立一哄之平，盖断断如也。……甬中多志行之士，由此会为之砥砺耳。”[①]而在《陈夔献墓志铭》中更加具体地写道：“丁未、戊申间，甬上陈夔献创为讲经会，搜故家经学之书，与同志讨论得失。……数年之间，仅毕《诗》《易》《三礼》，诸子亦散而之四方，然皆有以自见。如万季野之史学；万充宗、陈同亮之穷经；躬行则张旦复、蒋弘宪；名理则万公择、王文三；文章则郑禹梅清工，李杲堂纬泽，董巽子、董在中函雅，而万贞一、仇沧柱、陈匪园、陈介眉、范国雯，准的当时，笔削旧章，余子亦复质有其文。呜呼盛矣！”[②]这个甬上讲经会的成员，即以黄宗羲为领袖的清代浙东学派的主力。至于其宗旨、学风，则如全祖望所述，强调“以六经为根柢”，“受业者必先穷经；经术所以经世，方不为迂儒之学，故兼令读史。……公以濂、洛之统综会诸家，横渠之礼教，康节之数学，东莱之文献，艮斋、止斋之经制，水心之文章，莫不旁推交通，连珠合璧，自来儒林所未有也”[③]。简言之，就是明经通史，经世致用。

① 《黄宗羲全集》第10册，第445页。
② 《黄宗羲全集》第10册，第453页。
③ 《黄宗羲全集》第12册，第8页。

中国思想史上的伟人

黄宗羲不仅在浙江思想文化史上拥有极崇高的地位，而且在中国思想文化史上占有极重要的地位。他是清代经世实学的倡导者和实践者，也是中国早期民主启蒙时期最伟大的思想家。

清代经世实学的倡导者和实践者

明清之际，中国传统的君主专制社会出现了一个大变局：统治中国近300年的朱明王朝被席卷全国的农民起义所推翻，而崛起于东北境内的满洲八旗军乘虚入关，以武力征服并统一了全中国，建立起以满洲贵族为核心、以满汉官僚为主体的新王朝——清王朝。这一“天崩地解”式的变化，给予向来关心国家兴亡、以天下为己任且又严于“夷夏之辨”的儒家知识分子以极大的震撼，迫使他们认真思考并且总结明亡清继的历史教训。他们在总结历史教训的过程中开始认识到，不仅明清两王朝，而且秦汉以来2000年的君主专制，都无非是“易姓而王”的“家天下”时代，是违背儒家提倡的“天下为公”的王道政治理想和仁义德治的人道精神的。所以，当时那些思想敏锐的儒家学者，其理论反思的一项突出内容，就是把批判的矛头指向存在了2000多年的君主专制制度，并提出了种种改革社会弊端的方案与主张。

另一方面，自明朝中叶以后，西方许多传教士和商人陆续来到中国，他们在为殖民主义者投石问路的过程中也带来了西方的文化，特别是科学与宗教，逐步形成了一股“西学东渐”的风潮。这给中国思想界以很大的启发与刺激，促使不少学者去学习或了解西方的科学与宗教，并进行一些东西方文化的粗浅比较。在这一历史文化背景下，思想界出现了一股崇实反虚的新思潮，这股新思潮的基本特征是反省批判宋明理学以改革儒学，消化吸收西方新学新知以充实传统儒学，突出强调“经世致用”以挽救社会危机和民族危机，因而它在理论上是富有批判性、实用性、开放性和人民性的。在这股新思潮的推动下，明末清初几位儒学大师纷纷从学风学理上批评了宋明儒家道德心性之学的片面性，批评了宋明儒特别是明儒游谈无根、不谙世务的虚浮学风，而强调“通经致用”

“经世应务”的治学立命原则。他们不再死守《四书大全》《性理大全》一类官编教材以及程、朱、陆、王的几条语录，而是大大扩展了学术视野和治学园地。上自天文，下至地理，举凡经学、史学、文学、历学、算学乃至物理、工商、医药、兵法、农田、水利等，皆在学问之列。顾炎武提出“经学即理学”的观点，实际是要重新树立“六经”的权威。他认为，为学目的一是“明道”，二是“救世”，自称“凡文不关于六经之指、当世之务者，一切不为”。其所著《日知录》，所编《肇域志》《天下郡国利病书》等数百卷，都反映了他注重实学以求明道救世的目的。王夫之是清初实学的哲学代表，他继承荀子“天人相分”、王充“元气自然”论的哲学传统，力图冲破宋明理学家的“天人合一”“知行合一”论实即道德本体论思维模式的束缚，初步建立了强调“理依于气”“道在器中”的气本体论式的自然哲学，并建立了以实践之“行”为基础、强调“即事穷理”和“知行并进”，而具有科学知识论倾向的认识论。他的社会历史观强调“由势见理”“即民以见天理”“天理寓于人欲”，具有启蒙主义和人文主义思想特色。即便像陆世仪那样恪守程朱“居敬穷理”宗旨的理学家，也不能不认为“今所当学者不止六艺，如天文、地理、河渠、兵法之类，皆切实用”。

由上可见，讲究“经世致用”的实学，已成为明清之际儒家的普遍性思潮。而在这股新思潮中，黄宗羲的批判性反思是最全面、最深刻的。他在政治思想方面提出了具有民主启蒙性质的改革理想，在哲学思想方面提出了强调实践、实用的“力行”哲学，在文学思想方面提出了根柢经史、歌颂豪杰精神的文学观，在科学思想方面建立了兼容务实的科学观。他不仅重视经史之学，而且重视地理、历算等自然科学的研究。其所编著之书有100多种、1000余卷，除《明夷待访录》《明儒学案》《明文海》等名著外，经学如《易学象数论》《孟子师说》，史学如《行朝录》《明史案》，自然科学如《授时历故》《开方命算》《今水经》等，在学术史上影响巨大，是当之无愧的博学大师。康熙时期号称“理学名臣”、官至礼部尚书的汤斌在写给黄宗羲的一封信中赞扬说：

戊申承先生（黄梨洲）赐《证人会语》，又得读《蕺山遗书》，知吾道真传，实在先生。……戊午入都，于叶讱庵处读《待访录》，见先生经世实

> 学。史局既开，四方藏书大至，独先生著述宏富，一代理学之传，如大禹导山导水，脉络分明，事功文章，经纬灿然，真儒林之巨海，吾党之斗杓也。[①]

这样的评价，就朝中一位“理学名臣”对草野一位布衣学者而言，不可谓不高了。

现代国学大师钱穆先生评论黄梨洲“经史实学”时说，“梨洲平日讲学精神，早已创辟新局面，非复明人讲心性理气、讲诚意慎独之旧规……固不失为新时代学风之一先驱也”，其论学“实欲冶文苑、儒林、道学于一炉，重复古者儒之大全”，而且“欲推学术、事功而一之……其论颇似颜习斋，而亦有其异”，称“梨洲所谓儒之大全，将以经史植其体，事功白其用，实践以淑之身，文章以扬之世，其意趣之宏大，规模之恢伟，固足以掩顾、颜而上之矣”。[②]钱先生对黄宗羲经史实学的上述评论，应当说是十分中肯的。

中国民主启蒙的思想先驱

人们之所以对黄宗羲思想的民主启蒙性质有所争议，其中一个重要原因是对“民主启蒙”含义的理解有较大的分歧。有些人完全按照西方的“民主”模式去对照黄宗羲的思想，认为黄宗羲只有民本而无民主思想，因为黄宗羲没有设计出一人一票、普遍选举的制度，没有设计出实现人民主宰权力的制度或模式。也有人从字典里找根据，说中国古书里的“民主”一词意指“民之主宰”或“为民作主”，这个主宰者是君王而非人民。中国文化传统中的“民本”是讲思想开明的君主或大臣对人民力量的承认与重视，是指“君以民为本”“上以民为本”，主宰者还是统治阶级而非人民。总之，他们认为黄宗羲的民本思想尚未超越《尚书》“民为邦本”的思想与《孟子》“民贵君轻”思想的藩篱，充其量只是中国传统民本思想的“最高峰”或者“极限”，还谈不上是民主思想。这类观点，其实是对民主含义的教条式理解，是对中国文化传统和黄宗羲思想性质

---

① 《黄宗羲全集》第11册，第385页。

② 钱穆：《中国近三百年学术史》，商务印书馆1997年版，第32—33页。

的片面解读，因此有必要加以辨析。

诚然，在中国文字和文化传统中，并没有形成“人民作主”的传统，而是君主专制的传统。“民主”一词在大多数场合和大多数时间里，其含义是指君（或官）为民之主宰，（君）以民为本。如《尚书·多方》所谓“天惟时求民主，乃大降显休命于成汤”，这个“民主”便指作为“民之主宰”的商王成汤；如《三国志·吴志·钟离牧传》所谓“仆为民主，当以法率下”，这个“民主”便指民之长官，即老百姓的父母官也；《尚书·五子之歌》中的“民惟邦本，本固邦宁”之说与《孟子·尽心下》的“民贵君轻”之说，其主权还是在君不在民。所以说，自《尚书》《孟子》以来的中国传统民本思想是“君以民为本”“官以民为本”的重民、爱民思想。然而，古书中也偶尔有伸张人民权力意志的思想主张，如《左传·僖公二十年》记司马子鱼反对用人祭神时说：“祭祀，以为人也。民，神之主也，用人，其谁飨之？”讲人民是神的主宰，这就有点人权高于神权的意思了。孟子还讲到“得乎丘民而为天子，得乎天子而为诸侯”，就有点最高权力来源于人民的“民主”意识了。当然，这还不是主权在民、由民主宰的民主观念。但到了中国明清之际，随着市民阶级的出现和民本意识的高涨，士大夫关于民本思想的论述发生了重要变化，即在“以民为本”的思想里加入了“由民主宰”的权力意识。几乎与黄宗羲同时而且同郡的浙东文学家张岱（1597—1685）就是在解说《孟子》上述言论时得出“予夺之权，自民主之”的结论。张岱说：

> 此等议论超越千古，非孟子不能发。对“君轻”而言，宜曰“民为重”，而乃曰“贵”。予夺之权，自民主之。非“贵”而何？知此，然后敢定汤武之案。“得乎丘民而为天子”自然失乎丘民而为一夫，故曰：“闻诛一夫纣矣。”①

这个“予夺之权，自民主之”的“权”，是由人民主宰的生杀予夺大权，君的权

① 张岱：《四书遇》，浙江古籍出版社1985年版，第562页。

力来源于人民，故得到人民拥护就可以为君，失去人民支持就被当作“一夫”加以诛杀。显然，这已经超越传统民本思想和“君权天授”论而达到主权在民、君权民授的民主思想高度了。黄宗羲《明夷待访录》里提出的“天下（人民）为主，君为客”的思想主张，与张岱的“予夺之权，自民主之”之说正有异曲同工之妙，都是肯定了君权来源于人民、主权在民的思想认识，只不过黄宗羲的理论比起张岱来更加周密、更加系统化理论化罢了。

再者，即便按照西方传统的“民主”定义，“民主”的精髓并不在于选举的形式，而在于其核心价值观，在于“天赋人权”“主权在民”的思想观念，在于国家主宰权力的民有、政府管理方式的民治、社会权利与人身自由权利的民享。而这些民主思想要素，在黄宗羲的《明夷待访录》里都已经粗具轮廓了。他承认所有的人生来就是“各得自私，各得自利”的，这是对人身自由生存发展权利的肯定，近似于“天赋人权”的观念。他提出的“天下为主，君为客”的政治命题包含了三层政治含义：一是“天下”是人民共有的，而非君王一家一姓所私有；二是天下大事应由人民当家做主，而非由君王一人垄断；三是君与民的关系是完全平等的，君由民推选出来为天下兴利除害，因而必须尽心尽力地为民服务。显然，这已经是民有、民享的“民主”思想而非“君主”思想了。而黄宗羲之所以愤怒地喊出“为天下之大害者君而已矣”的口号，是因为专制君主垄断了国家的权力与社会的财富，并且防范人民，危害人民，剥夺人民的权力、财产与生命，所以必须挞伐。他又提出“天下之大，非一人之所能治，而分治之以群工”，主张建立“天下之（公）法”等思想主张，还提出君臣像师友的君臣平等原则和“贵不在朝廷，贱不在草莽”的人权平等原则，则都是颇有创见的朴素的民治思想，这比传统儒家的“礼治”主张更接近于近现代的法治观念和人权原则。这些思想，已经大大超越君权笼罩下的传统民本思想，而具有了民主的意涵。唯一的遗憾是，黄宗羲天才地提出了民主的理想，却没有指出一条切实可行、保障全体公民权利的民主道路，没有提出一套确保人人享有民主权利的运作制度，黄宗羲的民主启蒙思想，只能属于中国早期的、士民的民主，是民主观念的启蒙而非民主制度的实践。但人们不能因此而否定中国思想史上的民主思想，也不能据此否定黄宗羲思想的民主启蒙性质。

黄宗羲的《明夷待访录》草创于顺治十年（1653），修改定稿于康熙二年（1663），在清朝康、雍、乾时期的文化高压政策下，这部书只在弟子友人中刊刻流传（先有康熙刻本，后毁于火；乾隆间始有郑氏二老阁刻本），至清末维新运动中才得以广泛刊印传播。其草创成书之年，比法国资产阶级革命的思想先驱卢梭的《民约论》（又名《社会契约论》，草创于1753年，定稿于1761年，1762年出版）要早整整一个世纪。卢梭著作的核心观念即主权在民的思想以及西方民主理论中的民有、民治、民享的观念，在黄宗羲的著作中已被提出讨论，并且粗具轮廓。从这个意义上说，我们称梨洲先生黄宗羲为“中国民主启蒙的思想先驱”是毫不为过的。况且，黄宗羲生活时代的社会环境比卢梭的生活环境要凶险百倍。卢梭生活的时代至少可以确保他生活无忧、生命可保，他尽管由于发表《民约论》和《爱弥儿》而受到宗教势力的道德谴责而一度流亡他乡，却还不至于有杀身之祸。而黄宗羲所处的时代则是社会大动荡的时代，王朝交替、民族压迫、文字狱……一个有夷夏之辨的汉族知识分子，随时会因为诗文写作触犯忌讳而遭杀身灭族的大祸。就在浙江这块土地上，在黄宗羲写成《明夷待访录》的这一年，便爆发了庄廷鑨史案。浙江湖州富户庄廷鑨因为私刻私修《明史》遭人告发而酿成文字狱大案，庄廷鑨惨遭开棺焚尸，72人受牵连被杀，家属充军者数百人。在黄宗羲身后，则有雍正七年（1729）发生的曾静—吕留良文字狱大案，吕留良父子被剖棺戮尸，牵连被杀、充军者更是不可胜计。黄宗羲在武装抗清运动中被悬赏缉捕，九死一生；抗清失败后又躲在深山草庐里写下他充满激烈反清、反君思想的《明夷留书》和《明夷待访录》，在著作中骂清廷为“虏”、骂清朝皇帝为“虏酋”，指责秦以后的君主为“天下大害”。试想，如果这样的文字被人告发到清朝皇帝那里，其下场绝不会比庄廷鑨、吕留良好的。幸而这两部“非圣无法，倒乱纲纪”的书当时没被交到皇帝手里“御览”“御批”，而只在几个汉族大臣（如大学士徐乾学、叶方蔼、汤斌）案头被浏览过。这几个大臣还算有点良知，不但没有出卖他们素来尊敬的梨洲先生，而且还在皇帝面前称赞黄宗羲为“学问渊博”的博学鸿儒，并视其为君子之交，这也在一定程度上对黄宗羲起到了保护作用。对于始终以前朝遗民自处的黄宗羲而言，也可谓幸矣！[①]直到清末风气渐开时才有人跳出来“纠谬”，但这时的黄宗羲已经被视为“国朝大儒”而无剖棺戮尸之奇耻大辱的风险了。然而在清初盛行文字狱的时代，黄宗羲敢于写出那样石破天惊的著作并付之剞劂，实在是需要置生死于度外的巨大勇气与豪杰精神的。我们在这部梨洲传记中称赞黄宗羲为“中国民主启蒙的思想先驱”，不仅是力求真实反映黄宗羲在中国启蒙思想史上的历史地位，而且也真实地表达了笔者对这位振聋发聩、烈耀破迷的伟大思想家的无限崇敬之意。

黄宗羲思想的当代价值

黄宗羲逝世距今已经329周年。我们在300多年以后看黄宗羲思想的现代意义与价值，仍然能够受到极大的思想震撼，可以得到多方面的启迪与借鉴。

首先，黄宗羲在《明夷待访录》中提出的“君为民害”论、“民主君客”论和“万民忧乐”论，一方面是对儒家传统民本思想的继承，另一方面也是一种超越，因而可称之为“新民本”思想。之所以称为“新民本”，就因为他已经超越了自《尚书》《孟子》以来在君主专制制度下传统儒家重民、爱民、为民请命的旧民本范式，而开始走向民有、民主、民治、民主监督的新范式。这种以“民有、民主、民治”为中心的新民本思想，在清末至近代的民主革命运动中曾经起了极其重要的思想启蒙作用。

其次，黄宗羲的弘富著作及其对历史经验的总结，可以帮助我们了解历史的真相，以便做到“以史为鉴，古为今用”。黄宗羲作为一位史学家，特别重视对“近现代史”的研究与整理。他那个时代的“近现代史”，主要是指宋、元、

---

① 过去学术界有个误解，认为《明夷待访录》曾被清廷列为禁毁书籍。其说盖源于梁启超《中国近三百年学术史》第五节关于《明夷待访录》的一个注解，中有“此书乾隆间入禁书类”一语。但经笔者多方考证，乾隆时代四库馆有关禁毁书目的记载中并无《明夷待访录》，而且据笔者分析，此书根本就没有进呈朝廷书库，因此便无“入禁书类”可言。其原因，盖因当时浙江负责采集遗书、编写进呈总目录的“总裁官”就是黄宗羲的五世孙黄璋，他绝对不会冒险进呈《明夷待访录》这样的干禁著作。参见浙江图书馆藏乾隆三十九年（1774）黄璋等人校定并进呈清廷的《浙江采集遗书总录》。故笔者认为，梁氏“禁书”之说属于臆测之见，应予纠正。

明三朝特别是明朝（包括晚明）的历史。他撰著的主要史学著作如《行朝录》《弘光实录》《明儒学案》等是对晚明史和明代学术史的总结，他编辑的卷帙最繁重、费时最长的文献资料书是《明文案》217卷、《明文海》482卷和《明史案》244卷。他编书的目的，用他自己的话说，就是要总结“治乱之故”，要“存一代之书”，要发掘“三百年人士之精神”。而更重要的是，黄宗羲非常明确地把“经世应务”[①]作为治史的根本指导思想。他所谓的“经世应务”，就是要吸取历史经验，为实践斗争服务。这一治学宗旨，也是值得当今学者继承和发扬的。

第三，黄宗羲的“一本万殊，会众合一”的辩证哲学史观与学术史观，可以启迪我们的理论思维。“一本万殊，会众合一”的思维方法，既是分析的，又是综合的，既是开放性思维，又是兼容性思维，是一种科学的、辩证的思维方法。有人说，中国传统思维方法只有宏观的综合而缺少微观的分析，这其实是一种偏见。黄宗羲在《明儒学案》中论明人讲学的特色是“茧丝牛毛，析之也精”，这难道不是分析性思维吗？他的“一本万殊”论，如果没有分析，能够把握万物之殊吗？所以，黄宗羲的辩证思维方法是深具启发性的，尤其对于我们在全球化背景下促进异质文化交流、推动文化创新、提升人文精神具有积极的指导作用。

第四，黄宗羲思想中一个非常突出的特色是其批判求实精神及其力主改革的理论勇气，这体现了中国传统知识分子“士志于道”“天下兴亡，匹夫有责”的人文精神和历史使命感，也激励着我们今天坚持改革的决心和理论创新的勇气，并为当今的改革提供了历史的借鉴。尤其是作为有社会良知的现代知识分子，更有必要学习和发扬黄宗羲的理性批判精神和呼吁改革的理论勇气。

这就是黄宗羲思想的当代价值之所在！

由于体例与篇幅的局限，本书只是概括地论述了黄宗羲学术与思想成就的主要方面，还有很多方面未及深入探讨。例如在政治思想方面，他深刻批判了

① 关于黄宗羲的“经世应务”思想，见于黄宗羲的《补历代史表序》以及全祖望的《梨洲先生神道碑文》《甬上证人书院记》。文繁不具引。

封建社会的科举取士制度，提出了“宽于取而严于用”的取士用人原则和取士八法（即通过科举、荐举、太学、任子、郡县佐、辟召、上书、进书等8种方式发现与选拔人才），还提出了“其要以收拾人才为主”的治国方略；在经济思想方面，他除了提出税制、币制改革，提出“工商皆本”等重要主张外，还提出了划分官田、民田，实行井田制与允许富民占田双轨并行的土地政策；在军事思想方面，批判了明代卫所、招募、屯兵军事制度和文武分途、重武轻文的军事思想，提出按人口征兵，使儒生知兵、武夫知礼、文武合为一途；在哲学思想方面，他的反佛思想是彻底的，并对道教、天主教及鬼神迷信、世俗迷信（如择地卜葬）等进行了理论的批判，针对理气心性问题提出了理气心性合一论；在历史观方面，他批判了历史循环论，提出了“大化流行，生生不息”的进化历史观；在伦理观上则提出了“有生之初，人各得自私自利”的“性本私”人性论，而具有性本自然、人性自由的思想倾向，与传统的“饿死事小，失节事大”的封建伦理观相对立；在科学思想方面，他还坚决反对机械搬用自然科学方法去研究和说明社会历史（如在《易学象数论》中批评了“一切委于数”的“轨运测验之法”）；在文学思想方面，他主张写风雷之文，歌颂豪杰精神，反对文学作品模仿古风而拘于名人家数，主张变风变雅，认为文学作品“千变万化，各有至处，不必出于一途”，提出了具有启蒙主义倾向的文学发展观。诸如此类，包含了许多可贵的创见甚至是天才思想的萌芽，也夹杂着某些不切实际的乌托邦理想主义的成分，但总体而言，其思想主张体现了黄宗羲对社会改革与文化发展的深度思考，反映了黄宗羲在其所处时代所达到的思想理论水平是超越前贤、高于时贤的。

作为中国资本主义萌芽时代的民主启蒙思想家，黄宗羲的政治思想代表作——《明夷待访录》如同一颗已经发了芽的民主思想种子，有着顽强的生命力。专制政权的文字狱、封建文人的谩骂或“纠谬”，都没有把它毁灭。相反，它在民间被广泛地刊印和流传。200多年以后，当清末维新运动兴起时，它成了维新青年的启蒙书，成了批判君主专制的有力思想武器。梁启超在《中国近三百年学术史》中提到此书时说：“我们当学生时，实为刺激青年最有力之兴奋剂。我自己的政治活动，可以说是受这部书的影响最早而最深”“光绪间，我们

《黄宗羲全集》书影

一班朋友曾私印许多送人，作为宣传民主主义的工具。”他又在《清代学术概论》中说：“梁启超、谭嗣同辈倡民权共和之说，则将其书节抄，印数万本秘密散布，于明清思想之骤变，极有力焉。”谭嗣同也在其论民主思想的著作中将黄梨洲的《明夷待访录》视为孔子以后“万一有当于孔教”之书。[①]而中国民主革命的伟大先行者孙中山也特地将翻印的《明夷待访录》赠送给日本友人。可见黄宗羲的思想和著作在中国近代政治史、思想史上具有重要地位。

不仅如此，在中国经历了“文化大革命”的劫难之后，学术界与思想文化界出现了重新研究评价《明夷待访录》之思想与价值的热潮，这正是为了彻底肃清封建专制主义在中国的流毒和影响，使民本、民主的价值观在中国这块古老的大地上得以普及推广，开花结果。浙江省社会科学院先后于1986年、1995年和2005年与浙江大学、宁波大学和余姚市政府等单位合作举办了三次以黄宗羲思想为主题的规模盛大的国际学术研讨会，会后正式出版了三部会议论文集[②]。由沈善洪任主编、吴光任执行主编的《黄宗羲全集》12册于1994年由浙江古籍出版社出了初版、于2005年出了增订版。尤其值得一提的是，2005年3月22日，时任国务院总理温家宝在收到新版《黄宗羲全集》时，亲自给赠书者史晓风先生写了一封评价黄宗羲思想的信函。该信全文如下：

① （清）谭嗣同《仁学·仁学二》云：“君统盛而唐虞后无可观之政矣，孔教亡而三代下无可读之书矣！乃若区玉检于尘编，拾火齐于瓦砾，以冀万一有当于孔教者，则黄梨洲《明夷待访录》，其庶几乎！其次，则王船山之《遗书》，皆出于君民之际，有隐恫焉。”见于中华书局1958年版《仁学》单行本，第50页。

② 这三部论文集是：吴光主编：《黄宗羲论——国际黄宗羲学术讨论会论文集》，浙江古籍出版社1987年版；吴光、季学原、诸焕灿主编：《黄梨洲三百年祭——纪念黄宗羲逝世三百周年国际学术研讨会文集》，当代中国出版社1997年版；吴光主编：《从民本走向民主——黄宗羲民本思想国际学术研讨会论文集》，浙江古籍出版社2006年版。

晓风先生：

承赠“割爱”之藏书已收到，深表谢意。因忙于“两会”，迟复为歉。我喜读黄宗羲著作，在于这位学问家的许多思想有着朴素的科学性和民主性。身为天下人，当思天下事。而天下之大事莫过于“万民之忧乐”了。行事要思万民之忧乐，立身要先天下之忧而忧，后天下之乐而乐。我应谨记这些道理，并身体力行。顺祝

春安

温家宝

二零零五年三月廿二日夜[①]

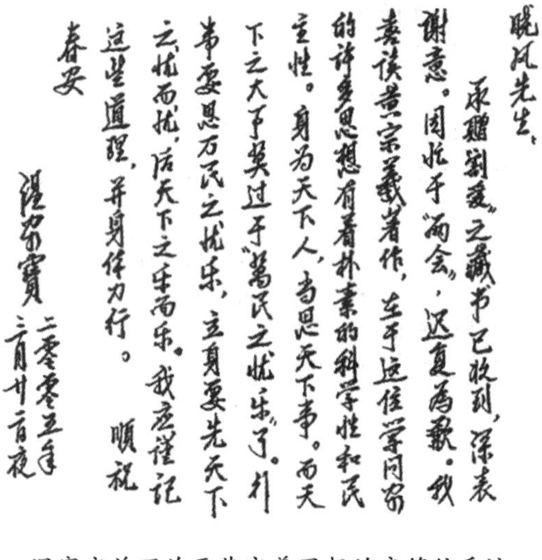
晓风先生：

承赠“割爱”之藏书已收到，深表谢意。因忙于“两会”，迟复为歉。我喜读黄宗羲著作，在于这位学问家的许多思想有着朴素的科学性和民主性。身为天下人，当思天下事。而天下之大事莫过于“万民之忧乐”了。行事要思万民之忧乐，立身要先天下之忧而忧，后天下之乐而乐。我应谨记这些道理，并身体力行。顺祝

春安

温家寳 二零零五年三月廿二日夜

温家宝总理关于黄宗羲思想的亲笔信手迹

这些论述，深刻地体现了当代中国领导人坚持“以民为本、执政为民”根本宗旨的思想风格与行为准则，也从正面反映了黄宗羲朴素民主思想的当代意义与价值。

作为一位哲学家，黄宗羲的理论贡献虽然比同时代的王夫之略逊一筹，但他的《明儒学案》将永垂不朽！他在整理中国哲学家遗产特别是明代思想遗产方面所做的贡献是同时代的任何学者所不及的。他运用“一本万殊，会众合一”的学术史观分析整理中国学术史、哲学史，实开

① 该信经温家宝总理同意，首先发表于《浙江日报》2005年6月28日头版，其手迹则发表于《浙江学刊》2005年第4期。其后，《光明日报》读书版以整版篇幅报道了由《光明日报》与浙江出版联合集团主办的“新版《黄宗羲全集》出版座谈会”，全文转载了温总理的信函，并发表了戴逸、陈来、陈祖武、秦晖等学者的发言及对执行主编吴光、浙江古籍出版社社长徐忠良的访谈录。详见2005年8月18日《光明日报》读书版；吴光主编：《黄宗羲与明清思想·关于黄宗羲思想的通信》，上海古籍出版社2006年版，第1—5页。

清代和近代学术研究的新风。他建立的“力行”哲学是一种经世实学，其“知行合一”的学术风格对于纠正不切实际的空疏学风、树立务实重行的实践学风无疑具有积极推动作用。

作为一位史学家，黄宗羲为后人留下了1000多万字的史学著作，开创了一个重要的史学流派——清代浙东经史学派。这个学派强调明经通史、经史并重，倡导“经世应务”的学风，反对游谈无根的空疏学风或教条主义的僵化习气，在清学史上独树一帜，与屈服于专制淫威犹如“万马齐喑”的乾嘉考据学派形成了鲜明的对照，从而对晚清的学术改革和社会改革起了开风气的作用。当然，他的史学理论还没有完全摆脱正统史学的束缚，他的史学方法论也还不够系统，还缺乏科学性，这又是历史局限使然。

作为一位文学家和诗人，黄宗羲的诗文是朴实无华而又一往情深的。他是一位古文大师，又是一位文学评论家和文艺理论家。他的文论、诗论虽然没有引起文学史界的足够重视，却有着许多反映时代精神的精辟见解，是值得人们深入研究的。

作为一位封建时代的自然科学理论家，他的科学成就主要是在历学、数学和地理学方面，虽然有很大的时代局限，但也有独特的贡献。他不但阐扬了中国历算学的历史文化遗产，而且能兼容吸收西方自然科学的优秀成果。他不保守、有眼光，能看到“中学”的弱点和“西学”的长处，这种正视现实、追求真理的精神是值得称道的。

锋镝牢囚取次过，依然不废我弦歌。
死犹未肯输心去，贫亦其能奈我何！
廿两棉花装破被，三根松木煮空锅。
一冬也是堂堂地，岂信人间胜着多！[①]

这是黄宗羲在抗清失败后避居深山时写下的充满豪情的感怀诗，写于清顺治十

① 《黄宗羲全集》第11册，第234页。

六年（1659）。三个半世纪后的今天，黄宗羲的思想与学术成就已经被越来越多的人所研讨弘扬，其思想学说的民主性、科学性也日益焕发出启迪现代人智慧的人文价值。当笔者写完这部传记时，情不自禁地为梨洲老人的弦歌不废而庆幸自豪，特再写下几句赞语作为本书结尾：

黄梨洲生平赞

慷慨赴阙，击刺奸党；从学蕺山，道弘志广；毁家纾难，十死亦往。
纵览兴亡，留书待访；纂要钩玄，学案始创；研微知几，历数不爽。
著书百种，讲学一方；经史并重，学派发皇；浙东风采，南雷文章。
民主启蒙，中国脊梁；会众合一，开来继往；青史垂名，百世流芳！

大事年表

今据黄氏原著，综合黄百家《先遗献文孝公梨洲府君行略》、全祖望《梨洲先生神道碑文》、黄炳垕《黄梨洲先生年谱》等有关传记资料，简列黄氏生平大事年表如下：

1610年（明万历三十八年）　1岁

农历八月八日（公历9月5日）戌时（以下月、日、时均按农历），生于浙江省余姚县通德乡黄竹浦村（今余姚市明伟乡浦口村）。乳名麟。

1615年（万历四十三年）　6岁

秋，父尊素参加乡试中举。

1616年（万历四十四年）　7岁

春，父尊素登进士。七月三日，二弟宗炎生。

1617年（万历四十五年）　8岁

父尊素授宁国府（今安徽省宣城市）推官，宗羲随任。

1618年（万历四十六年）　9岁

三弟宗会生。

1622年（天启二年）　13岁

返余姚。赴郡城绍兴应童子试。

七月十六日，四弟宗辕生。父考授御史，归家候任。

1623年（天启三年）　14岁

补仁和县博士弟子员。秋，随父至北京。冬，父授山东道监察御史职。

1625年（天启五年）　16岁

三月，黄尊素因上奏章弹劾宦官魏忠贤、熹宗乳母客氏被削籍。宗羲随父回乡。

五弟宗彝生。

十二月，迎娶本县曾任广西按察使的叶宪祖之女，叶氏时年17岁。

1626年（天启六年）　17岁

三月，父尊素与东林党人高攀龙等6人先后被逮，宗羲送至郡城。闰六月初一，尊素被害于诏狱。

1628年（崇祯元年）　19岁

袖藏铁锥，写好奏疏，入京为父讼冤。至京，魏忠贤已自杀。皇帝降旨："死奄难者，赠官、赐祭葬、录后如例。"宗羲上疏谢恩，并在刑部大堂以铁锥击刺阉党骨干许显纯、崔应元、李实，又与被迫害致死的诸公弟子在诏狱中门哭祭。

1629年（崇祯二年）　20岁

春，遵照父亲遗训，到郡城绍兴拜蕺山先生刘宗周为师。同时，刻苦自学，博览群书。两年间，通读了《明十三朝实录》《二十一史》等书。

长子百药生。

1630年（崇祯三年）　21岁

至南京，寄住于叔父黄等素官邸读书。结识了名士韩上桂、周镳、何乔远、林古度、沈寿民、张溥、张采、陈子龙、吴伟业等。加入了南京的诗社、文社。经周镳介绍加入复社。首次在南京参加科举考试（乡试），落第还乡，途中认识了曾任内阁大学士的文震孟。文勉励宗羲："异日当以大著作名世。"

1631年（崇祯四年）　22岁

恩师蕺山先生刘宗周与同邑名士陶奭龄在府城绍兴讲学，二人宗旨不一。宗羲邀集吴、越名士40余人至宗周门下听讲，力驳陶氏因果轮回之说。

1632年（崇祯五年）　23岁

与甬上文士陆符、万泰结交。陆、万二人常至黄竹浦访问宗羲、宗炎兄弟。

1633年（崇祯六年）　24岁

在武林读书论学。与孤山读书社冯悰、江浩、张岐然等定交。讲论《论语》《周易》，有"凿空新义，石破天惊"之誉。

1634年（崇祯七年）　25岁

仍与读书社诸子读书武林。与同学制作竹管，讲习律吕。

至太仓，访复社领袖张溥、张采。在郡城木莲庵抄录周述学（号云渊子）《神道大编》数册。

1636年（崇祯九年）　27岁

赴杭州，与二弟宗炎、三弟宗会参加府试。宗羲兄弟共5人，他与二弟、三弟名声较大，儒林号称"东浙三黄"。十二月，将父亲遗骸从隐鹤桥迁葬于化安山墓地。

1638年（崇祯十一年）　29岁

至安徽宣城，访沈寿民不遇。其弟沈寿国与梅朗中、麻三衡等文士10余人，出迎于路。治先赠会银50两作盘缠，宗羲坚辞不受。

秋七月，与顾宪成之孙顾杲（字子方）带头署名，复社名士百余人联名，发布了声讨阉党余孽阮大铖的《留都防乱公揭》，并参与桃叶渡大会谴责阮大铖。

撰成《西台恸哭记注》《冬青树引注》的初稿。

1639年（崇祯十二年）　30岁

至南京，参加国门广业社，结识江右张自烈、宣城梅朗中、无锡顾杲、宜兴陈贞慧、广陵冒襄、商丘侯方域、桐城方以智等名士。

编撰《东浙文统》，选录浙东名士10余人之文章事迹。

1640年（崇祯十三年）　31岁

至黄岩粜粮以应付官差。往来台州、绍兴间，暇游天台、雁宕二山，作《台雁笔记》（又名《台宕纪游》）。次子正谊生。

1641年（崇祯十四年）　32岁

至南京，在黄居中家遍阅千顷堂藏书。在朝天宫读《道藏》，抄书多种。

1642年（崇祯十五年）　33岁

在余姚城西建忠端公祠。浙东士大夫10余人会哭祠下。宗羲撰《忠端祠神弦曲》1卷。入京应试，落榜。相国周延儒拟荐宗羲为中书舍人，力辞不就。

十一月中旬，自京归家。与诸弟游四明山，撰《四明山古迹记》，后定稿为《四明山志》9卷。

1643年（崇祯十六年）　34岁

十月二十六日，季子百学（后改名百家）生。

1644年（崇祯十七年，清顺治元年） 35岁

清兵入关，占领北京。四月，从刘宗周至杭，与章正宸、朱大典、熊汝霖等共谋恢复明室。不久，福王监国，下诏召刘宗周。宗羲随至南京。时阮大铖得志，造《蝗蝻录》报复复社人士，企图一网杀尽。宗羲与顾子方等复社名士数十人被捕。次年五月，清军攻下南京，弘光政权瓦解，宗羲乘乱脱身。

1645年（顺治二年） 36岁

六月，前明左都御史刘宗周绝食20日殉国。宗羲步行200里去探望恩师。闰六月，前明吏科给事中熊汝霖、九江道佥事孙嘉绩在余姚举兵抗清。宗羲与弟宗炎、宗会集合黄竹浦子弟数百人响应起义，呼之曰“世忠营”。义军迎鲁王朱以海立监国旗号。宗羲编纂《监国鲁元年丙戌大统历》进呈，颁行于浙东。

1646年（顺治三年） 37岁

二月，监国鲁王授予监察御史职，兼兵部职方司主事。上疏救余姚县令王正中，并陈西进之策。五月，孙嘉绩以所部火攻营付宗羲，遂与王正中合军得3000人，又与诸路义军会师浙西，拟大举西进。六月初一，浙兵大败。鲁王逃到福建。宗羲率残部入四明山结寨自固。山民焚毁其寨，部将溃散。宗羲被悬赏缉捕，避居化安山。

1647年（顺治四年） 38岁

居深山荒谷，研究历算之学，撰著了《授时历故》《历学假如》等著作。后于顺治末年和康熙年间修改定稿，成历算专著10余种。

1648年（顺治五年） 39岁

四弟宗辕卒，得年27岁。

1649年（顺治六年） 40岁

返黄竹浦故居。监国鲁王在浙东沿海继续抗清，宗羲赴行朝，先后任左佥都御史、左副都御史职。当时，行朝大权掌握在定西侯张名振及悍帅手中，文臣无实权。宗羲常与尚书吴钟峦讲学、注解历书。清廷颁令要株连不顺命的前朝遗臣家属，宗羲获准秘密归家。十月，鲁王再召宗羲与侍郎冯京第为副将，随澄波将军阮美乞师日本，抵长崎，不得请。宗羲有《日本乞师纪》《海外恸哭》记其事。是年，所作诗定名《穷岛集》。

1650年（顺治七年）　41岁

弟宗炎因参与抗清被捕，囚于死牢。宗羲与万泰父子设计将其救出。三月至常熟，尽阅钱氏绛云楼藏书。冬，自西园移居柳下，此后5年诗编为《老柳集》。

1651年（顺治八年）　42岁

住柳下。曾遣使者入海告警。九月二日，清兵攻占舟山。监国再退入福建。是年，四子阿寿出生。

1653年（顺治十年）　44岁

三月，鲁王朱以海在金门岛宣布取消“监国”称号，浙东抗清斗争宣告失败。

九月，撰写了具有强烈反清意识的论政著作8篇，篇名是：《文质》《封建》《卫所》《朋党》《史》《田赋》《制科》《将》，合为1卷。后定名《明夷留书》，今存前5篇。

十二月，母亲60寿辰。甬上万履安作《正气堂寿宴序》来祝，阳羡（江苏宜兴）陈于庭、陈贞慧父子赋诗为寿。

1654年（顺治十一年）　45岁

鲁政权定西侯密使被执于天台，宗羲再遭缉捕。冬，送第三女出嫁宁波朱氏，寓万氏寒松斋，与董守谕、高斗魁话旧论学。

1655年（顺治十二年）　46岁

除夕，寿儿夭折，宗羲悲痛万分，作多篇诗文悼念，命名其诗集为《杏殇集》。

1656年（顺治十三年）　47岁

三月，与诸弟扫墓时，均被土匪绑架，后被沈、李二人救出。避乱入城。四月，二儿媳妇孙氏卒。五月，夭折一孙。宗羲赋诗“八口旅人将去半，十年乱世尚无央”纪其事。秋，又遭缉捕。弟宗炎再次被捕，幸遇故人救之，得免。

1657年（顺治十四年）　48岁

春，甬上高斗魁来访。为二儿正谊完婚于上虞县虞氏家。游上虞之名山。至杭，访孝廉汪沨，寄寓孤山，讲龙溪调息之法，各赋三诗。

1658年（顺治十五年）　49岁

同三弟宗会至郡城绍兴，吊唁亡友。至杭，寓昭庆寺。集丁酉戊戌两年诗，名《金罍集》。

1659年（顺治十六年）　50岁

二月，至杭州孤山，访问旧友。因避乱移居化安山。有《山居杂咏》诗，甚悲切。明年冬，返故居。

1660年（顺治十七年）　51岁

居化安山丙舍，名曰龙虎山堂。

自八月十一日起至十一月二十六日，作匡庐（庐山）之游。历经萧山、杭州、南康（九江），归途至金陵（南京）、崇德（桐乡），返余姚。一路游历名胜古迹，访问故交旧友，多有诗文，有《匡庐行脚诗》《匡庐游录》记其事。

1661年（顺治十八年）　52岁

仍居龙虎山堂，著《易学象数论》6卷。元宵节，甬上门士万斯大、万斯同、万言来访。

春暮至甬上，寓高氏小楼，与高斗权、斗魁昆仲赋诗叙旧。秋八月，与王仲㧑论易学。

出家当道士的旧友邓大临来访，唱和10余日，并同游杭州。

1662年（康熙元年）　53岁

正月十五，甬上万言、山阴刘汋来访。二月八日，龙虎山堂火灾，五月三日黄竹浦故居又失火。宗羲有诗云“半生滨十死，两火际一年”。九月，徙住兰溪市（陆家埠）。是年诗集名《露车集》。在《留书》8篇基础上开始撰著《明夷待访录》，次年冬定稿。

1663年（康熙二年）　54岁

四月，至语溪（今桐乡市崇福镇），馆于吕氏梅花阁，有水生草堂唱和诗。与吕留良、吴之振、吴自牧共选《宋诗钞》。八月八日，弟宗会卒，宗羲撰《前乡进士泽望黄君圹志》志念。是年诗名《心断集》。

1664年（康熙三年）　55岁

二月，同弟宗炎至语溪讲学。四月至常熟探望钱谦益（虞山），钱以墓志相托，宗羲勉强为之。并访故旧，拜杨忠烈（涟）祠。至吴门（苏州）访周茂兰。同弟宗炎上灵岩山，与宏储、文秉、徐枋等论学。返杭，访友。六月归，甬上弟子万斯选来谒，宗羲汰选诗稿，成《南雷诗历》，由斯选眷录。十月初，再至语溪讲学。

1665年（康熙四年）　56岁

春，甬上弟子万斯大、万斯同、陈锡嘏、陈赤衷、董允瑫、董道权、董允璘、仇兆鳌等20余人来余姚问学。再至语溪，拜宋代名士辅广墓，作《辅潜庵传》。十月，叔父季真公死，宗羲作《八哀》诗，哭祭张苍水、刘伯绳、钱虞山、仁庵禅师等8人。建续钞堂于南雷里。

1666年（康熙五年）　57岁

再至语溪讲学。至海昌（今海宁市）访陈确、朱朝瑛，讨论五经。至郡城选购祁氏旷园之书。

1667年（康熙六年）　58岁

五月，慈溪郑梁（禹梅）来谒，宗羲讲授《子刘子学言》《圣学宗要》等。郑梁受教之后，尽焚此前文稿，而称此后所作曰《见黄稿》。

九月在郡城，与同门友姜希辙、张应鳌恢复证人书院讲会，表显师门之学，撰《子刘子行状》。

1668年（康熙七年）　59岁

始选《明文案》。至郡城，仍与同门会讲于证人书院。甬上诸弟子请宗羲至鄞县主持讲席。三月至鄞县城，与诸子大会于广济桥、延庆寺，也称“（甬上）证人书院”。宗羲讲学足迹达两浙，而甬上弟子最多。当时有甬上讲经会，声名远播。

1669年（康熙八年）　60岁

春，至郡城，仍寓证人书院。游云门诸胜。与同门友恽仲升讨论刘子之学。

八月，逢60寿辰，弟子郑梁、万言拟征文祝寿，宗羲辞之。是年，五弟宗彝卒。

1670年（康熙九年）　61岁

秋，至郡城，寓证人书院。至杭，寓吴山。泛舟西湖。冬，至甬上，与李邺嗣、高斗权等游天童山，至阿育王寺观舍利，宗羲力辨其诬。冬，选取平日之文为《庚戌集》。

1671年（康熙十年）　62岁

至郡城，寓古小学。郡守张某邀请宗羲参与修志，宗羲辞之。

1672年（康熙十一年）　63岁

选《姚江逸诗》15卷（今存），又辑《姚江文略》《姚江琐事》若干卷（今佚）。

1673年（康熙十二年）　64岁

至甬上，登天一阁，取其流通未广之书抄为书目。

母亲80寿辰，北方大儒孙奇逢（夏峰）以90高龄，寄下所撰《理学宗传》1部，并寿诗1章。嘉兴巢鸣盛（字端明）等亦为文祝寿。宗羲有《谢祝寿诸君子》诗。

1674年（康熙十三年）　65岁

捃拾先祖半山公（讳嘉仁）、景州公（讳尚质）等人佚诗残编，编定为《黄氏捃残集》，校正其弟宗会《缩斋文集》，宗羲皆为之作序。又作《四明山九题考》1卷。

1675年（康熙十四年）　66岁

编定《明文案》217卷。后扩编为《明文海》482卷，抄入《四库全书》。二书均有抄本传世。《明文海》则有残稿本，今存宁波天一阁。

1676年（康熙十五年）　67岁

二月，应海昌县令许三礼邀请前往讲学。多有朝廷官员听讲，宗羲勉之曰："诸公爱民尽职，实时习之学也。"

顾炎武从宗羲门人那里得读《明夷待访录》，致书宗羲，称"读之再三，于是知天下未尝无人"，并以所著《日知录》呈正，称"自幸其中所论，同于先生者十之六七"。六月八日妻叶氏卒。九月，复至海昌讲学。许三礼约十月朔日至海盐云岫山鹰窠顶观日月并升，遇雨。作《鹰窠顶观日月并升记》。集忠端公祠墓碑铭为《正气录》。

1677年（康熙十六年）　68岁

仍主海昌讲席，重点讲四书、五经，但未闻得其传者。唯勾股之学，得陈讦（言扬）传其学。大学士叶方蔼寄五古长诗一篇，敦促宗羲出仕，宗羲次其韵婉言拒绝。

分别为抗清名士陆文虎（符）、隐士余若水（增远）、周唯一、烈士张苍水作墓志铭，又为浙东抗清领袖钱肃乐作传。

1678年（康熙十七年）　69岁

诏征博学鸿儒。掌院学士叶方蔼向皇帝推荐宗羲，将移文吏部征聘。门人陈锡嘏代为力辞，乃止。宗羲致书锡嘏，有"始闻之而骇，已巍然而叹，且喜兄之知我。若复使之待诏金马，魏野所谓断送老头皮也"之语，表明决不出仕之志。

再至海昌，向许三礼等传授漳海（黄道周）易学及梨洲历学。

1679年（康熙十八年）　70岁

天一阁范氏重订书目，来求藏书记，宗羲乃撰《天一阁藏书记》。

至海昌，儿子百家随侍。秋，至杭，寓吴山。至六一泉拜忠端公神位。至南屏山寻张苍水墓。监修明史总裁徐元文、叶方蔼，征宗羲门士万斯同、万言同修《明史》。宗羲以父所撰《大事记》及《三史钞》授之，并作诗送行，有"不放河汾声价倒，太平有策莫轻题"之句。

《明儒学案》62卷完稿。后有故城贾氏刻本、慈溪郑氏补刻本、南昌莫氏重刻本行世，并抄入《四库全书》。以郑刻本为善。

1680年（康熙十九年）　71岁

正月十日，母姚太夫人卒，年八十七。朝廷下旨浙省督抚"以礼敦请"。宗羲修书以老病力辞。又奉特旨：“凡黄（宗羲）有所论著及所见闻有资明史者，着该地方官抄录来京，宣付史馆。”

宗羲精通经学，兼擅史学。有重修《宋史》、主修《明史》之志而未遂愿。编著《宋史丛目补遗》3卷，又辑《明史案》244卷，今皆佚。然明史馆主事诸公，常向宗羲请教意见。双方多有书函往来，宗羲曾撰《明史条例》及《移史馆论不宜立理学传书》，为馆臣采纳。又同意让儿子百家参与修史，并上姚太夫人事略于史馆。

该年自订《南雷文案》，授门人万充宗等校刊。

1681年（康熙二十年）　72岁

为南明大臣作行状，移送明史馆。有《移史馆熊公雨殷行状》《移史馆章公格庵行状》。甬上弟子万斯选来谒。

与尚书汤斌书函往还。斌函称《明儒学案》：“如大禹导山导水，脉络分明，事功文章，经纬灿然，真儒林之巨海，吾党之斗杓也。”

1682年（康熙二十一年）　73岁

十月，嘉善魏允为其父魏学濂求墓志铭，宗羲为之发其沉屈，撰《翰林院庶吉士子一魏先生墓志铭》。又撰《澹若张公传》。宗羲追忆往事，“家国之恨，集于笔端，不觉失声痛哭”。

1683年（康熙二十二年）　74岁

四月，吴门周茂兰来访，上化安山拜忠端公墓。应平阳寺天岳之求，作《山翁禅师文集序》。五月至郡城，与同门友董玚（无休）等游名胜，有《次徐文长题壁》《寻禹穴》《宋六陵》等怀古诗。七月至杭，赋诗志感。至甬，吊唁弟子万斯大。至昆山，宿尚书徐乾学家，观传是楼藏书，借抄多种。

1684年（康熙二十三年）　75岁

至杭，游南山，过法相寺。

1685年（康熙二十四年）　76岁

往姑苏，访周茂兰。往昆山，借抄传是楼藏书，拟编《宋元集略》（《宋元文案》）。八月返里，万斯选来谒。

1686年（康熙二十五年）　77岁

王掞（号颛庵）督学浙江，饬命地方官在浦口村恢复黄忠端公祠，宗羲撰《重建先忠端公祠堂记》记其事。三月，忠端公入乡贤祠，逢赛神大会，宗羲作《姚江春社赋》。六月二十五日，二弟宗炎卒。迁居周家埠。

该年始辑《宋元儒学案》，尚未成编，遗命百家续编，成稿约60卷。全祖望续修增补，成100卷。最后由鄞县王梓材、慈溪冯云濠校定刊行。

1687年（康熙二十六年）　78岁

王掞（号颛庵）出资刊刻刘子（宗周）文集。宗羲取家藏刘子手稿与刘汋（伯绳）及同门董玚、姜希辙共任校勘，编定《刘子全书》40卷刊行。宗羲作《征刻刘子全书启》。

1688年（康熙二十七年）　79岁

春，徐秉义（号果亭）来接宗羲至昆山，与尚书徐乾学论道学异同。逗留一月而返。九月，至郡城拜六贤祠（“六贤”即黄尊素、刘宗周、施邦曜、倪元璐、祁彪佳、周凤翔）。十一月，自订《南雷文案》《吾悔集》《撰杖集》《蜀山集》，删定为《南雷文定》。《文定》分前集、后集、三集、四集，均由宗羲删定，门人校刊。《文定五集》由黄百家编定，《南雷文约》由郑性编定，均刊行于宗羲身后。

冬月，自筑生圹于化安山父亲墓畔，内设石床，有《剡中筑墓杂言》诗11首。

1689年（康熙二十八年）　80岁

元宵节，会讲于姚江书院。绍兴知府李铎以乡饮大宾相请，宗羲作书辞之。

集诸老人作“千岁会”，与会诸老除宗羲外皆九十以上高龄，逾百岁者4人。

1690年（康熙二十九年）　81岁

二月，康熙皇帝问尚书徐乾学：“海内有博学洽闻、文章尔雅可备顾问者?”乾学以“黄宗羲学问渊博，行年八十，犹手不释卷”对。康熙曰：“可召至京，朕不任以事，如欲回，即遣官送之。”乾学对：“前业以老病辞，恐不能就道也。”康熙叹曰：“人才之难如此!”

云间族侄黄炳（字仲简）来姚，寻访祖墓。宗羲展阅家谱，告知原委。有诗唱和。三月，至杭。游广化寺拜父亲忠端公神位。往姑苏，吊刘龙洲墓，游虎丘。五月始返。七月杪，连日大雨，大水淹没忠端公祠，人们讹传余姚城要沉没，父老祭神拜佛，宗羲作《姚沉记》讥之。十月，再至杭州六一泉广化寺，谒忠端公神位，在先觉祠谒讲学诸贤。

1691年（康熙三十年）　82岁

门人靳治荆（熊封）任新安县令，招宗羲游黄山，遂作黄山之游。为汪栗亭《黄山续志》作序。四月杪归里。复建忠端公祠于余姚新城南门。

大学士徐元文卒，宗羲作长诗悼念，题曰《哭相国徐立斋先生》，有“知己有一人，此恨已可释”之句，可见相知之深。

1692年（康熙三十一年）　83岁

海盐县令李某邀请宗羲主讲，不赴。秋七月，疾病日益严重，摒除一切文字应酬。接仇沧柱来书，言北地贾若水已将《明儒学案》梓行，宗羲抱病作序文一篇，宗羲口授百家记录。所著《今水经》定稿付梓。此后所作文曰《病榻集》，由百家编入《南雷文定五集》。

1693年（康熙三十二年）　84岁

寄万言五古诗500字。所编《明文海》482卷告竣，谓百家曰：“非此不足存一代之书。”又精选其中文章，圈定目录，另成一编，命百家精读之。是即

《明文授读》62卷。冬，次子正谊卒。

1694年（康熙三十三年） 85岁

正月底，门人万斯大冒雪来访，信宿而去，八月卒。宗羲哀痛至极，主动为他作墓志铭。八月二十九日，长子百药卒。

1695年（康熙三十四年） 86岁

七月三日卯时（8月12日8时），寿终正寝。病重时，嘱咐家人丧事从简，有“不用棺椁，不作佛事”等语，并口授《葬制或问》一篇以释家人之疑。又书《梨洲末命》一篇作为临终遗嘱，交代身后安葬、祭奠一切从简、不随流俗之意。百家谨遵遗命，即于卒之次日，安葬如仪。

编者按：黄宗羲逝世后，儿子百家撰《先遗献文孝公梨洲府君行略》，求郑梁、朱彝尊为碑传之文，而未成。40余年后的乾隆初年，鄞人全祖望始撰《梨洲先生神道碑文》，简略记载宗羲生平。150年后的道光二十五年（1845），宗羲七世孙黄炳垕撰成《黄梨洲先生年谱》初稿4卷，至同治五年（1866）改定为3卷，较《行略》《碑文》更加详尽。然炳垕采择未精，考证多误，尤其关于梨洲遗著成书年代多有误置。后代为梨洲传记、年谱者多据此谱记事，虽有所纠谬，却仍有以讹传讹之病。迄今尚无一考信不诬的《黄宗羲年谱》可资参考。今参酌诸家资料，作《黄宗羲大事年表》，庶几纠谬补偏于一二。天假以年，当撰《黄宗羲年谱（新编）》，以飨读者。

附录：黄宗羲遗著总数考

黄宗羲一生著述丰富，涉及领域很广，举凡经学（含哲学、政治学）、史学、文学、历学、算学、地理学乃至金石、音律、文字学等领域，都有著作成果，可惜由于迭遭水火之灾、战乱之劫以及清朝文网的禁锢，其中不少著作散佚损毁，今人已经无法搜罗齐全。虽然如此，我们还是可以从现存梨洲遗著实物以及历代学者的著录、考证、年谱、传记中了解梨洲著作的总体情况。在此，先简略地回顾一下自康熙年间至近年几种记载较全且有代表性的著录情况：

一、宗羲季子黄百家（1643—1709）跟随父亲从事学术活动数十年，比较了解其父著述情况，所著《先遗献文孝公梨洲府君行略》（刊于《南雷文定五集·附录》）著录梨洲遗著共计46种，但大多未录卷数，而且种类不全，盖取其主要者著录之故。

二、康熙时期的历史学家邵廷采（1648—1711），与宗羲同邑，且亲聆梨洲讲学，堪称及门弟子，其所著《思复堂文集》卷三之《遗献黄文孝先生传》著录梨洲遗著40种，且称其总数“不下百种”，可见未能尽录；所录40种也未记卷数，虽有黄百家《行略》缺录者，但比《行略》著录的总数要少。

三、生活在康熙后期至乾隆中期的著名历史学家全祖望（1705—1755），或称梨洲“私淑弟子”。他对梨洲生平事迹及著作情况有较全面的了解和考证，所著《梨洲先生神道碑文》著录梨洲遗著63种，此外又在《奉九沙先生论刻南雷全集书》（见《鲒埼亭集》外编卷四四）中补录3种，总计66种。其中40种有卷数，计894卷，其余则未录卷数。但祖望将归属《行朝录》的《赣州失事》

《赐姓始末》等7篇单独著录，又分《宋元儒学案》为《宋儒学案》《元儒学案》2种，如果加以裁并，则所录梨洲遗著总数只有58种，仍然未能尽录。

四、宗羲七世孙黄炳垕（1815—1893）于同治十二年（1873）撰成《黄梨洲先生年谱》3卷，著录梨洲遗著较以往更加详细，共计74种（其中《行朝录》9篇单独著录），计1200余卷，虽有遗漏，然尚无妄作增添者。炳垕又著《黄氏世德传赞·黄宗羲》，有光绪十六年（1890）刻本，著录梨洲遗著58种，900余卷，较《年谱》条理更加清楚。

五、近代学者、竹桥黄氏后裔黄嗣艾著有《南雷学案》，其《遗著目》著录梨洲遗著77种、1031卷。虽比以往更多，然考辨未精，真伪未辨，讹误较多。如将《滇考》《郑成功传》《张玄著先生事略》《玄珠密语》等误作梨洲遗著，又谓《黄氏宗谱》有36卷云云，皆系误录，致使后人沿袭其错误，出现不少混淆。

六、当代历史学家谢国桢始撰于20世纪30年代而修订于50年代的《黄梨洲学谱》（上海商务印书馆1932年初版，1957年修订版），其《著述考》一节著录梨洲遗著64种、1200余卷，虽然未录其全，也存在某些错误（如有关《行朝录》《滇考》即有误记），但其考证严谨而求实，颇多前人未发之见，其贡献不亚于全祖望、黄炳垕二人。

七、南京大学教授洪焕椿在20世纪40年代曾任职于浙江图书馆，对浙江文献及梨洲遗著颇为重视，所著《浙江文献丛考》（浙江人民出版社1982年版）专立《清初历史学家黄宗羲著述目》一节，著录梨洲遗著105种，总计1300余卷，且多数条目下附有简略说明，可资参考。但该著所列书目或为某书某集之子篇，或沿袭了黄嗣艾、谢国桢的错误而未能明辨，或照录馆藏图书卡片而未审原书，或仅据封页题笺而未辨内文，故著录错误较多，不可盲信。

除上述诸家著录之外，尚有江藩《国朝汉学师承记》、钱林《文献征存录》、阮元《畴人传》、唐鉴《清学案小识》等书之黄宗羲传记，以及清代《余姚县志》《竹桥黄氏宗谱》《梨洲遗著汇刊》之编者序言、目录等，均有比较集中的著录，但与前述诸家大同小异，且无出其右者，恕不一一赘述。

那么，梨洲著作总数到底有多少呢？笔者自1983年受浙江古籍出版社委托担任《黄宗羲全集》的执行主编，具体负责编辑、整理《黄宗羲全集》（全12册）初版的组织编纂工作以及《黄宗羲全集》增订版的修订工作，尽心竭力，奔走于南北图书馆，埋首于古今故纸堆，不厌其烦地搜集查核梨洲遗著的各种版本，努力发掘罕为人知、从未刊印的稿本和抄本，反复核对、辨析前人有关著录和考证，从而得以比较清楚地了解梨洲著作总数及其存佚情况，并对每种遗著的写作背景、刊行情况、版本优劣等问题做出了自己的考证。尽管笔者的考证和统计可能仍有误漏，但自信较之前人更加全面准确。据笔者所考，梨洲著作总计112种、1300余卷，不少于2000万字。

这些"著作"，并非全属黄宗羲本人撰著，其中10余种近千卷是由黄宗羲主持编选的宋、元、明人著作。如果按其著作性质分类，则可分为三类：一是文选汇编类，如《明文案》《明文海》《明史案》等，共19种，约1000卷；二是自撰专著类，如《易学象数论》《行朝录》《明儒学案》等，共65种，约300卷（其中《宋元学案》按100卷计，但非全由宗羲编著）；三是自著诗文集类，如《南雷文案》《南雷文定》《南雷诗历》等，共28种、70余卷（其中多数是重复结集，如删其重出者，则只有40余卷）。现在尚存者，有文选10种、895卷，专著28种、211卷，诗文集18种、67卷（其中有重复计算者，详见拙著《黄宗羲著作汇考·南雷诗文集考》），总计尚存56种、1172卷，其中属于宗羲本人撰著的仅存46种、200余卷。其他都已亡佚难寻了。今附《黄宗羲著作存佚总表》于后，以供读者参考，并盼后学者能有新的发现与补正。

黄宗羲著作存佚总表

一、文选汇编类　共19种，存10种，佚9种

1. 《明文案》217卷，存抄本。
2. 《明文海》482卷，存残稿本、抄本、影印本。
3. 《明文授读》62卷，存初刻本。
4. 《姚江逸诗》15卷，存初刻本。
5. 《剡源文钞》4卷，存刻本。

6.《杲堂文钞》6卷，存刻本。

7.《子刘子学言》2卷，存初刻本。

8.《黄忠端公文集》6卷，存刻本。

9.《黄氏捃残集》7卷，存初刻本。

10.《宋诗钞》94卷，存抄本、刻本。系与吴之振、吕留良等合编。

11.《续宋文鉴》卷数不明，佚。目见全祖望《鲒埼亭集》外编卷十一《梨洲先生神道碑文》。

12.《元文钞》卷数不明，佚。目同上。

13.《宋元集略》卷数不明，佚。目见《南雷杂著·与徐乾学书》。

14.《宋元文案》卷数不明，佚。目见黄百家《梨洲府君行略》。

15.《明史案》244卷，佚。目见全祖望《梨洲先生神道碑文》。

16.《正气录》1卷，佚。目见黄炳垕《黄梨洲先生年谱》。

17.《姚江文略》10卷，佚。目见黄百家《行略》、黄嗣艾《南雷学案》。

18.《姚江琐事》2卷，佚。目同上。

19.《东浙文统》卷数不明，佚。目见《南雷文案·称心寺志序》。

二、 自撰专著类　共64种，存28种，佚36种

20.《明儒学案》62卷，存初刻本、重刻本、抄本、铅印本。

21.《宋元学案》100卷，存后人增补稿本、抄本、刻本、铅印本。

22.《易学象数论》6卷，存抄本、刻本、影印本。

23.《深衣考》1卷，存抄本、刻本、影印本。

24.《破邪论》1卷，存刻本、铅印本。

25.《孟子师说》7卷（或分2卷），存抄本、刻本、铅印本。

26.《子刘子行状》2卷，存初刻本、重刻本、铅印本。

27.《明夷待访录》2卷，存一卷抄本、刻本、铅印本。

28.《留书》1卷，存抄本、铅印本。

29.《汰存录》1卷，存刻本、铅印本。

30.《黄氏家录》1卷，存刻本。

31.《思旧录》2卷，存1卷，存抄本、刻本、铅印本。

32.《弘光实录钞》4卷，存抄本、刻本、铅印本。

33.《行朝录》3卷10篇，存抄本、刻本、铅印本。

34.《海外恸哭记》1卷，存刻本、铅印本。

35.《历代甲子考》1卷，存刻本、铅印本。

36.《金石要例》1卷，存刻本、铅印本。

37.《西台恸哭记注》1卷，存抄本、刻本、铅印本。

38.《冬青树引注》1卷，存抄本、刻本、铅印本。

39.《今水经》1卷，存刻本、铅印本。

40.《四明山志》9卷，存刻本、重刻本。

41.《匡庐游录》1卷，存刻本、铅印本

42.《授时历故》4卷，原本1卷，佚。存后人增补刻本。

43.《授时历法假如》1卷，存初刻本。

44.《西洋历法假如》1卷，存初刻本。

45.《新推交食法》1卷，原本佚，存后人整理稿本。

46.《台雁笔记（又名台宕纪游）》1卷，存刻本。

47.《读龟山先生字说辨》1卷，存刻本。

48.《授书随笔》1卷，佚。目见《梨洲先生神道碑文》。

49.《四书私说》1卷，佚。目见《鲒埼亭集》外编卷四四《奉九沙先生论刻南雷全集书》。

50.《从政录》1卷，佚。同上。

51.《六家蓍法》6卷，佚。目见黄炳垕著《诵芬室诗略》。

52.《二程学案》1卷，佚。目见《四库全书总目·存目三》。

53.《邪氛录》1卷，佚。目见徐秉义编《培林堂书目》。

54.《虐征录》1卷，佚。同上。

55.《倒戈录》1卷，佚。同上。

56.《理学录》1卷，佚。同上。

57.《明季灾异录》1卷，佚。目见谢国桢《黄梨洲学谱》。

58.《蕺山同志考》1卷，佚。目见《南雷杂著稿·蕺山同志考序》。

59.《宋史丛目补遗》3卷，佚。目见《行略》《梨洲先生神道碑文》。

60.《明史条例》1卷，佚。目见钱林著《文献征存录》卷二《黄宗羲》。

61.《续时略》卷数不明，佚。目见谢国桢《增订晚明史籍考》卷一。

62.《补唐诗人传》1卷，佚。目见《梨洲先生神道碑文》。

63.《纬书》卷数不明，佚。目见《南雷诗历》卷一诗注。

64.《三史》卷数不明，佚。目同上。

65.《四明山古迹记》5卷，佚。目见《四库全书总目》卷七六。

66.《天一阁书目》卷数不明，佚。目见《南雷文案·天一阁藏书记》。

67.《律吕新义》2卷，佚。目见《行略》《梨洲先生神道碑文》。

68.《黄氏丧服制》1卷，佚。同上。

69.《忠端祠神弦曲》1卷，佚。目见《梨洲先生神道碑文》。

70.《自著年谱上》1卷，佚。目见《南雷诗历》卷一。

71.《春秋日食历》1卷，佚。目见《行略》《梨洲先生神道碑文》。

72.《大统历推法》1卷，佚。同上。

73.《回回历假如》1卷，佚。同上。

74.《监国鲁元年丙戌大统历》1卷，佚。目见《梨洲先生神道碑文》。

75.《监国鲁五年庚寅大统历》1卷，佚。目见《黄梨洲学谱》。

76.《气运算法》1卷，佚。目见《行略》《梨洲先生神道碑文》。

77.《勾股图说》1卷，佚。同上。

78.《开方命算》1卷，佚。同上。

79.《测圆要义》1卷，佚。同上。

80.《大统历法辨》4卷，佚。目见阮元《畴人传·黄宗羲》。

81.《时宪书法解》1卷，佚。同上。

82.《圆解》1卷，佚。同上。

83.《割圆八线解》1卷，佚。同上。

三、自撰诗文集类　共28种，存18种，佚10种

84.《南雷文案》11卷，存初刻重刻本、抄补本、铅印本。

85.《吾悔集》4卷，存初刻本、重刻本、铅印本。

86.《撰杖集》1卷，存初刻本、重刻本、铅印本。

87.《南雷文定前集》11卷，存初刻本、重刻本、铅印本。

88.《南雷文定后集》4卷附1卷，存本同上。

89.《南雷文定三集》3卷，存初刻本、重刻本、铅印本。

90.《南雷文定四集》4卷，存初刻本、重刻本、铅印本。

91.《南雷文定五集》3卷附一卷，存初刻本、重刻本、铅印本。

92.《南雷文约》4卷，存初刻本、重刻本、铅印本。

93.《南雷杂著》不分卷，收文40篇，诗2首。存稿本2册、影印本1册。

94.《南雷文钞》1册，收文46篇。存抄本。

95.《南雷文钞》3册，收文155篇、诗1首，附书札。存抄本。

96.《南雷集外文》1册，收文17篇、诗1首。存抄本、刻本，改名《南雷余集》。

97.《南雷诗历》1册，存万言抄本。

98.《南雷诗历》3卷，存初刻本、重刻本、铅印本。

99.《南雷诗历》4卷，存本同上。

100.《南雷诗历》5卷，存初刻本、铅印本。

101.《匡庐行脚诗》1卷，存刻本、铅印本。

102.《始学庵集》卷数不明。佚。目见《鲒埼亭集》外编卷二五《南雷黄子大全集序》。

103.《庚戌集》卷数不明。佚。目见《南雷文案》卷一《庚戌集自序》。

104.《蜀山集》卷数不明。佚。目见《南雷文定凡例》。

105.《病榻集》1卷，佚。目见《南雷黄子大全集序》。

106.《老柳集》1卷，佚。目见《黄梨洲先生年谱》。

107.《杏殇集》1卷，佚。同上。

108.《金罍集》1卷，佚。同上。

109.《露车集》1卷，佚。同上。

110.《心断集》1卷，佚。同上。

111.《吴艇集》1卷，佚。同上。

以上合计111种，现存56种，亡佚55种。所存梨洲自撰之专著28种、诗文集18种已编入《黄宗羲全集》各册，由浙江古籍出版社出版，有1985—1994年初版本、2005年增订版本等。

参考文献

一、黄宗羲原著

（明末清初）黄宗羲编：《明文海目录手稿》，宁波天一阁藏《明文海》残稿本。

（明末清初）黄宗羲撰：《黄宗羲南雷杂著稿真迹》，上海图书馆古籍部藏《黄宗羲南雷杂著稿真迹》手稿本。

（明末清初）黄宗羲撰：《南雷集》20卷，上海涵芬楼编《四部丛刊·集部》影印康熙年间《南雷集》刻本。

（明末清初）黄宗羲撰、郑性、郑大节校刊：《明夷待访录》1卷，清乾隆年间慈溪《二老阁丛书》刻本；中华书局1955年单行标点本。

（明末清初）黄宗羲撰、刘承干刊：《授时历故》4卷，清道光年间湖州《嘉业堂丛书》刻本。

（明末清初）黄宗羲编：《明文授读》62卷，康熙三十八年（1699）鄞县张锡琨味芹堂刻本。

（明末清初）黄宗羲编：《明文海》482卷，浙江图书馆藏康熙年间续抄堂抄本，《四库全书》本。

（清）蒋麟振编：《黄梨洲遗书十种》，清光绪三十一年（1905）杭州群学社石印本。

薛凤昌等编：《梨洲遗著汇刊》33种，上海时中书局排印清宣统二年（1910）初编、民国四年（1915）增补、民国八年（1919）重印本。

陈乃乾编：《黄梨洲文集》标点本，中华书局1959年版。

闻旭初编：《黄梨洲诗集》标点本，中华书局1959年版。

沈善洪主编、吴光执行主编：《黄宗羲全集》12册，浙江古籍出版社1985—1994年初版，2005年1月增订版。

二、其他相关古籍资料

（清）黄炳垕：《黄忠端公年谱》2卷，清光绪元年乙亥（1875）重刻同治年间留书种阁本。

（清）黄炳垕：《黄梨洲先生年谱》3卷，清同治十二年癸酉（1873）初刻、光绪十八年壬辰（1892）重刻留书种阁本。

（清）黄炳垕：《测地志要》《交食捷算》《五纬捷算》《麟史历准》，清同治六年（1867）留书种阁刻本。

（清）黄炳垕编：《黄忠端公集》6卷，清光绪十三年（1887）重刻姚江黄氏正气堂刊本。

黄氏族人编：《竹桥黄氏宗谱》20卷，民国十五年（1926）重辑黄氏惇伦堂刻本。

（清）黄炳垕撰，王政尧点校：《黄宗羲年谱》，中华书局1993年版。

黄嗣艾：《南雷学案》，上海正中书局民国三十六年（1947）版。

（宋）谢翱：《晞发集》，浙江图书馆藏清康熙四十一年（1702）平湖陆大业刻本。

（清）黄百家：《明史历志》，北京中国科学院图书馆藏稿本。

（清）万承勋：《冰雪集》，北京图书馆藏清抄稿本。

（清）黄璋等撰：《浙江采集遗书总录》，清乾隆三十九年（1774）刻本。

（清）钱林：《文献征存录》，清咸丰八年（1858）刻本（嘉树轩藏版）。

（清）汤斌：《汤子遗书》，清同治九年（1870）刻本。

（清）阮元主编：《畴人传》，商务印书馆1935年版。

（清）顾炎武著，华忱之点校：《顾亭林诗文集》，中华书局1959年版。

（清）永镕等：《四库全书总目》，中华书局1965年版。

（清）邵晋涵：《南江札记》，清嘉庆八年（1803）邵氏面水层轩刻本，中华书局影印本1965年版。

（清）张廷玉等编撰：《明史》，中华书局1977年版。

（清）赵尔巽等编撰：《清史稿》，中华书局1977年版。

（宋）张载著，章锡琛点校：《张载集》，中华书局1978年版。

（明末清初）陈确：《陈确集》，中华书局1979年版。

（明）朱舜水著，朱谦之整理：《朱舜水集》，中华书局1981年版。

（清）全祖望著，黄云眉选注：《鲒埼亭文集选注》，齐鲁书社1982年版。

（清）江藩撰，钟哲整理：《国朝汉学师承记》，中华书局1983年版。

（清）李聿求撰，凌毅标点：《鲁之春秋》，浙江古籍出版社1984年版。

（清）蔡冠洛编：《清代七百名人传》，中国书店1984年版。

（清）顾炎武：《日知录》，上海古籍出版社1985年版。

（清）张岱著，朱宏达点校：《四书遇》，浙江古籍出版社1985年版。

（清）章学诚：《章学诚遗书》，文物出版社影印本1985年版。

（宋）朱熹撰，陈戍国校点：《四书章句集注》，岳麓书社1987年版。

（清）颜元著，王星贤等点校：《颜元集》，中华书局1987年版。

（清）邵廷采撰，祝鸿杰点校：《思复堂文集》，浙江古籍出版社1987年版。

（明末清初）李邺嗣著，张道勤校点：《杲堂诗文集》，浙江古籍出版社1988年版。

（清）章学诚：《文史通义》，上海书店影印本1988年版。

（汉）王充：《论衡》，中华书局1990年版。

（宋）周敦颐著，陈克明点校：《周敦颐集》，中华书局1990年版。

（明）王守仁著，吴光、钱明、董平、姚延福编校：《王阳明全集》，上海古籍出版社1992年版。

（宋）黎靖德编，王星贤点校：《朱子语类》，中华书局1994年版。

（明末清初）王夫之，《船山全书》编辑委员会编校：《船山全书》（全十六册），岳麓书社1988—1996年版。

（明）刘宗周著，戴琏璋、吴光主编：《刘宗周全集》，台北“中央研究院”

中国文哲研究所1998年版。

（清）全祖望著，朱铸禹汇注：《全祖望集汇校集注》，上海古籍出版社2000年版。

（明）刘宗周著，吴光主编：《刘宗周全集》，浙江古籍出版社2007年版。

三、20世纪以来研究专著、论文集

何炳松：《浙东学派溯源》，商务印书馆1932年初版；中华书局1989年新版。

唐鉴：《清学案小识》，商务印书馆1935年版。

吕振羽：《中国政治思想史》，人民出版社1949年版。

苏德用：《刘蕺山黄梨洲学案合辑》，（台北）正中书局1954年版。

侯外庐：《中国早期启蒙思想史》，人民出版社1956年版。

谢国桢：《黄梨洲学谱》，商务印书馆1956年版。

金耀基：《中国民本思想之史底发展》，（台北）嘉新水泥公司文化基金会，1964年版。

侯外庐：《中国思想通史》，人民出版社1980年版。

尚钺主编：《中国历史纲要》，人民出版社1980年版。

谢国桢：《明清之际党社运动考》，中华书局1982年版。

王政尧：《黄宗羲》，中华书局1982年版。

冯天瑜：《明清文化史散论》，华中工业大学出版社1984年版。

杜维运：《清代史学与史家》，（台北）东大图书公司1984年版。

冯契：《中国古代哲学的逻辑发展》，上海人民出版社1985年版。

侯外庐主编：《宋明理学史》，人民出版社1984年版。

肖公权：《中国政治思想史》，（台北）中国文化大学1985年版。

梁启超撰，朱维铮校注：《梁启超论清学史二种》，复旦大学出版社1985年版。

刘述先：《黄宗羲心学的定位》，（台北）允晨文化出版社1986年版；浙江古籍出版社2006年版。

魏桥主编：《浙江十大文化名人》，浙江人民出版社1987年版。

秦家懿：《王阳明》，（台北）东大图书公司1987年版。

朱维铮：《走出中世纪》，上海人民出版社1987年版。

吴光主编：《黄宗羲论——国际黄宗羲学术讨论会论文集》，浙江古籍出版社1987年版。

郑昌淦：《明清农村商品经济》，中国人民大学出版社1989年版。

陈鼓应等：《明清实学思潮史》，齐鲁书社1989年版。

张高评：《黄梨洲及其史学》，（台北）文津出版社1989年版。

徐宗泽编：《明清间耶稣会士译著提要》，中华书局影印本，1989年版。

吴光：《黄宗羲著作汇考》，（台北）学生书局1990年版。

南炳文、汤纲合著：《明史》，上海人民出版社1991年版。

陈来：《有无之境——王阳明哲学的精神》，人民出版社1991年版。

陈祖武：《清初学术思辨录》，中国社会科学出版社1992年版。

季学原、桂兴源：《明夷待访录导读》，巴蜀书社1992年版。

王凤贤、丁国顺：《浙东学派研究》，浙江人民出版社1993年版。

浙江省社会科学院哲学所编：《儒学与浙江文化》，中国广播电视出版社1993年版。

吴光：《儒道论述》，（台北）东大图书公司1994年版。

李明友：《一本万殊——黄宗羲的哲学与哲学史观》，人民出版社1994年版。

郑昌淦：《中国政治学说史》，（台北）文津出版社1995年版。

刘泽华等：《中国政治思想史》，浙江人民出版社1996年版。

钱穆：《中国近三百年学术史》，商务印书馆1997年版。

吴光、季学原、诸焕灿主编：《黄梨洲三百年祭——纪念黄宗羲逝世三百周年国际学术研讨会文集》，当代中国出版社1997年版。

钟彩钧主编：《刘蕺山学术思想论集》，台北“中央研究院”中国文哲所1998年版。

朱义禄：《黄宗羲与中国文化》，贵阳人民出版社2001年版。

章炳麟撰，梁涛评注：《訄书评注》，陕西人民出版社2003年版。

张师伟：《民本的极限——黄宗羲政治思想新论》，中国人民大学出版社2004年版。

吴光主编：《中国文化世家吴越卷》，湖北教育出版社2004年版。

董平：《从王充到王国维——浙江思想学术史》，中国社会科学出版社2004年版。

龚鹏程：《晚明思潮》，商务印书馆2005年版。

吴光主编：《黄宗羲与明清思想》，上海古籍出版社2006年版。

吴光主编：《从民本走向民主——黄宗羲民本思想国际学术研讨会论文集》，浙江古籍出版社2006年版。

四、近今学术论文

梁启超：《黄梨洲朱舜水乞师日本辨》，载《东方杂志》1923年20卷第6期。

陈训慈：《清代浙东之史学》，载《史学杂志》1931年2卷第6期。

张晋藩等：《黄宗羲反对封建专制主义的启蒙思想》，载《光明日报》1978年12月5日。

王俊义：《黄宗羲晚年锐意著述》，载《人民日报》1984年10月22日。

方祖猷：《黄宗羲与甬上证人书院》，载《浙江学刊》1985年第1期。

吴光：《黄宗羲〈行朝录〉考辨》，载《史学史研究》1986年第1期。

吴光：《新编〈黄宗羲全集〉札记》，载《中国哲学史研究》1986年第2期。

徐正、蔡明：《吕留良与黄宗羲交游始末》，载《宁波师范学院学报》1986年（增刊）。

何冠彪：《浙东学派问题评议》，载《清史论丛》第7辑，中华书局1986年版。

吴光：《黄宗羲与清代学术》，载《孔子研究》1987年第2期。

蔡尚思：《黄宗羲反君权思想的历史地位》，载《文史哲》1987年第2期。

吴光：《从〈留书〉到〈明夷待访录〉》，载《光明日报》1987年3月2日。

邱汉生：《读黄宗羲〈明夷待访录〉札记》，载《史学史研究》1987年第2期。

吴光：《黄宗羲反清思想的转化——与徐乾学书的考证和说明》，载（台北）《文星》1987年4月号。

吴光：《黄梨洲“乞师日本”史实考》，载《浙江学刊》1988年第1期。

夏瑰琦：《论黄宗羲民主启蒙思想的历史地位》，载《哲学研究》1987年第4期。

张岱年：《黄梨洲与中国古代的民主思想》，载《浙江学刊》1987年第1期。

刘伏海：《民主主义与民本主义的区别——黄宗羲和卢梭的契约论比较》，载《湖南师范大学学报（哲社版）》1989年第5期。

吴光：《试论“浙学”的基本精神——兼论“浙学”与浙东学派的研究现状》，载台北《中国文哲研究通讯》1994年第1期。

黄宣民：《明夷待访录——早期启蒙派的思想纲领》，载《浙江学刊》1995年第5期。

刘述先：《理学殿军——黄宗羲》，载《浙江学刊》1995年第5期。

吴光：《黄宗羲思想的特色：批判性、兼容性、实践性》，载《浙江学刊》1995年第5期。

张岱年：《黄宗羲是时代的先觉》，载《浙江学刊》1995年第5期。

董根洪：《论黄宗羲实学与朱舜水实学的区别》，载《孔子研究》1997年第4期。

蔡克骄：《上世纪关于“浙东史学”研究的几个问题》，载《浙江社会科学》2003年第1期。

谢贵安：《〈明夷待访录〉的近代“误读”与“新民本”思想的历史影响》，载《哲学研究》2003年第2期。

吴光：《简论“浙学”的内涵及其基本精神》，载《浙江社会科学》2004年第6期，《中国社会科学文摘》2005年第3期。

杨小明：《从〈明史〉历志看西学对清初中国科学的影响——以黄宗羲、黄百家父子的比较为例的研究》，载《华侨大学学报》（哲社版）2005年第2期。

戴逸：《学术大师的标准》，载《光明日报》2005年8月18日“读书与出版”专刊。

吴光：《黄宗羲新民本思想的理论结构及其现代意义》，载《光明日报》2007年1月26日“史学”版。

硕博士学位论文：

古清美：《黄梨洲之生平及其学术思想》，台湾大学中文研究所硕士论文，1978年。

詹海云：《刘蕺山的生平及其学术思想》，台湾大学中文研究所硕士论文，1979年。

郑宗义：《明清儒学转型探析——从刘蕺山至戴东原》，香港中文大学博士论文，1995年。

五、外文原著、中文译著

［日］小野和子：《黄宗羲》，人物往来社1968年版。

［日］冈田武彦著，吴光等译：《王阳明与明末儒学》，上海古籍出版社2000年版。

［日］山井涌：《黄宗羲》，东京讲谈社1983年版。

［日］冈田武彦：《中国思想における理想と現実》，东京木耳社1983年版。

［日］冈田武彦：《宋明哲學の本质》，东京木耳社1984年版。

［日］小野和子：《明季党社考》，日本同朋舍1996年版。

［日］沟口雄三著，陈耀文译：《中国前近代思想之曲折与展开》，上海人民出版社1997年版。

［英］罗素：《西方哲学史》，商务印书馆1976年版。

［德］马克斯·韦伯著，于晓、陈维纲等译：《新教伦理与资本主义精神》，生活·读书·新知三联书店1987年版。

［美］埃尔斯特、［挪］斯莱格斯塔德·潘勒著，谢鹏程译：《宪政与民主——理性与社会变迁研究》，生活·读书·新知三联书店1997年版。

［美］列文森著，郑大华、任菁译：《儒教中国及其现代命运》，中国社会科学出版社2000年版。

后　记

这部传记，前后写了20多年，可谓曲曲折折，长矣久矣！

我对黄宗羲的兴趣，始于高中时代。高一语文课本里有一篇选自《明夷待访录》的课文叫《原君》，文中那种严厉批判专制君主的檄文般的语言、气势与睿智，读了令人产生心灵的震撼。因此我在一篇题为《谈志》的命题作文中引用了黄宗羲讥刺刘邦的话，深得语文老师的赞赏。20年后的1981年，我从中国人民大学历史系研究生毕业，分配到中共浙江省委党校任教，有幸认识了当时正在筹建浙江古籍出版社的方福仁、孙家遂先生，他们知道我与沈善洪先生一起发起成立了浙江省中国哲学史研究会，于是委托我们组织整理点校《黄宗羲全集》，推举沈善洪先生任主编，我任执行主编，具体负责全集各册的编目、遗著考辨、佚作搜集、附录编排以及部分卷册的统稿审校工作。这促使我对黄宗羲的生平事迹、思想观点、著作风貌有了较全面的了解。1984年，我调入浙江省社会科学院哲学所担任所长，学术研究的条件大有改观，于是确定了撰写《黄宗羲传》的计划。1987年，我为浙江人民出版社出版的《浙江十大文化名人》一书写了约4万字的《清初启蒙思想家黄宗羲》小传，并接受了北方某出版社“国学大师丛书”编辑的约稿，撰写《黄宗羲传》。但次年春我应聘出任新加坡东亚哲学研究所专任研究员，出国后至1990年7月回国，我把研究重点放在了儒学史论方面，而暂时搁置了《黄宗羲传》的写作。此后相当长一段时间，风云变幻，时不我予，我的学术研究计划受到了非学术因素的干扰，加上组织编校《王阳明全集》《刘宗周全集》和致力于“阳明学系列研究”的课题研究，因而只完成了《黄宗羲全集》12卷的主编任务，撰著出版了《黄宗羲著作汇考》，却迟迟未能完成《黄宗羲传》。直到2005年春，由我主持修订的《黄宗羲全集》增订版出版，时任国务院总理温家宝同志在收到史晓风先生转赠的新版《黄宗羲全集》后写了一封评论黄宗羲思想的亲笔信，后来又应我和史先生之请同意发表这封信函，并在时任中共浙江省委书记习近平同志的亲自过问支持下，在《浙江日报》《浙江学刊》上发表了这封信的全文与手迹，这才促使我加快了写作《黄宗羲传》的步伐。总之，这部名为《天下为主：黄宗羲传》的传记从筹划到完成，经历了几番曲折，包含着许多故事。

如今，我们正在为建设富强、民主、文明、和谐、美丽的社会主义现代化强国而努力奋斗，在这样的时代背景下得以贡献自己数十年呕心沥血铸就的一项研究成果，我感到由衷的喜悦！

本书首次于2008年完稿，被选入万斌、卢敦基主编的《浙江文化名人传记》丛书，由浙江人民出版社于2009年出版。如今又被入选其精选本修订再版，于是我遵照主编者的要求对全书做了认真修订。

在此，谨向所有关心支持本书写作和出版的领导同志、主编、执行主编、责任编辑以及学界师友们致以真诚的谢忱！并欢迎读者对本书提出批评指教，以期修改补充。

吴光谨记于2021年6月

青溪逸民、子陵乡友吴光识于癸卯春日，时2023年3月10日晨